RECHERCHES ET NOTICES

SUR LES

DÉPUTÉS DE LA BRETAGNE

AUX ÉTATS GÉNÉRAUX

Et à l'Assemblée Nationale Constituante de 1789

PAR

RENÉ KERVILER

LAURÉAT DE L'ACADÉMIE FRANÇAISE, BIBLIOGRAPHE-BRETON

TOME SECOND

JARY-VIDEMENT

FLECTOR NON FRANGOR

J.P.

RENNES

LIBRAIRIE PLIHON ET HERVÉ

5, RUE MOTTE-FABLET, 5

1889

RECHERCHES ET NOTICES

SUR LES

DÉPUTÉS DE LA BRETAGNE

AUX ÉTATS GÉNÉRAUX

Et à l'Assemblée Nationale Constituante de 1789

PAR

RENÉ KERVILER

LAURÉAT DE L'ACADÉMIE FRANÇAISE, BIBLIOGRAPHE BRETON

TOME SECOND

JARY-VIDEMENT

RENNES
LIBRAIRIE PLIHON ET HERVÉ
5, RUE MOTTE-FABLET, 5

1889

RECHERCHES ET NOTICES

SUR

LES DÉPUTÉS DE LA BRETAGNE

AUX ÉTATS-GÉNÉRAUX

Et à l'Assemblée Nationale Constituante de 1789.

---

44. — François-Joseph **Jary**,

Négociant, directeur de mines à Nort,
député de la sénéchaussée de Nantes.

(Nantes, 19 octobre **1739** — N...., 1...)

L'année même de la naissance du futur constituant, noble homme *Simon Jary*[1], son père, négociant à l'entrée de la Fosse à Nantes, et mari de *Claire Despré*, adhérait à la souscription patriotique des Nantais, pour avancer sans intérêts au conseil de la commune une somme de 216000 livres, destinée à subvenir aux besoins urgents de la ville contre la disette. Le jeune François-Joseph trouva donc, dans sa famille, des traditions de désintéressement et de sacrifice aux intérêts populaires. Je ne sais trop à quel genre spécial de négoce il consacra ses premières années, mais aux approches de l'année 1789, comme il allait atteindre la cinquantaine, il figure avec la qualification tantôt d'agriculteur, tantôt de directeur de mines à Nort, parmi les noms les plus honorables de la bourgeoisie nantaise. En 1788, il prit grande

---

[1] J'écris *Jary* d'après l'acte de naissance de *François-Joseph*, et non pas *Jarry*, comme on a coutume d'écrire habituellement.

1

part aux manifestations du mouvement réformiste. L'un des
membres de la célèbre députation envoyée en cour pour
réclamer une représentation du Tiers aux Etats de Bretagne
égale à celle du Clergé et de la Noblesse, il fut choisi au mois
de décembre comme député extraordinaire de la commune
aux Etats réunis à Rennes, et devint, le 1ᵉʳ février 1789, l'un
des quatre députés titulaires de la ville de Nantes aux Etats.
Son rôle y fut assez effacé, et j'ai dit ailleurs comment son
collègue et ami Chaillon y prit l'attitude prépondérante. Mais
il suffisait d'avoir fait partie de ces fameuses assises du Tiers-
Etat breton pour acquérir des droits sérieux à la députation
aux Etats-Généraux. Le 4 avril 1789, Jary fit partie des 50
électeurs délégués par l'ordre du Tiers de la ville de Nantes à
l'assemblée générale du Tiers-Etat de la sénéchaussée ;
quelques jours après, il en sortait député.

Les journaux du temps ne nous apportent pas grands
détails sur les travaux de Jary à l'Assemblée Nationale ; et
j'y constate seulement que le 21 janvier 1790, il fut nommé
membre du comité des impositions : ses votes le classaient
du côté gauche, avec Baco, Cottin, Chaillon et Giraud du
Plessis ; et plus tard, il se fit gloire d'avoir été inscrit par le
côté droit sur les listes de proscription future, pour avoir
voté contre le *veto royal*. Il sut acquérir ainsi la réputation
d'un franc patriote ; et le 10 septembre 1792, il fut élu, en
tête de liste, *député à la Convention* par le corps électoral
de la Loire-Inférieure convoqué à Ancenis.

Comme Chaillon, qui fut élu avec lui, et avec qui nous le
retrouverons souvent encore, il revint à des idées beaucoup
plus modérées en présence des excès de toutes sortes auxquelles se livraient les partisans de la Montagne. Dès le
mois de janvier 1793, il avait fait partie du comité de sûreté
générale, mais il fut vivement pris à partie à la tribune par
Marat, dont il ne voulait pas suivre l'impulsion. « Le nouveau comité, s'écriait l'*Ami du Peuple*, n'allait plus être un
comité de sûreté générale, mais un comité de contre-révo-

lution. Rolland en avait fait la liste et il s'y trouvait à peine deux patriotes. » Jary laissa Marat crier à son aise; et sa conduite dans le procès de Louis XVI, montre qu'il avait le courage de ses opinions.

Le 15 janvier, il vota pour soumettre à la ratification du peuple réuni dans ses assemblées primaires, le jugement qui serait rendu sur le roi : et le lendemain, au troisième appel nominal, il s'exprima ainsi :

« Citoyens, je ne viens point ici émettre mon vœu comme juge de Louis : mes commettants ne m'ont donné aucun pouvoir pour exercer cette fonction. J'ai déclaré Louis coupable, j'ai voté pour la sanction du peuple. Je ne puis oublier qu'à Versailles, à l'appel nominal qui eut lieu pour le *veto* à accorder au Roi, je votai avec **88** de mes collègues, pour qu'il ne lui en fût accordé d'aucune espèce et mon nom fut inscrit sur la liste des proscrits. Louis a donc été mon ennemi. Mais comme représentant du peuple, je dois participer aux décrets qui assurent sa tranquillité. Je vote pour la réclusion jusqu'à la paix et le bannissement perpétuel lorsque le gouvernement républicain sera solidement établi. »[1]

Ce vote n'ayant pas sauvé l'infortuné Louis XVI, Jary vota le 19 pour le sursis, avec Chaillon, Lefebvre, Mellinet et Coustard. Ce fut sans doute une des causes qui motivèrent son arrestation au mois de juillet. Il avait, du reste, signé la protestation contre le 31 mai, et fut englobé dans le décret de proscription de tous ses co-signataires le 3 octobre 1793; il se réfugia d'abord chez son collègue Chaillon qui, n'ayant pas signé les protestations, n'avait pas été compris dans le décret. On raconte qu'un jour, pendant qu'ils étaient à déjeuner, on arriva pour procéder à une visite domiciliaire dont les députés eux-mêmes n'étaient pas exempts. Chaillon, averti par son *officieuse,* fit cacher son ami dans la chambre

[1] Convention nationale. Opinion de Jary, député de la Loire-Inférieure, sur le jugement de Louis XVI, prononcée le 16 janvier 1793, etc. — *S. l. (Paris), imp. nat., s. d., in-8°, 2 pp.*

voisine, enleva un couvert, et reçut avec affabilité les inqui-
siteurs à qui il proposa de partager son repas. Une heure
après, ceux-ci complètement gris, renonçaient à continuer
leur perquisition et déclaraient leur hôte un excellent citoyen.

Mais Jary ne voulut pas compromettre plus longtemps son
collègue : il chercha un autre refuge où il fut enfin découvert.
Emprisonné à La Force, puis aux Magdelonnettes, il ne fut
délivré que longtemps après le 9 thermidor, et ne rentra dans
la Convention que le 13 frimaire an III.

Pour se faire une idée des tribulations de toutes sortes que
les malheureux députés détenus eurent à subir pendant près
d'une année, il faut relire ce que nous avons extrait plus
haut des mémoires d'Honoré Fleury, et la curieuse
brochure publiée en l'an III par Blanqui, député des Alpes-
Maritimes, sous le titre : *Agonie de dix mois* ou Historique des
traitements essuyés par les députés détenus et les dangers
qu'ils ont couru pendant leur captivité. J'y remarque un
passage où il est question de Jary et je le citerai comme caractéristique des procédés dont la faction triomphante de la
Convention usait à l'égard de la faction vaincue. Les prisonniers avaient subi tant de vexations dans la prison de la
Force, qu'ils avaient demandé à être transférés ailleurs.
L'incident se passa pendant le transfert aux Magdelonnettes.

« Au jour marqué, des fourgons ou charrettes sont à la porte de
la prison ; chaque député est appelé et entre, à son tour, dans la
voiture scandaleuse, avec son paquet sous le bras. Ces voitures
n'étaient ni ouvertes, ni fermées, et n'ayant aucun siège à l'intérieur,
on ne pouvait s'y tenir, ni assis, ni debout. On nous y entasse jusqu'à
quatorze par charretée. Le convoi part à dix heures du matin ; il est
précédé, suivi et entouré d'une nombreuse escorte de gendarmerie
à cheval, ayant un insolent municipal à la tête et un autre à la
queue ; jamais appareil de malfaiteurs ne fut plus soigneusement
recherché. Des femmes éplorées, épouses, amies ou connaissances
des députés, accompagnent en silence la marche lugubre. Le municipal ordonne brusquement qu'on repousse ces femmes ; malgré son

ordre barbare, elles continuent leur marche et cherchent à étouffer
leurs sanglots ; le brutal ordonne qu'elles s'éloignent ou qu'on les
arrête. Depuis longtemps les députés n'avaient vu le peuple dont ils
étaient représentants. Ils le fixent, l'examinent, ils cherchent à dé-
mêler sur sa figure ce qui se passe dans son âme, à saisir dans son
maintien l'état actuel de sa situation ; il est morne, triste, silencieux, il n'est pas heureux. Le municipal aperçoit cette contenance
réciproque, il en redoute les effets et nous défend de regarder le
peuple. *Jary*, cet inflexible républicain, qui osa des premiers braver,
au jeu de paume, la fureur du despote en 1789, n'entend pas l'ordre
et continue à fixer le public ; soudain il reçoit un coup de sabre de
la part d'un brutal satellite. Je rapporte ce fait parce que l'insulte
d'un scélérat honore celui qui la reçoit[1]..... »

L'anecdote doit être exacte : car je trouve le coup de sabre
consigné de la même façon dans les mémoires de Fleury qui
n'ont pas été publiés. Les députés arrivèrent aux Magdelonnettes, après une marche très pénible à travers Paris,
trouvèrent la prison pleine, ce qui n'empêcha pas qu'on ne
les enferma tous, au nombre de près de quatre-vingt, dans le
corridor du rez-de-chaussée.

« Les corridors de cette maison, continue Blanqui, sont d'une infection insupportable à cause des latrines qui sont situées au fond
de chaque corridor ; mais celui-là est le plus infect de tous parce
qu'il est plus près du centre d'infection et plus loin de l'air. Une
heure s'était écoulée et nous étions toujours entassés dans cette sé-
pulture. C'était au plus fort de la chaleur, et plusieurs de nous
allaient succomber, lorsqu'à nos cris, on vint nous délivrer. Il était
alors l'heure du dîner ; nous n'avions ni pain, ni vin, ni autre comes-
tible, et quand nous en demandâmes, on nous répondit brusquement : *allez vous faire f.....*
» Le soir arrive ; il fallait nous loger et il n'y avait point de place ;
on nous propose de coucher dans les corridors ; le méphitisme qui y
régnait nous effraie. Nous demandons au concierge la faculté de
coucher à l'air ouvert dans le péristyle de la cour, en nous chargeant
des frais de garde que cela pourrait occasionner. Déj   le concierge y
consentait, lorsqu'un guichetier ivre, d'une voix sépulcrale, dit qu'il

[1] *L'agonie de dix mois*, etc, p, 21 et 23.

ne fallait pas faire tant de façons pour des députés ; dès lors, tout projet s'écroule et nous sommes forcés de dresser nos lits dans les corridors, les passages et les escaliers. Le lendemain, un administrateur arrive ; le concierge lui demande des logements pour les députés. *Il n'y a qu'à les mettre aux pailleux*, répond-il froidement, *c'est assez bon pour des députés*. Les pailleux sont ceux qui, ne pouvant se procurer le nécessaire pour se loger à leurs frais, le sont à ceux de la nation. Ce sont des prévenus de vol, d'assassinat et semblables délits. Il n'est pas besoin de dire que ce sont toujours les plus mal logés. Nous fûmes donc forcés de faire déblayer, à nos frais, les chambres des pailleux, les faire nettoyer, et payer même des sommes considérables pour nous faire céder deux ou trois chambres en totalité. Une vingtaine d'entre nous se logèrent dans ces chambres remplies de vermine, le reste demeura par les corridors et les passages.»[1]

Je n'ai pas le loisir de suivre Jary et tous ses compagnons au milieu de leurs intolérables souffrances. On pense bien qu'elles ne devaient pas les attendrir plus tard sur le sort des suppôts de la Montagne.

Quel était pourtant leur crime, sinon d'avoir protesté contre la violation de l'Assemblée par les sections et réclamé la liberté de leurs votes, lorsque le mot liberté était inscrit sur tous les murs ? L'appel aux armes n'avait-il pas tout d'abord été proféré par les Montagnards ?.... Et n'était-ce pas en travestissant odieusement la vérité, que le Jacobin Amar avait pu demander leur arrestation le 3 octobre 1793 ?.. Lorsqu'ils rentrèrent à la Convention, le 19 frimaire an III, Dussaulx prononça en leur nom, un discours de pardon et d'oubli, dont je détacherai quelques fragments :

« Citoyens collègues, ce jour, ce grand jour de la justice nationale précédé de tant d'autres non moins consolateurs, nous rappelant à nos fonctions, remplit enfin le vœu du peuple et nos vœux les plus ardents. Il nous rend la liberté que, vous le savez, nous n'aurions jamais dû perdre, et l'honneur que l'on avait tenté vainement de nous ravir ; mais la vérité, tôt ou tard, surmonte l'imposture, démasque

[1] *Ibid, p. 23,25.*

l'intrigue, remet tout à sa place, les choses et les hommes. En effet, notre patriotisme constant et même antérieur à la Révolution, notre vigilance dans ces convulsions désastreuses dont la France gémit encore, suivie d'un dévouement dont l'histoire parlera, n'ont-ils pas été reconnus et avérés dès que la Convention a triomphé de *ses tyrans?* Gloire, honneur et respect à la Convention Nationale? Tel est le cri des vrais patriotes : tous, dans les conjonctures actuelles, la regardent comme l'ancre sacrée, la dernière ancre du vaisseau de la République, à peine sorti de la tourmente.

» On n'osera donc plus dans cet auguste sanctuaire, devenu la terreur du crime et l'asile des opprimés, attenter sans remords et sans pudeur à la représentation Nationale! On n'osera plus, du haut de cette tribune, qui perd ceux qui la souillent, renouveler *contre les ennemis déclarés de la violence et de l'anarchie,* tant d'accusations vagues, contradictoires et manifestement calomnieuses ; accusations de jour en jour démenties par les faits ; car enfin que voulions-nous avant notre brusque détention, longtemps avant ?... tout ce que nous avions tant désiré.

» Mais nous voulons encore vous prouver, ainsi qu'à l'univers entier, que si nos corps se sont affaiblis et presque usés dans les réduits fétides, dans les tombeaux de cette abominable et récente tyrannie que vous avez foudroyée le 10 thermidor, nos âmes retrempées par le malheur, y ont repris une nouvelle énergie. D'ailleurs, c'est là que nous avons appris *à compatir* aux maux de nos semblables, à n'opposer à nos ennemis que la patience au lieu d'injures et *d'inutiles représailles.* Ainsi, vous nous revoyez prêts à seconder fraternellement, *de tout* notre zèle, de toutes nos *forces,* et vos travaux immenses et *vos généreuses* intentions..... »

La nouvelle émeute de *prairial et* la seconde invasion de l'Assemblée par les sections, l'ass*assinat* de Féraud et les dangers courus par Boissy d'Anglas, mon*trèrent bientôt* à l'orateur combien il gardait encore d'illusions après *l'expérience* si tristement acquise par les événements antérieurs : *mais* Jary n'assista pas à ces scènes révoltantes renouvelées du 31 mai : il avait *reçu mission* d'aller se joindre à ses collègues chargés de la pacific*ation des* provinces de l'Ouest et je trouve son nom à côté de ceux de *Chaillon,* Lanjuinais, Defermon.

Guezno, etc., au bas du *traité de la Mabilais*[1], conclu près de Rennes entre le général Hoche et les chouans de Bretagne.

A la dissolution de la Convention, *Jary* passa au *Conseil des Cinq-Cents*, où l'on rencontre aussi un autre *Jarry*, député du département de la Loire et qu'on a quelquefois confondu avec lui. Il en sortit en 1798, et il m'a été impossible de découvrir ce qu'il est ensuite devenu.

Ce que je puis affirmer, c'est qu'il n'est pas mort à Nantes.

On a un joli portrait de lui dans la collection Quenedey; mais il ne figure pas dans la collection Dejabin[2].

—

* **Kerangal** (DE). — Voy. **Le Guen** DE KERANGAL.

—

* **Kerangon** (DE). — Voy. **Prudhomme** DE KERANGON.

—

* **Kerincuff** (DE). — Voy. **Le Guillou** DE KERINCUFF.

45. — PIERRE-MARIE **Daniel de Kerinou**.

Procureur du roi à Lannion
Député suppléant de la sénéchaussée de Lannion.

(Perros-Guirec, 4 octobre **1748**. — Lannion, 4 avril **1826**).

(N'a pas siégé.)

—

J'ai mal placé cet honorable magistrat qui aurait dû figurer à la lettre D et non à la lettre K : mais j'avais pris le nom de

[1] Du Chatellier, Hist. de la Révol. en Bret. IV, 423, etc.
[2] Je ne connais de notice biographique sur Jary que les quelques lignes de la *Biographie moderne* (Breslau, 1806, in-8° II, 470); de la *Petite biog. conventionnelle* p. 150 ; et de la Biog. nouv. des contemp. (1723) au tome IX, qui le dit, par erreur, député de la sénéchaussée de Nantes. Il ne figure, bien qu'il ait fait partie de trois des assemblées législatives de la Révolution, ni dans la Biog. univ. de Michaud, ni dans la Nouv. biog. gén. de Hoefer, ni dans la Biog. bretonne.

Daniel, en commençant mes recherches, pour un nom de baptême, et c'est au contraire le patronymique de la famille. *Kerinou* n'est qu'un nom de terre ajouté pour distinguer les nombreux représentants du nom de *Daniel* dans l'évêché de Tréguier.

Fils de *Daniel de Kerbriant*, avocat au Parlement, exerçant à Lannion et de Guillemette *Noroy*, le jeune *Daniel* prit le nom de *Kerinou* pour ne pas être confondu avec son père. Ayant acheté la charge de procureur du roi à la cour royale de Tréguier, au siège de Lannion, il devint maire de cette ville, car il n'y avait pas incompatibilité entre les deux charges, en 1784, puis du 17 décembre 1787 au 1er février 1790[1]. C'est en cette qualité qu'il fut plusieurs fois député aux Etats de Bretagne et membre de la commission intermédiaire pour l'évêché de Tréguier dès 1784. Il l'était encore au mois d'avril 1789[2] lorsqu'il fut élu *député suppléant de la sénéchaussée de Lannion*, aux Etats généraux : mais il n'eut pas occasion d'y siéger. Après le 9 thermidor, il devint, en l'an IV, administrateur du département des Côtes-du-Nord[3] et je le trouve inscrit comme membre du conseil général de ce département, sur la liste des notables départementaux de l'an IX. De nouveau *maire* de Lannion, du 13 octobre 1813 au 17 mars 1815, il mourut dans cette ville le 4 avril 1823 dans sa soixante-dix-huitième année, et son acte de décès lui donne le titre de *doyen des avocats*. Il avait épousé Marie-Anne-Eléonore *Duportal*.

Je ne connais aucune notice sur le maire de Lannion, et son nom est aujourd'hui éteint, mais je dois ajouter qu'une de ses petites-filles, connue sous le nom de Mlle de Kerinou, adopta une de ses nièces Mlle Le Nepvou de Carfort, et la maria à un *Villiers de l'Isle Adam*, père du poète contempo-

---

[1] Voy. *Arch. d'Ille-et-Vilaine*, Inventaire, I, 112, 169.

[2] Voy. Pocquet, *les Orig. de la Révol. en Bretagne*, II, 158 et du Bouëtiez, *Rech. sur les Etats de Bret.*, I, 151.

[3] *Anc. évêchés de Bret.*, II, 440, 445.

rain[1], qui se trouve ainsi être un arrière petit-fils adoptif du député suppléant.

---

* **Keromen** (DE). — Voy. : **Loëdon** DE KEROMEN.

---

* **Kervélégan** (DE). — Voy. : **Le Goazre** DE KERVÉLÉGAN.

---

46. — Jean Lallement du Guého.

Notaire à Guérande.
Député suppléant des sénéchaussées de Nantes et Guérande.

(Piriac,.... **1740**. — Guérande, 23 mai **1826**.)

(N'a pas siégé.)

Issu d'une ancienne famille de notaires locaux qui formait une véritable tribu à Pipriac, au milieu du XVIIIe siècle, et fils de Pierre Lallement et de Suzanne *Le Poitevin*, Jean Lallement, qui devait lui même passer une quarantaine d'années dans le notariat, s'occupa d'abord d'affaires financières et prit, en 1768, le bail des petits octrois du Croisic, et en 1776, ceux des grands octrois du Croisic et de Guérande. Aux approches de la Révolution, il était notaire et procureur fiscal des régaires de Guérande et se lança dans le mouvement réformiste avec l'ardeur qui emportait alors toute la haute bourgeoisie. Aussi fut-il député par la communauté de Guérande à la session extraordinaire des Etats de Bretagne, le 4 février 1789, puis, peu après élu à Nantes, député suppléant des sénéchaussées réunies de Nantes et Guérande aux Etats généraux.

---

[1] Renseignement communiqué par M. le sénateur des Côtes-du-Nord, Huon de Penanster, qui réside près de Lannion, au charmant castel de Kergrist.

Le député spécial à la sénéchaussée de Guérande était l'avocat nantais *Pellerin*, qui se mit aussitôt en relation avec ses commettants directs et entretint avec les deux communautés de Guérande et du Croisic une correspondance politique qui dura jusqu'à l'époque de sa démission, en novembre 1790[1]. On avait organisé à Guérande et au Croisic deux bureaux spéciaux pour correspondre avec lui et Lallement fit partie du bureau de Guérande, comme l'autre député suppléant, Milon, maire du Croisic, fit partie de celui de cette ville. C'est dans les signatures de plusieurs lettres émanées de ces bureaux que je relève pour *Lallement*, le surnom de *du Guého* qui figure aussi avec l'orthographe *du Guéliaut* sur la liste des cent plus forts contribuables de Guérande, en 1812.

Je ne citerai qu'une des lettres écrites par Lallement à propos de la correspondance politique échangée avec Pellerin : elle contient un détail qui prouve combien l'ardent notaire s'était attiré d'animosité du côté du parti de la noblesse, par son dévouement de tous les jours à la cause du Tiers-Etat. Vers la fin de juillet 1789, Pellerin avait éprouvé quelques scrupules de conscience au sujet du mandat impératif de soutenir et conserver les anciens privilèges de la province de Bretagne, qui se trouvaient inscrits au cahier des charges de la sénéchaussée de Nantes et dont beaucoup d'autres députés de Bretagne ne se trouvaient pas chargés. Il demanda des instructions spéciales sur ce sujet à ses commettants du Croisic et de Guérande, dont le cahier ne contenait précisément pas ce mandat impératif, et Lallement écrivait le 30 juillet, à l'un de ses collègues du bureau, Lepelley de Villeneuve :

« J'étais si accablé mardy quand M. Hardouin signa le dernier bultin, que je n'eus pas le tems de vous marquer ce que nous avons

---

[1] Elle a été publiée par M. Gustave Bord sous le titre : *Correspondance inédite de J.-M. Pellerin*, etc. Paris, Sauton, 1883, in-8°. — Voy. ci-dessous la notice *Pellerin*.

— 12 —

écrit à M. Pellerin, relativement aux pouvoirs impératifs. Nous lui avons dit :

» Dès qu'il a été reconnu en la sénéchaussée de Nantes que celle de Guerrande avait le droit d'avoir un député aux Etats généraux ; qu'en conséquence, vous vous ête rendu à nos réclamations, vous vous ête donc spéciallement chargé de nous représenter, et nous pensons que vous ne devez prendre que la qualité de député de la sénéchaussée de Guerrande ; cela posé, nous croyons que vous ne devez pas être gesné par vos pouvoirs, puisqu'il est vrai que notre cahier n'en contient point d'impératifs ; au contraire, l'article 26 ne laisse rien à désirer ; ainsi vous pouvez donc consentir à tout ce qui peut vous concerner. Les besoins de l'Etat, la prospérité du royaume et le bien de tous les sujets, sans qu'il soit besoin de faire aucune protestation ny rézervation.

» Nous reçûmes hier les bultins imprimés, sans lettre de la part de M. Pellerin.

» Les lettres particulières que nous recevons, nous engagent à nous tenir sur la défensive ; une surtout, nous prévient que les gentilshommes bretons doivent se réunir à Guerrande et *que je suis une des premières victimes qui doit être immolée*. Je vous avoue sincèrement que je n'en suis pas plus ému, et que cela ne m'a pas empêché de dormir tranquilement.

Deux cents jeunes gens de Nantes voulaient partir pour se rendre ici ; MM. Larrey et Duguétro, qui sont à Nantes, les en ont empêchés : ils ont bien fait.

J'ai l'honneur d'être, avec un sincère et respectueux dévouement, Monsieur, votre très humble et très obéissant serviteur, LALLEMENT »[1].

Le député suppléant ne fut pas immolé par les gentils-hommes, et je le trouve en 1790 procureur général syndic du district de Guérande, procédant à l'organisation des administrations du nouveau régime, ce qui n'était pas une mince besogne. Puis il reprit ses fonctions de notaire qu'il exerçait en l'an 9 et en 1812, et il mourut à Guérande, le 23 mai 1826, à l'âge de quatre-vingt-six ans, laissant deux fils de sa femme Marie-Josèphe *Rolland*, qu'il avait perdue le 15 mai 1814 : l'un *François-Marie*, juge de paix à Guérande en l'an IX,

[1] *Corresp. de Pellerin*, p. 105.

l'autre *Jean-Marie*, né en 1779, qui avait été commissaire des guerres sous le premier Empire. Un fils du premier, *Jean-Auguste-Marie*, né à Guérande en l'an XI, fut maire de Vannes sous le second Empire, et l'un des fils du maire de Vannes, *Gustave*, après avoir été juge de paix à Guérande, est mort maire de St-Nazaire en 1885 : un frère de ce dernier était conseiller de préfecture du Morbihan en 1875. C'est une famille, on le voit, dans laquelle les traditions administratives se perpétuent régulièrement. Le maire de Saint-Nazair en'a laissé que des filles.

———

47. — JEAN-DENIS **Lanjuinais**.

Avocat et professeur de droit canonique à Rennes,
députe de la sénéchaussée de Rennes,
(plus tard sénateur, *comte* de l'Empire et pair de France)

(Rennes, 12 mars 1753. — Paris, 13 janvier 1827).

———

Nous voici en présence d'une grande figure : la plus grande incontestablement de toute la députation bretonne. Elle mérite que nous lui consacrions une étude détaillée et que nous la jugions avec l'entière indépendance que réclament, plus encore que les autres, celles qui ont projeté une vive lumière sur leur temps. Lanjuinais fut un des hommes dont l'austère probité, jointe à une grande science du droit et de son histoire, eut le plus d'influence sur les débuts de la Révolution. Profondément religieux, il eut malheureusement le tort de borner inflexiblement sa religion dans les limites étroites de la coterie gallicane, et son préjugé contre la suprématie romaine aveugla tellement sa conscience, qu'il lui fit perdre le sens politique. La constitution civile du clergé fut en grande partie son œuvre propre ; il n'aperçut pas que sa conséquence immédiate était la guerre civile et, pendant

l'année 1792, il s'obstina, avec l'inflexibilité d'un véritable
sectaire, à imposer son erreur à ses concitoyens. Les malheurs de la patrie lui ouvrirent enfin les yeux : sa lutte,
dans la Convention, contre tous les fauteurs de violence fut
véritablement héroïque : il eut, en face de l'émeute ou des
énergumènes, des mots renouvelés de l'antique : sa proscription lui assura l'estime de tous les honnêtes gens, et
lorsqu'en l'an IV, il fut élu député par *soixante-treize* départements, la France lui paya la dette qu'elle devait à son
indomptable courage. Sous le premier Empire et sous la
Restauration, Lanjuinais, sénateur ou pair de France, toujours fidèle à ses convictions premières, fut encore un modèle d'honnêteté politique : et dans ces trois principales
périodes de son existence, qui formeront les trois chapitres
de notre étude, nous remarquerons une continuité d'efforts
et de convictions qu'il est bien rare d'observer, à ce point, chez
les hommes qui ont accompli une aussi longue carrière.

I

L'Assemblée constituante.

Jean-Denis Lanjuinais naquit à Rennes, le 12 mars 1753,
second des quatorze enfants de noble maître *Joseph-Anne-
Michel Lanjuinais*, sieur *des Planches*, avocat à la cour, et
d'*Hélène-Marguerite Capdeville*. Il fut baptisé le jour même,
dans l'église de Saint-Germain et eut pour parrain : son oncle
paternel, vénérable et discret Messire *Jean-Baptiste Lanjuinais*, qui fut recteur de Pleumeleuc, de 1759 à 1787 ; pour
marraine : sa grande tante maternelle, *Magdeleine Denis
Capdeville*[1].

[1] Ces renseignements jusqu'à ce jour inédits, sont dus aux labo-
rieuses recherches de M. le conseiller Saulnier dans les anciens registres
des paroisses de Rennes. Voici les noms des treize frères et sœurs de Jean-
Denis. — *Pierre-Joseph-Michel*, né le 13 novembre 1751, baptisé le 14
à Saint-Germain (futur-docteur en médecine, mort à Rennes, le 21 nivôse an
II) ; — *Hélène-Marie*, née le 6 septembre 1754, baptisée le 7 à St-Germain,
(morte célibataire à Rennes, le 14 vendém. an XI) ; — *Joseph-Elisabeth*, né

La famille Lanjuinais n'était pas originaire de Rennes, mais de la paroisse de Pleumeleuc, alors de l'évêché de Saint-Malo, et appartenait à cette modeste bourgeoisie employée dans les charges des juridictions seigneuriales, qui peuplait, au dix-huitième siècle, les petites villes et les bourgades. Ce fut Jean-Denis qui, le premier, illustra la maison. Son père, né à Pleumeleuc, vint à Rennes s'établir comme avocat : il y épousa la fille d'un simple receveur des devoirs, et son nom serait probablement resté, comme tant d'autres, assez obscur, si les brillants succès de son fils ne l'avaient, tout d'un coup, illuminé. Un de leurs cousins fit cependant quelque bruit vers l'époque où le jeune Jean-Denis remportait ses premières couronnes. C'était un bénédictin, dom *Joseph Lanjuinais*, d'une imagination ardente et d'un caractère opiniâtre, fort lié, malgré les remontrances de ses supérieurs, avec d'Alembert et Diderot. Ce moine philosophe, n'ayant pas voulu se rendre à de sages conseils de réforme, ne se contenta point d'abandonner son couvent et son ordre, il se retira à Lausanne, embrassa la religion réformée, devint principal du collège de Moudon et publia, en 1774, sous le titre *Le monarque accompli*[1], un éloge en trois volumes de l'empereur

le 18 novembre 1755, baptisé le 19 à Saint-Germain, (futur prêtre, docteur en droit, vicaire schismatique de Le Coz, puis chanoine de Rennes après le concordat); — *Denis-Elisabeth*, né et baptisé le 14 juillet 1758 à Toussaints. — *Didier-Emmanuel*, né le 24 septembre 1759, baptisé le 25 à Toussaints, y décédé le 5 octobre 1783 ; — *Denis-Elisabeth II*, né et baptisé à Toussaints, le 4 octobre 1760 ; — *Denise-Elisabeth*, baptisée en Saint-Jean, le 26 octobre 1761 ; — *Désirée-Eugénie*, baptisée en St-Jean, le 11 avril 1763 ; — *Dorothée-Eléonore*, baptisée en Saint-Jean, le 4 juillet 1764 ; — *Dieudonné-Eugène*, né et baptisé à Toussaints le 1er septembre 1765 ; — *Dieudonné-Eugène II*, né le et décembre 1766, baptisé le 31 à Toussaints ; — *Dieudonnée-Eugénie*, née 30 juin baptisée le 15 juillet 1768 à Toussaints ; — *Pierre-Dieudonné-Eugène III*, né le 10 octobre 1770, baptisé le 11, aussi à Toussaints.

Joseph-Michel-Anne, leur père, fils de *Michel* et de *Fiacrine Oresve*, avait épousé le 15 septembre 1750 à Saint-Sauveur de Rennes, *Hélène-Marguerite Capdeville*, fille de noble homme *Pierre-Denis-Capdeville*, ancien écrivain des vaisseaux de la compagnie des Indes, puis commis principal et enfin receveur des devoirs de Bretagne (né à Versailles, en 1702, mort à Rennes, en Toussaints, le 21 juin 1784) et d'*Hélène-Jeanne Regnier*, (née vers 1701, décédée à Rennes, en Saint-Germain le 14 octobre 1752),— née à Rennes, en Saint-Germain le 19 février 1729, morte à Rennes le 11 fructidor an VIII.

[1] Lausanne, P. Hurbach, 1774. 3 vol. in-4°.

Joseph II, qui fut condamné comme séditieux en 1776, sur le réquisitoire de l'avocat-général Séguier; puis en 1775, l'*Esprit du pape Clément XIV*[1] et en 1781, un *Supplément à l'Espion anglais*[3]. Il mourut à Moudon, en 1808[2]. Ainsi, disait en 1838, M. Mourier, dans l'éloge de notre Lanjuinais prononcé à l'ouverture des conférences de l'ordre des avocats, l'exemple du travail donné par son père, et celui de l'indépendance, donné par son oncle, furent les premiers qu'il reçut de sa famille et il ne les oublia jamais. J'imagine pourtant que la défection du bénédictin avait été vue d'un fort mauvais œil par l'honnête et religieux Michel, qui ne la cita pas précisément pour modèle à son fils, car il lui inculqua si profondément les principes austères de l'enseignement chrétien, que les différentes formes de la vie, la vie domestique, la vie politique, la vie scientifique, ne furent pour Lanjuinais, assure son fils Victor, que les formes variées de la vie religieuse. Mais il ne serait pas surprenant qu'elle ait exercé une certaine influence sur l'esprit du futur législateur, en contribuant à le détacher de la suprématie romaine et à le pénétrer, au-delà de toute mesure, des principes dits gallicans. La constitution civile du clergé fut, en somme, une sorte de protestantisme très analogue à celui qu'Henri VIII avait établi en Angleterre : les physiologistes de nos jours prétendent que les caractères de l'atavisme se transmettent souvent, plutôt par double degré que par hérédité directe : à ce compte, on pourrait dire que Lanjuinais trouva le germe de la constitution civile dans son berceau.

Les études classiques de Jean-Denis furent très brillantes. A seize ans, il était sorti du collège : à dix-neuf ans, il était reçu, par dispense d'âge, avocat et docteur en droit. Une chaire de droit fut, à cette époque, mise au concours à la faculté de Rennes : il obtint une nouvelle dispense pour y

[1] Moudon, 1775, in-12.
[2] Londres, J. Adamson, (Lausanne) 1781, in-8°.
[3] M. Levot lui a consacré un article dans la *Biographie bretonne*.

prendre part et son âge fut le seul obstacle à sa nomination ; son habileté comme jurisconsulte fut dès lors connue, mais il ne s'endormit pas sur ses lauriers : il se plongea dans l'étude des commentateurs du droit civil et canonique ; il se procura même, à grands frais, toutes les sources de l'érudition allemande, et, lorsqu'en 1775, un nouveau concours s'ouvrit pour une chaire de *droit ecclésiastique*, il l'emporta de haute lutte, et grâce à Loisel qui fit taire les jaloux, sur tous ses concurrents.

Professeur à vingt-deux ans, Lanjuinais voyait une brillante carrière s'ouvrir devant lui. On le consultait sur les affaires les plus importantes de la province, et les trois ordres des États de Bretagne l'élurent, en 1779, avocat conseil des États, honneur qu'on réservait ordinairement à des jurisconsultes blanchis dans la pratique des affaires.

Dans cette même année, une cause importante vint mettre en relief la droiture de ses opinions, la fermeté de son caractère, l'étendue de son esprit, et sembla le désigner d'avance comme le champion des grandes luttes auxquelles il devait participer dix ans plus tard. Il s'agissait de savoir si le *droit de colombier*, réservé en Bretagne à la seule noblesse, pouvait se prouver par titre, ou s'il fallait de plus que le titre fut accompagné de possession ancienne. La question passionnait le public, car il s'agissait de privilèges. Lanjuinais repoussait les prétentions de la noblesse et soutenait l'insuffisance des titres sans possession. Il avait pour adversaire Duparc Poullain, professeur comme lui à la faculté de Rennes, l'un des plus célèbres jurisconsultes de ce temps. Le tournoi fut épique entre ces deux hommes, l'un vieux et l'autre jeune, comme les deux principes ennemis que représentait chacun d'eux. Dans la chaleur du débat, la question s'étendit, et les deux champions ne s'épargnèrent pas à eux-mêmes des coups que les parties auraient dû seules recevoir. Elles en reçurent de rudes pourtant, car Duparc ayant invoqué les procès-verbaux de discussion relatifs à l'article de la Coutume qui don-

naient lieu aux procès, Lanjuinais s'exprimait ainsi : « Qu'il
y ait eu de grands débats entre la noblesse et le tiers-état au
sujet des colombiers, que l'ordre de l'église ait pris le parti
de la noblesse contre le tiers, ainsi qu'il fait presque toujours, cette prépondérance de la noblesse sur le tiers, par le
moyen de l'église, ne prouve sûrement pas que notre article
soit l'ouvrage de la raison saine et impartiale... » Ce passage
et quelques autres du même genre furent dénoncés par le
procureur général au Parlement de Bretagne qui, par un
arrêt en forme, supprima le mémoire de Lanjuinais comme
injuriant et calomniant les trois ordres de l'État. Là-dessus
grande émotion au barreau de Rennes. Sur la demande de
Gohier, plus tard membre de l'Assemblée législative, puis du
Directoire, l'ordre des avocats se réunit, discuta les passages
incriminés et déclara que le mémoire renfermait des principes
que l'ordre entier s'engageait à soutenir. Le bâtonnier fut
chargé de remettre la délibération à l'avocat général pour la
communiquer au Parlement qui la laissa subsister[1]. Lanjuinais gagna son procès, mais, redoutant sans doute l'animosité
que sa victoire allait soulever contre lui, près des magistrats,
il renonça définitivement à la plaidoirie et se livra exclusivement, désormais, aux travaux de son professorat et à la con-
sultation de cabinet.

Les mémoires qu'il composa et qu'il fit imprimer pendant
les dix années qui s'écoulèrent jusqu'aux approches de la
Révolution forment quatre volumes in-4°, et plusieurs d'entre
eux sont de véritables traités sur des matières diverses. Le
plus important est un *Mémoire sur l'origine, l'imprescriptibi-
lité, les caractères distinctifs des principales espèces de dîmes et
sur la présomption légale de l'origine ecclésiastique de toutes
les dîmes tenues en fief*[2].

En même temps, il préparait sur le droit canonique, comme

[1] Voyez à ce sujet une lettre de Gohier au *Courrier* du 20 janvier 1827.
[2] Rennes, Vatar, 1786, in-8°.

résumé de son enseignement, deux grands ouvrages écrits en latin : *Institutiones juris ecclesiastici ad fori gallici usum accomodatæ*, et *Prælectiones juris ecclesiastici juxta seriem Gregorianæ decretalium collectionis*, dont les événements politiques empêchèrent la publication.

« Fuyant les plaisirs du monde, dit son fils Victor, dans la notice qu'il lui a consacrée en tête de ses *Œuvres*, s'il donnait quelque relâche à son esprit, c'était pour se livrer à des exercices de piété ou pour prendre sa part dans les entretiens du foyer domestique ; quelquefois, pour faire une promenade champêtre dont il goûtait les charmes avec la candeur d'un enfant. Quoique ses mœurs fussent austères, le fanatisme n'avait point aigri son âme : les petitesses de la superstition ne l'avaient point atteint. Ses manières étaient franches et naïves ; une douce bienveillance animait toute sa personne, et faisait excuser une rudesse d'expressions qui échappait souvent à l'impétuosité de son caractère[1]. »

Tel était l'homme que la Révolution allait lancer impétueusement dans l'arène de la politique[2].

Dès l'année 1788, un an après son mariage avec la fille du lieutenant à la maîtrise des eaux et forêts de Rennes, il se déclara l'un des défenseurs des droits et des revendications de l'ordre du Tiers, en publiant deux brochures, l'une intitulée : *Réflexions patriotiques*, destinées à répondre à l'*Arrêté de quelques nobles de Bretagne*, en date du 25 août, dont la rédaction était attribuée au chevalier de Guer ; l'autre sous le titre : *Le Préservatif contre l'avis à mes compatriotes*, attribué à l'avocat général Loz de Beaucours.

Dans la première, il relevait vivement l'affectation dédai-

[1] Notice sur J.-D. Lanjuinais, en tête de l'édition des *Œuvres*, par Victor Lanjuinais, I, p. 7.

[2] Je dois ajouter que le 12 juin 1787, il épousa dans l'église de Saint-Jean de Rennes, *Julie-Pauline-Sainte Deschamps de la Porte*, fille de *Jean-François Yves*, maître particulier des eaux et forêts de Fougères, lieutenant au siège royal et maître des eaux et forêts de Rennes, né à la Bouexière le 18 avril 1769. Le mariage fut célébré par vénérable et discret messire J.-B. Lanjuinais, le recteur de Pleumeleuc, qui avait été jadis le parrain de Jean-Denis, et qui mourut quelques semaines après l'avoir marié.

gneuse avec laquelle l'arrêté parlait des mouvements de
quelques particuliers du tiers; il montrait la gravité mena-
çante de cette espèce de ligue des gentilshommes qui allaient
avoir à juger comme membres des Etats de Bretagne, les prétentions de l'ordre du tiers, auxquelles ils opposaient d'avance
une fin absolue de non-recevoir; et il demandait si deux
mille nobles devaient continuer à tenir en Bretagne deux mil-
liers d'hommes asservis. Cette brochure de vingt-neuf pages
eut, en trois jours, deux éditions, et bien qu'elle ne fût pas
signée, toute la province ne tarda pas à savoir quel en était
l'auteur.

Dans le *Préservatif*, il proclamait ainsi ses principes politiques :

« Nous rejetons avec une égale horreur la démocratie, l'aristocratie et le despotisme : mais nous chérissons cette forme mixte tant
désirée des anciens politiques, tant applaudie par les modernes, où,
du concours du roi, des grands et du peuple agissant par ses représentants, sortiront des résultats d'une volonté générale et constante
qui feront régner uniquement la loi sur toutes les terres de l'Empire. » — Puis, s'attaquant directement aux privilèges de la noblesse,
il démontrait que celle-ci n'est, « dans son origine et dans sa nature,
qu'une milice armée trop souvent contre les citoyens, qu'un corps
parasite vivant des travaux du peuple en le méprisant : la noblesse,
en un mot, n'est pas un mal nécessaire. »

Les demandes du tiers sont donc justes, ajoutait-il, et leur succès
fera le bonheur de la nation. « C'est le vœu de la nation que l'on
doit suivre et non la volonté de vos aristocrates. »

La péroraison de cette catilinaire était fort vive et je la
citerai pour montrer à quel degré de surexcitation s'était
élevée la polémique :

« Si le Tiers-Etat, c'est-à-dire la nation, ne fait maintenant que
de vains efforts, si dans un siècle de lumière et de philosophie, elle
s'amuse à secouer ses chaînes sans parvenir à les briser, le joug de
la noblesse va s'appesantir de plus en plus sur nos têtes ; d'exemptions en exemptions, de surcharges en surcharges, d'exclusions en

exclusions, nous deviendrons, peu à peu, comme les ilotes chez les Spartiates ; et si nous causons jamais de l'inquiétude à nos maîtres, ils nous donneront aussi la chasse comme à des bêtes fauves[1]. »

On sait quels tristes événements ensanglantèrent la ville de Rennes, les 27 et 28 janvier 1789.

Les magistrats du Parlement de Rennes ayant soustrait les coupables à leurs juges naturels et s'étant attribué, en première et dernière instance, par une évocation scandaleuse, « l'instruction et le jugement de leurs fils, de leurs frères, de leurs amis, de leurs domestiques, » le barreau de Rennes protesta énergiquement, et Lanjuinais qui avait signé, à la fin de 1788, le mémoire des avocats au Parlement *sur les moyens d'entretenir l'union entre les différens ordres de l'Etat*, ne se contenta pas de signer leur nouveau mémoire sur les événements de janvier, il se joignit à Glézen, Varin et Le Chapelier, pour aller le porter au roi.

Quelques semaines après, les électeurs de la sénéchaussée de Rennes réunis pour formuler leurs doléances avant la convocation des Etats généraux, en confiaient la rédaction à Lanjuinais pour demander, entre autres réformes plus ou moins radicales, l'abolition des droits féodaux et même celle de la noblesse titulaire. Ce mémoire qui comprend quatre-vingt pages in-8° fut publié sous le titre de : *Cahier des charges, instructions, vœux et griefs du peuple de la sénéchaussée de Rennes pour être présenté à la prochaine assemblée du royaume*[2], et comprend cent vingt-et-un articles divisés en quatre titres, sous les rubriques suivantes : — 1° droits, formes et police de l'assemblée des Etats généraux de 1789 ; — 2° déclaration des droits et constitution ; — 3° impôts, dette nationale ; — 4° réformes générales pour tout le royaume, dans les diverses parties de l'administration; — 5° demandes locales qui intéressent le bien général.

[1] Les deux brochures de Lanjuinais ont été réimprimées dans ses *Œuvres*, I, p. 104 à 145.
[2] Rennes, Audran, 1789, 80 p.

C'est un formulaire complet de constitution et qui contient, en germes, la plupart des *réformes* qui furent adoptées plus tard par l'Assemblée nationale. On reconnaît, en plus d'un endroit, les traces directes de la plume de Lanjuinais et le professeur de droit canon s'est trahi dans les vingt articles qui composent le chapitre Ier du titre 4, sur les réformes de l'état ecclésiastique. On y préconise l'élection des curés, l'établissement d'un traitement supprimant le casuel et les quêtes, le remaniement des paroisses, l'institution ecclésiastique des évêques et archevêques dévolue aux conciles provinciaux et non plus au Pape ; et bien d'autres dispositifs que l'on retrouvera dans la constitution civile du clergé. Il me suffira de citer les articles 1 et 2 qui dominent tous les autres.

1. — Le pouvoir législatif appartenant à la nation et devant être exercé par ses représentants, c'est à eux, une fois réunis, qu'il appartient de régler les formes et la police de leur assemblée, et de déterminer tout ce qui pourra rendre ces opérations véritablement utiles à l'état et aux citoyens.

2. — C'est par une erreur funeste que ce qu'on appelle le tiers-état, ce qui compose plus des quatre-vingt-dix-neuf centièmes de la nation, a été qualifié d'*Ordre* et mis en balance avec deux classes de privilégiés. Cette erreur doit cesser, et ce qu'on a jusqu'ici nommé le *Tiers-Etat*, dans le royaume sera compris, avec ou sans les privilégiés, sous la même dénomination, et appelé *peuple* ou *nation*, seuls noms qui soient véritables et qui puissent convenir à la dignité du peuple. Cette dignité sera toujours présente aux yeux de ceux qui auront l'honneur de le représenter ; ils ne souffriront pas qu'ils reçoivent nulle part, dans leurs personnes ou autrement, aucune humiliation. Nulle classe de citoyens n'a droit de leur en faire éprouver : la majesté du prince en serait blessée : il sera aux États généraux, un père au milieu de ses enfants ; il ne saurait être jamais plus grand et plus chéri que lorsqu'ils y seront tous traités avec les mêmes égards.

Ces déclarations ne furent pas du goût de tout le monde, et les mécontents cherchèrent à éclipser le succès éclatant du rédacteur en publiant, contre lui, plusieurs pamphlets parmi lesquels je signalerai tout particulièrement le suivant que je n'ai vu cité nulle part :

Analyse et examen des charges, instructions, vœux et griefs du peuple de la sénéchaussée de Rennes . = A M. Denis.... (Lanjuinais) *rédacteur du cahier des charges de la sénéchaussée de Rennes et l'un de ses députés aux États généraux de 1789, très humbe adresse par un représenté de la même sénéchaussée :*

« Elu, Monsieur, dans les formes nouvelles, pour représenter aux États Généraux le peuple de la sénéchaussée de Rennes, vous partagez avec six collègues cette grande marque de sa confiance. Mais la rédaction de son cahier, cette incroyable rédaction qui renferme, dans plus de deux cents articles, *ses charges, ses instructions, ses vœux et ses griefs ;* c'est une gloire à part, c'est votre *lot ;* personne n'a le droit de vous le disputer.

« Eh ! qu'appellez-vous trop modestement un cahier ? C'est bien un code complet de législation. Quelqu'un qui s'y connaît, désirait, en nommant les législateurs les plus vantés, d'en trouver un seul qui eût donné à ses loix un style plus sublime, plus roide et plus constamment impératif.

» Le succès si général de votre code aux lieux où il a pris naissance, lui présage ailleurs ses hautes destinées. Les sept cents votans plus ou moins attentifs, l'ont adopté, par acclamation, sur une première lecture ; deux cents électeurs l'ont souscrit, sans hésiter. La presse gémissante a peine à suffire à l'impatiente curiosité qui le recherche, qui le dévore. Pouvez-vous douter que l'accueil le plus distingué ne l'attende à l'Assemblée nationale ?..... »

Le critique n'avait garde d'oublier le chapitre relatif aux choses ecclésiastiques :

« Un canoniste émerveillé de votre ouvrage, où vous réformez apostoliquement la *religion,* l'*état ecclésiastique,* les *mœurs* et l'*enseignement public,* m'assure qu'à ses yeux, ce chef d'œuvre égale ce qui nous reste des monuments de la primitive église : et il n'a pas craint d'ajouter qu'en ce point, votre code ferait, pour le moins, au dix huitième siècle, la fortune que fit je ne sais plus quand, je ne sais quel code qu'il m'a nommé ; je crois de *Denis le Petit,* ou du *Petit Denis :* vous rectifierez la citation : vous évaluerez l'éloge ; je m'étais borné à charger ma mémoire. »

Puis, relevant au passage plusieurs phrases dont le style ne lui paraissait pas assez clair, telles que : « Dans la nation

¹ S.L.(1789) in-8°, de 26 p.

seule résidera la plénitude du pouvoir législatif constituant ; le
plein exercice en sera dans ses seuls représentans, et le
Prince n'aura que la plénitude du pouvoir exécutif... » ou
bien : « la nation c'est le tiers-état, *avec ou sans les privilégiés :* » il terminait en disant : ce n'est pas du *galimathias*,
c'est du *galidenis*.

Lanjuinais laissa crier les envieux. Il fut élu député aux
Etats généraux et partit pour Versailles, bien décidé à faire
triompher, par tous les moyens en son pouvoir, les principes
qu'il venait d'exposer dans le cahier des charges de la sénéchaussée de Rennes.

Je ne puis donner ici le détail de toutes ses motions et de
tous ses travaux et devrai me restreindre à ceux dont
l'influence fut la plus considérable pour l'établissement du
nouvel ordre de choses.

Un des fondateurs du *Club breton*, Lanjuinais avait, dès
le 19 juin, le surlendemain de la constitution du Tiers-Etat,
demandé la création d'un comité des subsistances, pour
s'occuper des moyens de combattre la disette ; et le 6 juillet,
on l'avait nommé, avec Glézen, membre du comité prépa-
rateur[1].

Entre ces deux dates, il avait participé, le 23 juin, aux événements qui amenèrent la séance du Jeu de Paume et il figure,
à ce titre, dans le célèbre tableau du peintre David. Quelques
jours après, il censurait sévèrement les formes impérieuses,
j'ordonne, je veux, dont Louis XVI s'était servi dans la séance
royale, déclarant qu'elles ne devaient plus trouver place
dans le langage parlementaire ; puis, il attaqua les protestations réitérées de la noblesse de Bretagne contre les actes
de l'assemblée[2], soutint les mesures prises contre les parlements ; réclama l'abolition de tous les privilèges, refusa les
titres de prince aux membres de la famille royale ; et s'op-

[1] *Collect. des bulletins de la corresp. de Bret*, 1, 149, 210.
[2] 26 octobre : *ibid*, 1, 424.

posa même, après l'abolition des distinctions, à ce que le roi portât le cordon bleu[1].

Il ne faisait pas de longs discours ; « c'était par des phrases vives et brèves, par des expressions toujours incisives et toujours véhémentes, qu'il portait coup aux institutions vieillies mais encore si vivaces de l'organisation féodale[2]. »

La première bataille sérieuse qu'il livra fut celle du 6 août, au sujet *des dîmes* ecclésiastiques. Ses idées de réforme n'allaient pas jusqu'à dépouiller le clergé de ses biens ; il voulait, au contraire les lui conserver en empêchant de les déclarer nationaux, et en soutenant que les dîmes inféodées formaient une dette rachetable. Il demandait que le rachat eut lieu à la volonté des redevables et par avis d'experts, que le prix du rachat fut équivalent à une quantité de grains et que ce prix fut placé solidement, pour l'intérêt des ministres et des pauvres[3]. On sait que l'Assemblée nationale décréta, le 11 août, l'abolition des dîmes de toute nature, sauf à aviser aux moyens de subvenir, d'une autre manière, aux dépenses du culte et au soulagement des pauvres. Le 20 août, Lanjuinais était nommé membre du comité ecclésiastique. Nous verrons, tout-à-l'heure, quel rôle prépondérant il ne tarda pas à y prendre.

Pendant les derniers mois de l'année 1789, en dehors de quelques motions particulières, par exemple au sujet de l'abolition des francs-fiefs, ou du mandement de l'évêque de Tréguier qu'il excusa, ou pour demander que les députés ne pussent pas, pendant trois ans, avoir part aux faveurs du pouvoir exécutif, Lanjuinais s'occupa surtout de la loi électorale et demanda en particulier que les citoyens actifs fussent dispensés de la condition d'éligibilité relative à la contribution directe si, au premier tour de scrutin, ils avaient

[1] Il réclamait pour le roi le titre de : *Roi des Français et des Navarrais* (8 octobre) *Ibid*, p. 303.
[2] Notice par Victor Lanjuinais p. 11, 12.
[3] *Bulletin de la corresp. de Bret*, I, 29.

réuni les trois quarts des suffrages. Sa vivacité et sa minutie
de légiste lui attirèrent plusieurs fois des interpellations
personnelles. J'en citerai quelques-unes. Comme il s'opposait
à ce que les officiers en exercice dans les justices seigneuriales supprimées pussent être élus membres des municipalités, les accusant d'être les fauteurs du despotisme : —
« Tous les magistrats de l'assemblée, s'écria un interrupteur,
ont autant coopéré à la révolution actuelle que les profes-
seurs en droit canon. » Une autre fois, il énumérait tous les
degrés de parenté qui devraient donner l'exclusion dans les
mêmes assemblées délibérantes : père et fils, oncle et neveu,
frères, cousins-germains : — M. de Lanjuinais, dit un député
qui trouvait fort exagérées plusieurs de ces exclusions,
« M. de Lanjuinais oublie les compères[1]. »

L'orateur breton ne sourcillait pas devant ces interruptions
et se contentait de rendre quelquefois la pareille en fermant
la bouche par des ripostes d'une érudition implacable, aux
imprudents qui s'exposaient à ses répliques. Le 2 janvier 1790,
un député nommé Dionis du Séjour ayant réclamé sur des
emprisonnements en usage dans les monastères et connus
sous le nom de *vade in pace :* « L'honorable préopinant, dit
Lanjuinais, ne devait pas ignorer que depuis deux cents ans
le *vade in pace* n'est plus connu en France[2] ». Aussi, quand il
affirmait quelques jours plus tard, dans la célèbre discussion
de l'affaire de Bretagne, que jamais notre province n'avait
méconnu l'autorité des Etats généraux de la France[3], personne
n'était tenté de le contredire.

Le suivrons-nous, pendant les mois de mars et d'avril 1790,
dans ses innombrables apparitions à la tribune, pour demander
aujourd'hui la suppression absolue de la noblesse, demain l'abolition des corvées dues à l'injustice et à la force, pour discuter
avec Robespierre, la légitimité des droits de triage acquis par

[1] *Journal des Etats généraux* III, 97, 159, 225, 265, 345, 526, 528.
[2] *Ibid* IV, 12.
[3] *Ibid* IV, 86.

prescription sur les biens communaux, ou pour disserter
sur les halles et marchés, sur les droits de minage, ou sur les
droits féodaux maritimes?... Cela demanderait de longs
développements[1] et je préfère citer, en guise de type, deux
de ses mouvements oratoires, de son style habituel, incisif,
précis et tranchant comme une lame de sabre :

Le 9 mars 1790, Madier s'était avisé de dire à propos de la
suppression des péages du domaine et des villes : « puisque
l'Assemblée *enlève* les propriétés des particuliers, elle peut
enlever les propriétés du roi et des villes. » Lanjuinais
s'écria :

« C'est blasphémer de dire que l'Assemblée *enlève* des propriétés !
Les péages sont des impôts ; supprimer ceux que les particuliers
possèdent, ce n'est pas enlever une propriété ; car le droit de lever
les impôts ne peut pas être la propriété légitime d'un citoyen ; c'est
donc supprimer des abus criants qu'un régime despotique a pu seul
faire tolérer. Il ne faut pas, sans doute, faire grâce aux péages
domaniaux ; ce sont également des impôts, et le roi les possédait
comme un accessoire de son domaine et conséquemment, comme
propriétaire privé : l'abus était le même que pour les péages seigneu-
riaux. Les péages des villes ne sont pas des octrois ; ils n'ont pas
le caractère d'octroi qui est celui d'imposition à temps : il ne faut
point abuser du mot d'octroi, pour admettre des exceptions sans
fondement ; mais n'ajournons pas cette matière, hâtons-nous de
supprimer des impôts qui pèsent si lourdement sur les peuples et
qui ne tournent pas au profit commun[2]. »

Un peu auparavant, il s'était agi de savoir si les religieux
mendiants jouiraient, après la suppression des couvents,
d'une pension égale à celle des autres : et Mirabeau soutenait
qu'on devait nuancer les traitements suivant les vœux que
les religieux avaient faits :

« Pour distinguer entre la pauvreté et la pauvreté, le froc et le
froc, le prêtre en fonctions et le prêtre sans fonctions, on invoque
des principes, dit Lanjuinais, on allègue des considérations ; le

[1] *Ibid.* V, 17, 20 à 28, 43, 78 à 87, 124 etc.
[2] *Journal des Etats généraux,* V, 77.

principes ne s'appliquent point à la cause, les considérations ne sont point concluantes. Ce qu'on a dit sur la prétendue *deshérence* est un vain appareil de doctrine étranger à la question. La nation ne dispose point ici à titre de deshérence ; mais à titre d'inspecteur, de réformateur suprême des établissements publics ; en vertu du droit de rappeler à leur destination légitime les biens publics qu'elle juge mal employés ; les monastères sont des établissements publics et non des sociétés privées : les associés n'étaient donc ni propriétaires, ni usufruitiers ; ils n'étaient que dispensateurs.

La nation n'a pas promis aux religieux la jouissance d'une vie molle ; ce n'est point un état de mollesse qui leur est assuré par la loi ; elle leur a promis le vêtement et la nourriture, à la condition d'observer le vœu de pauvreté et les autres conseils évangéliques. Voilà les seules conditions du contrat tant invoqué, tant méconnu. Tous les religieux ont, implicitement ou explicitement, promis à la nation et à la loi d'être personnellement pauvres, et de se priver des délices de la vie.

Qu'on ne parle point des habitudes contractées. Dans toutes les maisons où s'observe la règle (et partout elle devrait s'observer), les Bénédictins avaient la table la plus frugale ; les Bernardins nous disent, dans leurs adresses, qu'ils demandent leur sécularisation parce que leurs supérieurs dans l'opulence les privent du plus étroit nécessaire. Les habitudes de la mollesse ne peuvent être un droit pour personne. Trop de religieux mendiants pourraient aussi parler de leurs habitudes ; ce sera l'excuse frivole de toutes les sangsues qui dévorent, en pensions et traitements immérités, la fortune publique.

Qu'est-ce que cette distinction de religieux rentés et non rentés ? Ne sait-on pas que depuis le concile de Trente, il n'y a de religieux vrais mendiants que les Capucins et les Récollets de l'étroite observance ? C'est trois mille religieux sur environ dix-huit mille. Est-ce là le sujet d'une distinction aussi odieuse que celle qu'on propose ?[1]... »

Ce discours qui n'eut pas raison contre Mirabeau, car l'assemblée vota des pensions différentes selon les ordres religieux, nous amène au rôle joué par Lanjuinais au comité ecclésiastique. C'est au mois de juin 1790, que le comité jeta définitivement le masque du schisme et fit voter, par l'as-

[1] *Journal des États généraux*, IV, 333.

semblée les articles de la constitution civile sur les évêques et les évêchés, qui bouleversaient toutes les juridictions ecclésiastiques, sans en référer au Pape, sans même lui demander un simple avis et en prétendant bien se passer de sa sanction. Or, pendant presque tout ce mois de juin, Lanjuinais qui avait déjà, quelques semaines auparavant, déposé un rapport sur les coupes des bois ecclésiastiques, ne quitta presque pas la tribune et se posa en père de ce nouveau concile. Quand on lit le compte rendu de ces séances énervantes, où les orateurs, la plupart laïcs, ne se lancent à la tête que des citations des canons, ou des usages des premiers siècles, ou des arrêts d'anciens conciles, ou des paroles des apôtres et des maximes de la primitive église, on se demande si l'on rêve, et comment le bon sens public ne se révolta point devant de pareilles prétentions. Tant qu'il ne s'agit que de la suppression des biens ecclésiastiques, ou même de celle des ordres religieux, on pouvait admettre, sous prétexte de police, l'intervention de la puissance civile : il y avait matière à discussion et les compétences diverses devaient entrer en lice, mais il ne restait plus debout que le simple ministère pastoral, et quand le comité ecclésiastique entraîna l'Assemblée à porter là aussi, sa rage de démolition, en écartant systématiquement l'intervention de la cour de Rome, elle dépassa tellement toute limite de la compétence civile, que ces débats paraissent aujourd'hui à des lecteurs de sangfroid, absolument ridicules, et qu'on se demande ce qui doit le plus étonner : ou de l'aveuglement de quelques membres sincèrement religieux, comme Lanjuinais, qui ne virent pas le schisme ouvert sous leurs pas, ou de l'outrecuidance de gens profondément irréligieux prétendant légiférer sur des matières tout à fait en contradiction avec leur propre conduite.

Les biographies de Lanjuinais ont passé très légèrement sur cette période de sa législature, ou bien elles en ont altéré la vraie physionomie. Je ne me reconnais pas ce droit. Lanjuinais fut un des principaux coupables des sophismes qui

inondèrent alors la France et qui déchaînèrent bientôt la
guerre civile : s'il a expié chèrement son erreur, ce n'est pas
une raison pour la mettre sous le boisseau. Ecoutez-le : Il
vient, le 1er juin, demander, au nom du comité ecclésiastique,
la suppression des sièges archiépiscopaux. « Nous avons
consulté, dit-il, plusieurs autorités respectables, et nous
avons trouvé que dans les Eglises d'Afrique la suprématie
sur les autres évêques avait été attachée au plus ancien. Un
pareil exemple nous a déterminés, d'autant plus que cette
forme paraît mieux convenir à notre état actuel. » Puis il fait
lecture de l'article premier du décret sur la constitution ecclésiastique portant que chaque département formerait un seul
diocèse. D'Eprémesnil eut beau invoquer le concours de
l'autorité spirituelle et déclarer que si l'Assemblée persistait
à vouloir décider seule ce qui, pendant les six premiers siècles
de l'Eglise, avait été de la compétence des évêques et des
conciles, et avait appartenu ensuite aux deux puissances
réunies, elle se constituait en schisme, l'article fut voté ; mais
plusieurs évêques et un grand nombre de curés déclarèrent
ne pas vouloir prendre part à la délibération.

Sur l'article II qui défendait à toute église et paroisse de
France et à tout citoyen français de reconnaître l'autorité
d'un évêque ordinaire ou métropolitain dont le siège serait
établi sous une domination étrangère, ni celle de ses délégués résidant en France ou ailleurs, D'Esprémesnil demanda
si le Souverain Pontife était compris dans la disposition de
ce décret. L'abbé Grégoire proposa pour amendement : sans
préjudice de la hiérarchie du Souverain Pontife. Mais Lanjuinais allait plus loin que l'abbé Grégoire. « Le comité, dit-il, a
reconnu l'évêque de Rome comme chef visible de l'Eglise ; il a
cru prématuré d'en parler, dans cet article ; cependant, vu la
difficulté qui s'élève, je crois qu'on pourrait assurer la délicatesse des consciences timorées, par cet amendement plus
conforme aux principes de l'église primitive : sauf l'union
catholique avec le chef visible de l'église. » On vota, en

effet, un amendement ainsi conçu : « le tout sans préjudice
de l'unité de foi et de la communion qui sera entretenue avec
le chef visible de l'église. »[1] Mais ce n'était qu'un leurre, une
hypocrite manière d'enlever le vote, car si l'on écrivait
partout cette unité et cette communion, on était bien décidé
à continuer à se passer du pape et on s'en passa en effet.

L'église primitive était toujours le grand argument de
Lanjuinais. Le 14 juin, à propos des métropolitains qu'il
voulait maintenir, il se lança dans une grande dissertation
sur les différences entre la puissance temporelle et la
puissance spirituelle : « *sine venia metropolitani*, disent les
canons, *nullus episcopus ordinari poterit ;* si vous détruisez
cette dépendance, il n'y a plus d'unité dans le culte, plus de
religion dans l'état » On aurait pu lui répondre exactement,
dans les mêmes termes, au sujet de la suprématie romaine,
mais il n'en avait cure. « On vous cite l'église primitive,
ajouta-t-il, mais c'est pour vous induire en erreur. Si l'on
entend par primitive église le premier siècle, j'y trouve des
élections faites par le peuple ; mais depuis qu'il y a eu des
métropolitains, jamais, non jamais, l'on n'a méconnu la
confirmation canonique. »[2]

Il s'agissait, bien entendu, de la confirmation par le métropolitain, et non pas par le pape.

Je ne suivrai pas davantage Lanjuinais dans l'élaboration
de la constitution civile du clergé ; ceci suffit pour caractériser
son attitude et pour montrer qu'il fut avec Treilhard, Camus,
Expilly et Martineau, un des principaux exécuteurs des
hautes œuvres des haines philosophiques, jansénistes et
gallicanes, contre l'orthodoxie catholique. Le schisme avec
Rome leur importait peu, pourvu qu'ils pussent assouvir
leur rage de destruction ultramontaine. Ils rêvaient, non pas
l'unité catholique, mais la simple unité gallicane, asservie au
pouvoir civil et organisée à la manière de l'orthodoxie russe ou

[1] Etats généraux VII, 153, 156, 237 etc.
[2]   Id   VII, 317, 318.

de l'église anglicane : et ils ne s'apercevaient pas que la nation catholique n'était pas avec eux et qu'elle allait se lever spontanément pour résister, sur tous les points du territoire, contre cette odieuse tyrannie des consciences fallacieusement décorée du nom de liberté.

Mais voyons à l'œuvre le comité ecclésiastique dans l'application de sa panacée religieuse : ces prétendus libéraux, stupéfaits des résistances qui se dressent de toutes parts, utopistes, vont employer la force pour les briser : ils vont mentir, persécuter et proscrire.

La Bretagne et l'Alsace étaient les deux principaux foyers de la protestation contre le schisme. Lanjuinais, s'imaginant qu'il va convaincre ses compatriotes, en abusant de leur simplicité et de leur bonne foi, écrit, en février 1791, à ses amis de Rennes que le pape ne condamnait pas la constitution civile :

« Messieurs et chers concitoyens, la nouvelle est certaine et confirmée que le pape et les cardinaux ont arrêté de ne se mêler nullement des affaires du clergé de France, preuve évidente que, dans ces affaires, ni la foi ni les mœurs ne se sont compromises, de l'avis même du Pape et des cardinaux... De toutes parts on apprend que le serment est prêté par le *total* ou le plus grand nombre des fonctionnaires ecclésiastiques, hormis dans quelques départements... Nous osons vous prédire que ceux de la ci-devant province de Bretagne finiront par suivre cet exemple... »[1]

Et Lanjuinais fit signer par Defermon, Quéru de la Coste et Dubourg-Lancelot une lettre inqualifiable, dont toutes les lignes contenaient des faussetés matérielles et que le directoire du département d'Ille-et-Vilaine fit afficher sur les murs de Rennes. Il fallut que l'abbé Guillou, plus tard évêque du Maroc, adressât à Lanjuinais, pour éclairer les consciences troublées, une lettre énergique qui fut tirée à un grand

[1] *Affiches de Rennes*, février 1791. — Cette lettre a été appréciée comme il convient par l'abbé Tresvaux (*Hist. de la pers. rel. en Bret.* I, 197, 199) et par M. Sciout. (*Hist. de la const. civ. du clergé* I, 418).

nombre d'exemplaires et où sa conduite et celle de son parti étaient stygmatisées.

On sait, du reste, que les constitutionnels, qui devaient plus tard soutenir effrontément, envers et contre tout, la fausseté des brefs du Pape contre la constitution civile, n'hésitèrent pas à fabriquer de faux brefs qui leur étaient favorables. Telle était leur bonne foi. Tous les moyens, même les mensonges, leur étaient bons pour arriver à leur but[1].

A la même époque, le 8 février 1791, Lanjuinais qui se montrait beaucoup plus hostile aux prêtres réfractaires à la constitution que bien des révolutionnaires d'opinion plus avancée que lui, vint présenter, au nom du comité ecclésiastique, un rapport sur les pensions accordées aux curés déchus de leurs fonctions par refus du serment. Le comité leur allouait une pension de 500 livres au maximum, mais il était spécifié qu'ils n'y auraient droit « qu'après avoir fait cesser toute inquiétude à l'égard de leur successeur et après avoir donné l'acte formel de leur démission. » Cette fois la pudeur de l'assemblée se révolta ; on trouva que le Comité spéculait trop ouvertement sur la misère de quelques ecclésiastiques pour obtenir d'eux un semblant d'adhésion, et on vota, pour les curés remplacés en exécution des décrets, un secours annuel de 500 livres, sans leur imposer aucune condition contraire à leur conscience[2].

Le directoire de Paris, plus libéral que les autres administrations, avait autorisé les non conformistes à louer l'ancienne église des Théatins pour y célébrer le culte orthodoxe ; l'ouverture devait en avoir lieu le dimanche 17 avril ; mais les révolutionnaires furieux, ne se contentèrent pas de déchirer les affiches, ils fouettèrent les femmes qui se présentèrent à la porte, pour assister à la messe. Le lendemain, Treilhard prononça à l'Assemblée un véritable discours d'énergumène, déclarant que la liberté des cultes était néces-

[1] Sciout, *Hist. de la constitution civile,* I, 478.
[2] Ibid. II, 172.

saire, mais qu'il ne pouvait reconnaître qu'un seul culte dans l'église catholique, apostolique et romaine, celui de la consti-. tution, et qu'il était impossible de voir deux cultes là où il n'en existe qu'un seul..... « Il me semble, s'écria Buzot, qu'on vient, avec de bonnes intentions sans doute, de prêcher l'intolérance religieuse; je ne puis concevoir que celui qui veut la liberté pour lui ne la veuille pas pour les autres. » De nombreux applaudissements prouvèrent au député Girondin qu'il avait touché juste, mais la cause de la liberté religieuse n'était pas celle de la constitution civile et Lanjuinais lui répliqua : « Je veux être libre aussi; et c'est par ce que je veux être libre, que je ne peux consentir que par provision la constitution soit violée et que l'acte qui la viole ait une exécution provisoire : » et il prétendit que l'arrêté du directoire violait un décret précédemment rendu, portant que rien ne serait innové relativement aux fabriques et aux églises jusqu'à ce que l'Assemblée eût statué.

Lanjuinais se prétendait un libéral et voilà comment il comprenait la liberté ! Sa punition me semble dans ce texte des tables analytiques du *Moniteur universel*, publiées en 1802, qui disent tout crûment de lui, à celte époque : « propose de regarder comme non avenu, l'arrêté du département de Paris relatif à la liberté des cultes[1]. »

Faut-il rappeler encore l'étrange correspondance que j'ai signalée, à propos d'Expilly, évêque schismatique du Finistère, au sujet des prêtres orthodoxes de ce département dont il s'agissait, par tous les moyens possibles, d'empêcher le ministère? Au fait, avocat! lui criait de loin ce terrible persécuteur, en lui demandant de réclamer l'internement des réfractaires : mais l'Assemblée constituante venait d'émettre un vote favorable à l'unité religieuse et Lanjuinais remit la lettre au comité des recherches pour qu'il avisât en consé-

[1] *Table du Moniteur* II, 48. — Elles contiennent, en plus de quatre colonnes, le titre de toutes ses motions et opinions de l'Assemblée nationale. C'est là qu'il faut aller les chercher.

quence[1]; il pût toutefois répondre à l'évêque intrus qu'il
avait fait son possible pour enlever toute liberté religieuse aux
catholiques, car le 7 mai, Talleyrand lui-même, après une
apologie du serment, ayant déclaré qu'il fallait prouver que la
tolérance n'était pas un vain mot et laisser les non conformistes se constituer en église indépendante, Lanjuinais qui n'entendait pas que cette tolérance pût être mise en pratique,
prononça le plus déplorable de ses discours, une harangue
de la plus singulière intolérance, qui fut, plusieurs fois, couverte par des murmures, et dans laquelle, tout en avouant
que le décret du serment avait coûté «... tant de larmes,
tant de peines, tant d'inquiétudes, tant de millions, tan-
d'angoisses à l'Assemblée, » il montrait combien il serait
fâcheux de s'arrêter, après s'être donné tout ce mal
pour imposer le schisme au pays. L'assemblée ne se
montra pas aussi intolérante que le sectaire et n'osa
pas encore attenter complètement à la liberté de conscience, comme le fit impudemment, l'année suivante, l'Assemblée législative.

Je n'irai pas plus loin. L'aveuglement de Lanjuinais, en matière de schisme religieux, fut aussi absolu que possible. Il se
défendit plus tard de l'accusation de jansénisme. En ce qui
concerne la grâce efficace, je veux bien l'en croire ; mais il
avait certainement des jansénistes la haine de la papauté ; et
son gallicisme exclusif l'empêchait de voir les dangers qu'il
faisait courir à l'unité de l'Eglise, en préparant la guerre civile.

Un de ses frères, entré dans les ordres et docteur en droit
comme lui, partagea les mêmes entraînements. Ayant prêté
serment à la constitution civile, il devint en 1791, vicaire du
principal du collège de Quimper, Le Coz, élu évêque métropolitain d'Ille-et-Vilaine[2], et il ne négligea rien pour propager la

[1] Sciout, *Hist. de la Const. civ. du clergé*, II, 251.

[2] Voyez dans Tresvaux 1, 274, le curieux récit de la visite de Le Coz et de
l'abbé Lanjuinais à l'hôpital des Incurables de Rennes, où on ne voulut pas
reconnaître l'évêque intrus.

doctrine schismatique dans le département. De son côté l'ex-
constituant Lanjuinais, devenu officier municipal de Rennes
après la dissolution de l'Assemblée, se lia d'une intime
amitié avec Le Coz, l'évêque de ses rêves, et ne laissa
échapper aucune occasion de consolider le fragile édifice à
la construction duquel il avait tant travaillé. On a de lui en
particulier, en 1792, en collaboration avec le curé constitutionnel de la paroisse de Toussaints, nommé Maingui, une
*Instruction conforme à la doctrine de l'Eglise catholique,
apostolique et romaine*[1], dans laquelle on répète tous les
sophismes des constitutionnels pour justifier leur schisme
et on blâme les orthodoxes de se séparer des intrus. On se
demande vraiment à quel degré d'audace il fallait en être
arrivé pour inscrire sur ce titre *doctrine romaine*, lorsque
Rome l'avait officiellement condamnée.

En récompense, il fut élu, en septembre 1792, député du
département d'Ille-et-Vilaine à la Convention.

II

La Convention nationale.

Un autre homme ici se révèle. A l'Assemblée constituante,
le rôle principal de Lanjuinais est celui d'un adversaire
acharné de l'orthodoxie romaine. A la Convention, nous
sommes en présence d'un adversaire également acharné des
excès de la Montagne : avec cette différence que, dans la
première situation, il flattait les passions populaires, tandis
que dans la seconde, il les heurte de front et joue sa tête
avec un indomptable sang-froid et un courage extraordinaire.
On dirait d'une expiation.

Dès son arrivée à Paris, il manifesta nettement son opinion
et comme il devait se rendre au club des Jacobins, on mit

[1] *Rennes*, 1792, in-8°, 54 p.

intentionnellement, à l'ordre du jour, la prestation du serment de *haine aux rois* et à la royauté. Il combattit ce serment de toutes ses forces et observa que, personnellement appelé à prononcer, dans la Convention, sur le sort de Louis XVI, il pouvait moins qu'aucun autre le prêter. Le serment ayant été voté, malgré son opposition, il persista dans son refus et se retira[1].

Le 22 septembre, il fit ajourner une proposition de Tallien qui demandait le renouvellement en masse de tous les fonctionnaires administratifs et judiciaires. Le 23, il proposa avec Kersaint, l'organisation d'une force publique départementale de vingt-quatre mille hommes qui feraient alternativement le service à Paris, pendant trois mois, pour protéger la Convention ; puis il appuya énergiquement Louvet dans son accusation contre Robespierre, et devint, à partir de ce moment, l'objet des injures quotidiennes de Marat dans son *Ami du peuple*.

Ce fut surtout à l'occasion du procès de Louis XVI, qu'il signala son indépendance et déploya ce courage héroïque dont il devait donner tant de preuves jusqu'à sa proscription de juin 1793. Les détails du procès du roi étant bien connus, je me bornerai à citer quelques-unes des plus énergiques déclarations de Lanjuinais : « Le temps des hommes féroces est passé, s'écria-t-il, en apostrophant Duhem et Basire qui ne voulaient pas accorder à Louis XVI les moyens ordinaires de défense... Il ne faut plus songer à nous arracher des délibérations qui pourraient déshonorer l'assemblée... Aujourd'hui, citoyens, on veut vous faire juger l'accusé, sans vous donner le temps de méditer sa défense ; eh bien ! moi, je viens vous demander le rapport d'un décret barbare qui vous a été ravi en peu de minutes, et par voie d'amendement celui qui vous a fait juges, dans cette affaire... Nous ne pouvons être à la fois, dans la même affaire, et législateurs et accusateurs

---

[1] Notice par Victor Lanjuinais, p. 16,

et juges, surtout ayant publié d'avance nos avis, et quelques-
uns avec une férocité scandaleuse. » La Montagne hurlait
de rage, les tribunes tempêtaient, rien ne put interrompre
l'orateur. Le décret de mise en jugement ne fut pas rapporté, mais du moins la discussion fut ouverte.

Lanjuinais publia son opinion longuement développée sous
le titre : *Opinion de J. D. Lanjuinais sur Louis le dernier*[1]. Il
y soutenait que le roi ne pouvait être jugé par la Convention
et demandait que l'appel au peuple précédât le jugement. Le
16 janvier, avant le commencement de l'appel nominal, il
tenta un dernier effort en faveur de Louis XVI :

« La première violation des principes, dit-il, fait toujours marcher
de violation en violation : je pourrais vous en donner plusieurs
exemples dans cette affaire même; mais au moins, soyez conséquents
dans cette violation des principes, soyez d'accord avec vous mêmes ;
vous invoquez sans cesse le code pénal : vous dites sans cesse nous
sommes jury : eh bien ! c'est le code pénal que j'indique, ce sont ces
formes de jury que j'invoque et auxquelles je supplie de ne pas faire
d'exception. Vous avez rejeté toutes les formes que la justice et
l'humanité exigeaient ; la récusation et la forme silencieuse du
scrutin qui peut seule garantir la liberté des suffrages. On paraît
délibérer ici dans une Constitution libre, et c'est sous les poignards
et les canons des factieux.... »

Il concluait en demandant, au moins pour la condamnation,
une majorité des trois quarts des suffrages. Au milieu des
vociférations des tribunes, Danton fit voter l'ordre du jour et
l'appel nominal commença. Les plus féroces montagnards
entouraient la tribune pour intimider les votants par la
Terreur. Lepelletier de St-Fargeau consulta Lanjuinais sur
son vote : — Demande la réclusion et le bannissement à la
paix, répondit le député d'Ille-et-Vilaine. — Mais ils me
tueront, répliqua Lepelletier, qui, terrorisé comme tant
d'autres, vota la mort par peur, sans songer que le poignard

[1] Imprimée par ordre de la Convention nationale 1793, in-8°, 40 p. — Et
voy. *Le pour et le contre* dans le procès de Louis XVI, v, 277 à 304.

d'un royaliste pourrait bien remplacer, pour lui, la guillotine des montagnards. Vint le tour de Lanjuinais. Sans se laisser intimider par les menaces ni par les injures, il s'exprima ainsi :

« Comme législateur, considérant uniquement le salut de l'État et l'intérêt de la liberté, je ne connais pas de meilleur moyen de les préserver et de les défendre contre la tyrannie, que l'existence du ci-devant roi. Au reste, j'ai entendu dire qu'il faut que nous jugions cette affaire comme la jugerait le peuple lui-même. Or, le peuple n'a pas le droit d'égorger un prisonnier vaincu. C'est donc d'après le vœu et les droits du peuple que je vote pour la réclusion, jusqu'à la paix, et pour le bannissement ensuite. »[1]

A partir de ce moment jusqu'au mois de juin, il ne se passa presque plus de semaine sans que la Montagne ne jetât quelque menace à Lanjuinais, et sans que celui-ci ne ripostât par une apostrophe courageuse. Voici quelques scènes choisies entre les plus remarquables, sans compter ce simple mot : *septembre,* qui coupa un jour la parole à Danton vantant orgueilleusement les services qu'il avait rendus à la République.

Le 5 mars 1793, les Maratistes demandant le renvoi des volontaires envoyés par les départements pour protéger la Convention : « Oui, je le déclare, s'écria Lanjuinais, il existe à Paris, un *comité d'insurrection* ; ce comité se tient dans le local occupé d'ordinaire par l'assemblée électorale de Paris. Du sein de ce comité partent journellement des invitations aux fédérés de venir s'y réunir. Est-ce en présence de pareils

[1] *Le pour et le contre* dans le procès de Louis XVI, t. VII.
On trouve cette note étrange dans les *Papiers de Robespierre,* II, 264, d'après une note de Saint-Just :
« Le côté droit voulait la mort du roi et cependant les sots de ce côté défendaient Louis : c'est ce qui faisait dire à Fabre : « Ils désirent la mort du roi, parceque sa vie est un obstacle à leur ambition : mais ils veulent conserver pour eux des apparences d'humanité. Ils marchent aussi d'une manière sourde à leurs desseins. »
« *Lanjuinais,* du côté droit, ne voulait pas la mort du roi, et cependant les autres la voulaient : ils le disaient et ils applaudissaient *Lanjuinais.* »

dangers, est-ce dans de pareils moments qu'il faut faire partir les volontaires que nous ont envoyés les départements?... » Quatre jours après, Carrier ayant converti en motion la demande des sections de décréter la création d'un tribunal révolutionnaire : « Ce décret viole tous les principes, répliqua notre Breton : il viole les droits de l'homme : il rappelle la mémoire de funestes événements : il inspirera l'horreur et l'effroi à tous les bons citoyens : il comblera de joie tous ceux qui n'ont d'autres désirs que de voir régner le désordre et l'anarchie, dans la République... » Cette protestation hardie fut inscrite et le décret fut cependant voté, au milieu des vociférations de la Montagne, même par les Girondins, au nombre desquels il faut bien se garder de compter Lanjuinais, comme on l'a fait souvent, sous prétexte qu'il fut proscrit avec eux. Si les Girondins avaient été des Lanjuinais, le régime de la Terreur n'eût jamais pu s'établir[1].

Le 13 avril, eut lieu l'appel nominal sur la mise en accusation de Marat. Lanjuinais s'exprima ainsi :

« Marat a provoqué directement, expressément, publiquement, de vive voix et par écrit, le rétablissement de la tyrannie en demandant la dictature et le triumvirat. Il a appelé le poignard sur les représentants du peuple : il a prêché l'anarchie, le pillage et le meurtre ; il s'est fait l'avilisseur perpétuel, le calomniateur banal de tous les fonctionnaires publics. Ces faits ne sont ignorés de personne ; je ne me reconnais pas le droit de faire grâce, je serais un lâche et un traître à la patrie si je ne disais pas : il y a lieu à accusation. »

On pense bien que lorsque la Montagne fut triomphante, un pareil vote ne devait pas être pardonné. Aussi, dès le 15 avril, Lanjuinais était-il compris au nombre des vingt-deux, dont la Commune demandait l'expulsion. En attendant, il fit partie du conseil des six chargé d'examiner les projets de constitution.

Nous voici à la fin de ce terrible mois de mai 1793, témoin

[1] Voy. Edmond Biré : *La Légende des Girondins.*

du triomphe définitif de la Montagne. Le 24, Lanjuinais dénonce, à la tribune, les complots de la commune de Paris, dans un véhément discours qui, malgré les efforts des Mara-tistes, est envoyé à tous les départements[1]. Le 28, il proteste, en ces termes contre la séance révolutionnaire du 27, dans laquelle on avait cassé la commission des douze, seul espoir du côté droit :

« Accordez-moi du silence, car je suis décidé à rester ici jusqu'à ce que vous m'ayez entendu..... Citoyens, il n'y a pas eu de délibération, il n'y a pas eu de décret rendu, et s'il y en a un, j'en demande le rapport. Eh quoi ! vos commissaires dans les départements ont com-mis, en deux mois, plus d'actes arbitraires, ont ordonné *plus d'arres-tations illégales que le despotisme en trente ans*. Des hommes prêchent ouvertement l'anarchie : ils manifestent l'intention de renouveler les scènes de septembre. Une commission investie de vos pouvoirs les fait arrêter, et un décret ordonnerait qu'ils fussent relâchés ! Vous seriez déshonorés si vous pouviez souffrir qu'un pareil décret souillât vos registres...

Legendre. — Il y a un complot formé pour faire perdre la séance. Si Lanjuinais ne cesse pas de parler, je déclare que je me porte à la tribune et *que je le jette en bas...* »

Là-dessus, tumulte indescriptible; mais Lanjuinais tient bon, et conclut que le vote de la veille n'est pas valable, parce qu'on n'a pas pu délibérer légalement, les pétitionnaires étant restés confondus avec les députés et ayant voté avec eux. Le décret du 27 fut rapporté par 279 voix contre 239. Mais ce n'était, hélas ! qu'un triomphe éphémère. La Com-mune résolut de frapper un grand coup et prépara tout de-suite les journées néfastes du 31 mai et du 2 juin.

Ce dernier jour, Lanjuinais fut réellement sublime et montra un courage qui a mérité l'une des plus saisissantes inspirations du peintre Muller. Ecoutez-le :

« Il n'est que trop notoire que depuis trois jours vous ne délibérez plus avec liberté : une puissance rivale vous commande ; elle vous

---

[1] Il est reproduit dans les œuvres de Lanjuinais, n° 6, t. I, p. 169 à 189.

environne au dedans de ses salariés, au dehors de ses sarcasmes. Je sais bien que le peuple déteste l'anarchie et les factieux, mais il est leur instrument forcé. Des crimes que la loi déclare dignes de mort ont été commis, une autorité usurpatrice a fait tirer le canon d'alarme...

Thuriot — Vous calomniez Paris.

Drouet — Vous êtes un imposteur.

Legendre — Vous conspirez à la tribune (violent tumulte).

Lanjuinais — Comment voulez-vous assurer la liberté de la représentation nationale, lorsqu'un député, un collègue vient me dire à cette tribune : Jusqu'à ce que nous ayons fait justice des scélérats qui te ressemblent nous remuerons et nous agirons ainsi... (Cris féroces).

Lanjuinais —... Le commandant provisoire nommé par une autorité illégale, continue ses fonctions et donne des ordres. On présente de nouveau une pétition traînée dans la boue des rues de Paris.

— Vous calomniez Paris.

— Non, Paris est bon, mais Paris est opprimé par quelques scélérats.

Legendre (escaladant la tribune). — *Descends, ou je t'assomme.*

Lanjuinais. — *Legendre, fais d'abord décider que je suis un bœuf : tu m'assommeras après...*

Aussitôt le tumulte redouble, épouvantable, accompagné de coups de pistolets et d'une lutte corps à corps. Lanjuinais se cramponne à la tribune et finit par en rester maître pour demander la cassation des autorités irrégulières insurgées. Mais à ce moment on introduit une députation de ces mêmes autorités qui, aux applaudissements convulsifs des tribunes, demande un décret d'arrestation contre vingt-deux membres du côté droit, parmi lesquels Lanjuinais figure au quinzième rang et Le Hardy, du Morbihan, au dix-septième. On renvoie la pétition au comité de salut public et Barrère vient hypocritement, au nom du comité, proposer comme solution « qui sauverait la république » : que les 22 donnent leur démission volontaire. Isnard, Lanthenas, Fauchet, sont assez lâches pour se démettre. Lanjuinais est appelé :

« Si j'ai montré jusqu'ici, dit-il, quelque courage, je l'ai puisé dans l'ardent amour qui m'anime pour la patrie et la liberté. Je serai fidèle à ces sentiments, je l'espère, jusqu'au dernier souffle de ma vie. Ainsi n'attendez de moi ni suspension, ni démission. (*Tumulte in jures...*) Je réponds à mes interrupteurs, et surtout à *Chabot* qui vient d'injurier Barbaroux : *On a vu conduire les victimes à l'autel en les ornant de fleurs et de bandelettes; mais le prêtre qui les immolait ne les insultait pas...* »

Et il termine par cette prophétie :

« Je vois la guerre civile s'allumer dans ma patrie, étendre partout ses ravages et déchirer la France. Je vois l'horrible monstre de la dictature s'avancer sur des monceaux de ruines et de cadavres, vous engloutir successivement les uns les autres et renverser la République[1]. »

L'arrestation fut décrétée[2], et, dès le lendemain, Lanjuinais adressait une pétition à la Convention pour être immédiatement mis en jugement :

» Citoyens, mes collègues :

Je viens d'être mis en arrestation chez moi, ce matin, à 9 heures, en exécution de votre décret. Je suis gardé par deux gendarmes ; j'aurais pu fuir et me soustraire à l'oppression ; mais loin de moi cette pensée ! Je lutterai avec le courage de l'innocence et de la vertu contre mes calomniateurs.

Vous avez cédé hier à la nécessité ; je vous remercie d'avoir empêché, peut-être par votre condescendance, de plus grands attentats.

Maintenant je vous en conjure au nom de la patrie, hâtez-vous de revenir à la justice et à la dignité du peuple fier et magnanime que vous représentez ; hâtez-vous d'étouffer les ferments de guerre civile que des factieux ont préparés pour ressusciter la tyrannie. Que les départements apprennent presqu'aussitôt la liberté que l'arrestation de leurs représentans, que le comité de salut public,

---

[1] Voy. Mortimer-Ternaux (VII, 400-403), et le récit des trois journées publié par Lanjuinais lui-même et reproduit dans ses Œuvres au t. I, p. 192 à 200.

[2] Dans le récit qu'il a donné lui-même de ces trois lugubres journées, Laujuinais dit qu'il y eut quelques hésitations pour le vote de son décret : « C'est un bon b... » avait dit de lui Chabot : mais deux montagnards s'étant mis à crier « Lanjuinais catholique... catholique... catholique » le vote fut enlevé. (*Œuvres de Lanjuinais* I, 199). Catholique signifie simplement ici : religieux.

après avoir communiqué aux détenus les faits qu'on n'a pu encore articuler contre eux et qu'on voudrait leur imputer, vous fasse un prompt rapport qui appelle sous la hache de la loi les traîtres, s'il y en avait parmi vos collègues, et fasse éclater l'innocence des autres[1]... »

C'est pendant cette retraite forcée, en attendant son jugement, que Lanjuinais publia son récit de l'insurrection des trois jours, récit peu fait pour lui attirer la bienveillance des montagnards puisqu'il y disait aux parisiens : « Il ne suffit pas d'agiter vos chapeaux au bout de piques et de bayonnettes, et de crier *Vive la République !* Vos tyrans arrêtent maintenant par centaines vos parents, vos voisins, vos amis ; ils les massacreront demain comme en septembre ; ils vous massacreront ; ils vous pilleront..... C'est la mort de la République et de la liberté... » Il y reçut aussi des adresses de félicitations de Rennes et de St-Malo, sur son attitude courageuse ; mais voyant que le jugement qui interviendrait serait fatal et que la terreur établissait décidément son domaine, il trompa la surveillance de ses gardes ; et le 23 juin, ayant reçu, dans son hôtel garni de la rue St-Nicaise, la visite de l'abbé Baron, précepteur du fils de M. de Châteaugiron à qui il avait précédemment rendu des services, il le reconduisit nu-tête et en robe de chambre, en sorte que le gendarme n'eut pas de soupçon ; mais arrivé à la porte de la rue, l'abbé fit monter Lanjuinais dans une voiture amenée à dessein et le conduisit à la maison de campagne de M. de Châteaugiron, près d'Argenteuil où il resta deux jours. Là il put se procurer un passeport aux noms de *Jean Denys, écrivain*[2], et il se réfugia à Caen, où les Girondins proscrits regardaient organiser l'armée fédérale des départements de l'Ouest. Il y fut reçu avec enthousiasme, mais après vingt-quatre heures, il vit bien que l'on courait à la défaite et il se rendit à Rennes, où

---

[1] Collection des mémoires relatifs à la Révolution française par Berville et Barrière. *Papiers de Robespierre*, I, 299, 300.

[2] Ce sont exactement ses prénoms.

le maire, M. Duplessis de Grénédan, et les autorités constituées lui ménagèrent une entrée triomphale. Il profita de ses
loisirs pour publier alors sous le titre ironique *Dernier crime
de Lanjuinais*, une brochure dans laquelle il dénonçait aux
assemblées primaires la constitution anarchique rédigée par
Hérault de Séchelles et décrétée par la Convention quelques
jours après le 2 juin. Elle était précédée de cette épigraphe
extraite de la déclaration de l'assemblée centrale de résistance à l'oppression séant à Caen : « C'est un fantôme de
constitution, nouveau ferment de divisions intestines, dégoû-
tant squelette où rien n'est organisé, rien que le germe de
l'anarchie toujours renaissante, rien que l'asservissement inévitable et prochain de toutes les parties de la République aux
insolents municipaux de Paris. » D'autre part, je lis cet avertissement en tête d'une seconde édition qui parut après le
9 thermidor, en prairial, an III :

« J'avais déjà un pied dans le tombeau, lorsque jetant un dernier
regard sur ma patrie, l'attendrissement me dicta les cris qu'on va
lire. Je voulus, pour la dernière fois, faire entendre au peuple une
voix qui l'avait en vain défendu longtemps. Je voulus lui faire
apercevoir le piège que lui tendaient des perfides. J'écartai les fleurs
qui cachaient la tyrannie et je la lui montrai déguisée sous les
formes d'une démocratie dérisoire, dans cette constitution qu'on le
pressait d'adopter..... »

Mais l'avertissement devait être inutile. L'armée du Calvados fut mise en déroute ; les Girondins proscrits durent
prendre la fuite ; Carrier fut envoyé en mission à Rennes et
Lanjuinais, *mis hors la loi*, dut songer à sa sûreté. Il se cacha
dans sa propre maison, dans un petit grenier à peine assez
grand pour contenir un matelas, une table et quelques livres,
éclairé par une lucarne à demi bouchée avec un fagot, et
n'ayant pour issue qu'un trou pratiqué au niveau du sol,
caché sous la tapisserie d'une chambre voisine. Il vécut là dix-
huit mois, exposé à toutes les intempéries de l'air : et ne dut
son salut qu'au sang-froid, à la présence d'esprit, au dévoue-

ment sans bornes, de sa femme et d'une courageuse servante nommée Julie Poirier. Elles étaient de ces femmes qu'a chantées le poète :

> Naguère, en nos climats, lorsque de tous côtés
> Pesait des décemvirs le sceptre ensanglanté,
> N'ont-elles pas prouvé par mille traits sublimes
> Combien leurs sentiments les rendent magnanimes ?
> La peur régnait partout: plus de cœurs, plus d'ami,
> Le Français du Français paraissait l'ennemi ;
> Chacun savait mourir, nul ne savait défendre.
> Elles seules, d'un zèle ingénieux et tendre,
> Pour détourner la mort qui nous menaçait tous,
> Osèrent des tyrans aborder le courroux...[1]

Pour détourner les soupçons, Mme Lanjuinais, sur le conseil de son mari, qui rédigea lui-même les pièces préparatoires, avait demandé le divorce. Son mariage fut en effet civilement dissous le 12 novembre 1793, en sorte qu'elle conserva sa liberté et la disposition de ses biens pendant que la mère, le frère, la sœur et la fille, encore enfant, du proscrit, étaient jetés en prison. Mais cela ne la dispensait pas des visites domiciliaires, ni du logement des troupes de passage ; et l'on rapporte qu'un prêtre marié, alors maître de pension, conduisait souvent ses élèves, sous les fenêtres de la malheureuse femme pour faire manœuvrer de petites guillotines qu'il leur avait distribuées. On juge quelles émotions terribles elle dut éprouver, pendant ces affreux dix-huit mois. Julie Poirier n'avait pas voulu abandonner ses maîtres. Lanjuinais l'avait pourtant prévenue qu'il y avait peine de mort, dans les vingt-quatre heures, contre toute personne coupable ou complice du crime d'avoir donné asile à un condamné révolutionnaire. Elle lui déclara qu'il lui importait peu de mourir si elle devait le perdre.

---

[1] Gabriel Legouvé. *Le mérite des femmes.* En note, on rapporte entre beaucoup d'autres le trait de dévouement de Mme Lanjuinais et de Julie Poirier, mais on l'attribue à tort à la mère et non à la femme de Lanjuinais.

Enfin le 9 thermidor arriva; les prisons commencèrent à s'ouvrir; le frère, la sœur, la fille et la mère de Lanjuinais furent remis en liberté par l'entremise de Corbel, député du Morbihan; mais lui, était toujours hors la loi, et sa confiance faillit plus d'une fois le perdre. Une perquisition faite chez sa mère pour le chercher inspira à la pauvre femme une telle frayeur qu'elle en mourut peu après.

En brumaire an III, c'est-à-dire en novembre 1794, beaucoup de députés proscrits étaient déjà rentrés dans la Convention, et Lanjuinais était toujours obligé de se cacher. Il adressa à l'Assemblée une pétition pour demander des juges[1]; mais ce ne fut que le 18 frimaire, qu'il fut rappelé à la vie civile, et le 18 ventôse, réintégré dans ses droits de représentant du peuple.

Son premier soin fut de faire annuler son divorce : puis il se fit adjoindre aux représentants chargés de la pacification de la chouannerie, participa aux conférences de La Mabilais et exerça une grande influence dans la conclusion du traité dont l'une des principales clauses assurait aux départements de l'Ouest la liberté religieuse. Il ne tint pas à lui que le traité ne fut mieux exécuté.

De retour à la Convention, il fut accueilli avec enthousiasme par ses anciens collègues, et lorsqu'il monta pour la première fois, à la tribune, le 11 floréal an III, des applaudissements éclatèrent de toutes parts.

« C'est avec une sensibilité profonde, dit-il, que je reçois un accueil aussi flatteur; mais nous ne devons nous occuper que de la

---

[1] Elle fut déposée par Panières et imprimée peu après sous le titre de *Première adresse de Lanjuinais à la Convention nationale* (Paris, vᵉ Gorsas, an III, in-8º, 23 p.) avec cette note de Panières : « Ce mémoire me fut adressé au commencement de brumaire par mon vertueux ami Lanjuinais : plusieurs de mes amis me conseillèrent d'en suspendre l'impression; j'obéis à leurs conseils; je crois aujourd'hui devoir lever cette suspension, non pas pour Lanjuinais, car il n'eut jamais besoin de justification, mais pour la vérité qui est et sera toujours utile à la patrie et à la postérité. »

chose publique. Pour moi, j'ai tout oublié ; je ne me souviens que de
mon devoir ; je n'ai plus d'autre sentiment que le zèle ardent avec
lequel j'ai toujours su défendre la liberté. »

Il donna aussitôt des preuves de sa sincérité en demandant
l'abrogation des lois qui frappaient les parents d'émigrés
et la restitution des biens confisqués sur les condamnés
révolutionnaires, soutenant qu'ils n'avaient pas été jugés
mais assassinés ; puis, il soutint avec chaleur la proposition
de Lesage, de traduire devant les tribunaux ordinaires et non
pas devant une commission militaire, les députés compromis
dans l'émeute de prairial, bien qu'il eut été plusieurs fois
menacé ce jour-là et qu'il n'eût dû son salut qu'à la bravoure
de son ami Kervélégan. Enfin le 11 prairial an III, il fut chargé
par les comités de salut public, de sûreté générale et de
législation, de présenter, pour la restitution des édifices consacrés au culte, un projet de décret qui fut adopté par l'assemblée : « la raison, l'égalité, la justice, le vœu public et la
politique, disait-il, dans son rapport, sollicitent également
l'ouverture des églises dans les départements où elles sont
encore fermées[1]. » Cette conduite le fit soupçonner de royalisme ; et cependant les mémoires de Rouget de l'Isle l'accu-
sent formellement de n'avoir pas été étranger au désastreux
revirement qui se produisit dans l'esprit de Tallien au sujet
des prisonniers de Quiberon. On sait que Tallien était parti
de Vannes avec Rouget de l'Isle, avec l'intention de demander à la Convention des mesures de clémence, suivant ce qui
avait été convenu avec Blad et Hoche. Or, dit Rouget de l'Isle :

« Pendant l'absence de son mari, Mme Tallien, quoique vivant
dans une retraite profonde, recevait les visites journalières de Lanjuinais, qui breton et député, attachait un double intérêt aux évène-
ments du Morbihan, et venait chercher auprès d'elle les nouvelles

[1] Ce rapport a été réimprimé dans les *Œuvres* I, p. 251 à 255, ainsi que le
discours sur les parents d'émigrés prononcé le 11 messidor an III. *Ibid.* I,
255 à 277.

très rares qui en arrivaient ; en même temps, il la tenait au courant de ce qui se passait à la Convention, si orageuse à cette époque. Bientôt il lui annonça que, chaque jour, le gouvernement recevait les dénonciations les plus violentes contre Tallien ; qu'elles le représentaient comme vendu à l'Espagne et au parti de l'émigration ; que, d'autre part, les émigrés divulguaient dans toute l'Europe qu'ils étaient sûrs de lui, disaient hautement qu'un royaliste seul pouvait avoir fait le 9 thermidor et *que l'évènement de Quiberon en ferait foi.* Lorsque nous descendîmes chez Tallien, Lanjuinais venait de quitter sa femme, après l'avoir avertie que les dénonciations se multipliaient à l'infini, qu'elles avaient donné de l'ombrage aux comités du gouvernement, et que des bruits sinistres couraient sur leurs intentions. Cette jeune femme, tout effrayée, s'empressa de faire part à son mari des confidences de Lanjuinais. Pendant qu'elle parlait, Tallien me regardait fixement, et je vis dans ses yeux que je ne devais plus compter sur son intervention en faveur des prissonniers... »

On sait le reste. Voilà une terrible responsabilité pour la mémoire de Lanjuinais. Or, pour le récompenser de l'avoir mis à même de ne pas heurter de front la passion révolutionnaire, ce qui aboutit aux épouvantables massacres de Vannes et d'Auray, Tallien reprit, à son tour contre Lanjuinais les soupçons de royalisme ; et quelques jours après le 13 vendémiaire, il osa l'accuser à la tribune d'avoir été l'un des complices du siège de l'assemblée par les sections. Lanjuinais ne prit pas la peine de répondre : mais tel était l'ascendant qu'il avait gardé sur la plupart de ses collègues qu'il fut défendu spontanément par Louvet, par Siéyès, et même par Legendre, ce boucher qui avait voulu l'assommer le 2 juin 1793.

Une manifestation plus honorable encore l'attendait. Lors de la réélection des deux tiers de la Convention aux assemblées du Directoire, il fut nommé par *soixante-treize* départements et dans presque tous le premier de la liste. Ce fut un véritable plébiscite sur son nom. Aussi, doit-on s'étonner qu'il n'ait pas été choisi par les conseils pour faire partie du gouvernement directorial. L'étonnement cessera si l'on remarque que les cinq directeurs choisis étaient tous régi-

7

cides[1]. Appelé par le sort au *conseil des Anciens*, Lanjuinais s'y opposa, avec force, aux lois d'exception et à toutes les mesures inconstitutionnelles jusqu'au 1er prairial an V (20 mai 1797), époque à laquelle cessèrent ses fonctions législatives.

On sait que les élections de l'an. V furent en général royalistes. A Rennes, elles eurent ce caractère plus encore que dans le reste de la France et Lanjuinais ne fut pas réélu. Nommé *professeur de législation à l'école centrale* d'Ille-et-Vilaine, il y organisa l'enseignement du droit sur un plan nouveau et complet qui fut aussitôt adopté dans un grand nombre d'écoles ; et, bien que surchargé par les affaires de son cabinet, il accepta encore la chaire de grammaire générale qui restait vacante parce que personne ne se présentait pour la remplir. Ces travaux ne l'empêchaient pas de dénoncer les intrigues royalistes dans le *Journal de l'Ouest* et d'y publier des réfutations de leurs doctrines.

III

L'Empire et la Restauration.

Ayant protesté publiquement contre les violences du 18 fructidor[2], Lanjuinais n'approuva pas davantage celles du 18 brumaire ; ce qui ne l'empêcha pas d'être présenté l'année suivante au Sénat, par le Corps législatif. Il fut élu *sénateur* le 22 mars 1800 et se fit remarquer dans l'Assemblée sénatoriale par l'indépendance de ses opinions. C'est ainsi qu'il s'opposa aux proscriptions dirigées à la fois contre les démocrates et les émigrés, après l'affaire de la machine infernale ; qu'il

[1] Barras, Carnot, La Revellière-Lépaux et Letourneur de la Manche avaient voté la mort du roi. Quant à Rebwell, il se trouvait, en mission, à Mayence, au moment du procès de Louis XVI, mais il avait contribué à presser ce procès, et il adhéra, par une lettre rendue publique, au vote de mort.

[2] On rapporte que le 1er vendémiaire an VI, jour de la *Fête de la République*, il fut invité à un grand banquet civique. On le pria d'y porter un toast au 18 fructidor. Il s'y refusa et but *à la liberté*. (Notice par V. Lanjuinais, p. 59.)

combattit, en 1802, l'élévation de Bonaparte au consulat à vie et en 1804, son élévation à l'Empire. Il fut cependant nommé, en 1802, *commandant de la Légion d'honneur* et en 1808, *comte de l'empire*; mais cet honneur ne lui était pas personnel, il appartenait au Sénat tout entier. Lanjuinais prit alors pour armoiries, sous la devise *Dieu et les lois*, un écu composé de quatre quartiers ; le premier et le quatrième, d'azur au lion d'or tenant de sa patte dextre un frein d'argent et de la senestre une balance de même (emblème de la force gouvernant par la justice); le second, d'argent à la croix potencée de sinople (emblème de la religion); le troisième, d'argent à trois mains de carnation, posées 2 et 1 (emblème du travail.)

Le Sénat donnant peu d'occupation à ses membres et Lanjuinais ne pouvant plus exercer la profession d'avocat, il employa ses loisirs à créer, de concert avec Target, Portalis et Malleville, une école libre de droit qui fut connue sous le nom d'*Académie de législation* et dans laquelle il enseigna, avec grand succès, le droit romain. Dupin aîné y fut un de ses élèves. Mais bientôt les cours ne purent se continuer et la création des écoles officielles de droit ayant entraîné la chute de cette académie, Lanjuinais se mit à étudier les théogonies orientales pour y chercher de nouvelles preuves de la vérité des traditions bibliques. Malgré son âge, il apprit l'anglais et l'allemand, afin de lire les nombreux ouvrages écrits dans ces deux langues sur ces questions, il se lia avec les plus savants orientalistes de l'époque et publia dans le *Magasin encyclopédique de Milin*, dans le *Moniteur*, et dans les *Mémoires de l'Académie celtique* dont il fut pendant plusieurs années président, un grand nombre de notices relatives aux langues, aux mœurs et aux religions de l'Asie.[1] Aussi fut-il élu, le 26 décembre 1808,

---

[1] Dacier, dans son éloge de Lanjuinais, a donné une bonne analyse de ces travaux et signale en particulier les observations sur l'infinitif sanscrit, la traduction de l'*Oupn'Khat*, et le *Précis sur l'origine du langage et de la grammaire universelle.*

membre de l'Académie des inscriptions et belles-lettres, en remplacement de Bitaubé.

Lanjuinais vivait à Paris très simplement et je trouve dans les souvenirs inédits de M. Le Goarant une anecdote qui achèvera de peindre son caractère. C'était à l'époque de la discussion du concordat ; et Le Coz, l'évêque constitutionnel de Rennes qui allait devenir archevêque orthodoxe de Besançon, était descendu chez son ami le sénateur, rue d'Enfer. Le Goarant, alors élève du génie à l'école de Metz, voulut rendre visite à Le Coz, en passant par Paris.

« Lorsque je me présentai demandant Le Coz, dit-il, une servante me répondit qu'il était dans le jardin ; le jardin était attenant à la maison, je m'y dirigeai. Le Coz m'y accueillit avec la même bonté que lors de ma visite à Rennes, et nous nous promenâmes pendant quelque temps dans les allées, causant de choses et d'autres. Je remarquai, sans y faire beaucoup attention, un homme habillé très simplement, vêtu de toile ou de coutil, tenant un jeune enfant sur les bras. Dans le moment où la conversation était fixée sur l'origine du mot *almanach* et où Le Coz et moi disions ce que nous pensions sur l'étymologie de ce mot, l'homme que je prenais pour un domestique ou un jardinier, se trouvant rapproché de nous, dit tout-à-coup : *Almanach* est probablement un mot breton qui signifie *le moine*, parce que les premiers almanachs sont sortis des couvents et ont été distribués et vendus par des moines... Je restai tout interdit en entendant cette voix et le fus encore bien davantage quand Le Coz me présentant au personnage, nomma : *M. le sénateur Lanjuinais*[1]. »

Quatorze années se passèrent ainsi, calmes et studieuses, au milieu des joies de la famille et des travaux d'érudition, sans autre souci que les menaces du château de Vincennes, lorsque les votes du sénateur déplaisaient à l'irascible autocrate qui tenait en mains les destinées de la France. 1814 arriva. Lorsque Paris fut investi par les alliés, Lanjuinais se réunit à Grégoire et à Lambrechts pour prononcer la

[1] Communiqué par M. Jégou.

déchéance de l'Empereur et constituer un gouvernement provisoire. Nommé *pair de France* par Louis XVIII, le 4 juin 1814, il ne parut à la tribune nouvelle que pour défendre les droits de la justice et de la liberté, combattit la loi de censure du 21 octobre et s'opposa vivement à la proposition du Maréchal Macdonald relative à l'indemnité des émigrés, pour la limiter seulement, sans établir une classe d'infortunes privilégiées, aux personnes réellement indigentes.

En mars 1815, il se retira à la campagne et refusa de prêter les nouveaux serments qu'on lui demandait en qualité de membre de l'Institut et de commandant de la Légion d'honneur. Napoléon, se rappelant qu'il avait provoqué le décret de déchéance, ne le replaça pas à la Chambre impériale des pairs ; mais la ville de Paris et le département de Seine-et-Marne, l'élurent, à la fois, à la *Chambre des représentants* ; et lors de la constitution du bureau, Lanjuinais réunit 189 suffrages contre Merlin, candidat de l'empereur, qui n'en eut que 49. Napoléon tint un conseil d'État pour savoir s'il ratifierait cette élection, puis il manda l'ancien sénateur et le dialogue suivant s'engagea : — « Eh bien ! monsieur, il ne s'agit plus de tergiverser, il faut répondre à mes questions. — Sire, avec la rapidité de l'éclair, car je ne compose point avec ma conscience. — Êtes-vous à moi ? — Je n'ai jamais été à personne, je n'ai appartenu qu'à mon devoir. — Vous éludez. Me servirez-vous ? — Oui, sire, dans la mesure du devoir. — Mais me haïssez-vous ? — J'ai eu le bonheur de ne haïr jamais personne, d'être bienveillant et bienfaisant quand je l'ai pu, même envers ceux qui m'ont fait tuable à vue, pendant dix-huit mois[1]. » — A ces mots, Napoléon tend les bras au président élu et l'embrasse, puis il envoie Regnault de Saint-Jean-d'Angely porter à la Chambre son acceptation.

[1] Notice par Victor Lanjuinais.

Le rôle du président de la Chambre était surtout passif ; et Lanjuinais ne prit part qu'à la discussion de l'adresse, où il fit substituer le mot de *héros* à celui de *grand homme*, en observant que celui-ci supposait des vertus dont celui-là pouvait plus aisément se passer. Le 21 juin, au comité spécial tenu aux Tuileries, il appuya sur la proposition tendant à l'abdication de l'empereur, et lorsque les étrangers entrés dans Paris, occupèrent militairement les portes de la Chambre, il réunit 80 représentants, dans son domicile, pour signer avec eux un procès-verbal constatant la violence qui leur était faite.

Louis XVIII le maintint à la *Chambre des pairs*, malgré l'ordonnance portant exclusion de ceux qui avaient occupé des fonctions pendant les Cent-Jours, et il le nomma *président du collège électoral de Rennes*, au moment de la convocation de la nouvelle Chambre des députés. Lanjuinais ouvrit les séances de l'assemblée le 22 août 1815, par un discours dans lequel il engageait les électeurs à oublier le passé, et qui se terminait ainsi :

« Vous n'élirez que des royalistes constitutionnels, à qui les droits du peuple soient chers autant que ceux du trône ; vous ne choisirez que des patriotes, mais de ceux-là seuls qui regardent les intérêts légitimes du roi comme désormais inséparables des droits de la nation ; que des hommes enfin qui veulent de bonne foi la justice pour tous, l'égalité de tous devant la loi, et qui sachent embrasser dans leur affection non pas seulement quelques individus, quelques familles, mais tous les citoyens. »

Cette déclaration, qui fût interrompue par les clameurs de quelques ultra-royalistes, donne la note exacte de la conduite politique de Lanjuinais, pendant les douze ans qu'il siégea encore à la Chambre des Pairs de la seconde Restauration. C'est ainsi que le 26 octobre 1815, il s'éleva énergiquement contre le projet de suspension de la liberté individuelle, dans un discours improvisé, qu'il dicta de mémoire, en rentrant chez lui, et fit imprimer la nuit même. Plusieurs éditions en furent épuisées rapidement, mais comme la loi avait été votée le 27, le duc de Saint-Aignan l'accusa d'avoir excité, par l'impression de son discours, au mépris d'une loi votée par la Chambre, et demanda qu'il fût censuré. En même temps les journaux ministériels l'attaquaient partout avec violence; on répandait contre lui des pamphlets injurieux et les censeurs refusaient l'impression des articles que les journaux opposants voulaient publier en sa faveur. La Chambre des pairs ayant pris en considération la proposition Saint-Aignan, Lanjuinais dut publier, au mois de décembre, un *mémoire justificatif*[1] dont l'effet fut immédiat, car la proposition n'eut pas de suite.

Dans le procès du maréchal Ney, il fit remarquer que le coupable était sous la sauvegarde de la capitulation du 3 juillet et que sa condamnation serait un assassinat juridique. Quand elle devint inévitable, il vota pour la déportation. Puis, il continua de s'opposer aux violentes réactions de la Chambre dite introuvable ; s'opposa à la suppression des pensions des prêtres mariés, à la restitution au clergé des biens non vendus, au rétablissement des cours prévotales et à la loi d'amnistie qu'il qualifia de *loi de proscription*, à cause de l'exception contre les régicides.

L'ordonnance du 5 septembre 1816 ayant changé l'orientation de l'axe politique, Lanjuinais, sous le ministère Decazes, cessa son rôle d'opposition et appuya avec chaleur la loi des élections de 1817 et la loi du recrutement de 1818, réclamant toutefois, en toute occasion, le rappel des proscrits et la réintégration des vingt-neuf pairs qui avaient siégé dans la chambre des Cent jours. Mais lorsque le ministère revint au système de bascule, Lanjuinais reprit aussitôt son attitude opposante et résista à toutes les tentatives en arrière des administrations successives de MM. Pasquier et de Villèle.

Cette dernière période de sa vie parlementaire fut marquée par un grand nombre de publications religieuses ou poli-

[1] Paris, Delaunay, décembre 1815, in-8°, 42 p., réimprimé dans les Œuvres I, p. 311, etc.

tiques qui parurent soit en volumes séparés, soit dans la *Revue encyclopédique* qu'il contribua à fonder avec Julien de Paris[1], dans la *Chronique religieuse*, le *Mercure de France*, le *Journal de la société asiatique*, les *Annales de grammaire*, et l'*Encyclopédie moderne* de Courtin[2].

Je me contenterai de citer le traité en deux volumes des *Constitutions de la nation française*, avec un essai sur la charte, dans lequel il traite de l'état politique du royaume, depuis sa fondation jusqu'en 1819; — le mémoire intitulé *Appréciation du projet de loi relatif aux trois concordats,* qui eut six éditions, de 1817 à 1827, et dans lequel il combattit, comme contraire aux libertés de l'église gallicane, le concordat de Léon X et de François Ier, ne cachant pas son opposition à la bulle *Unigenitus* et ses sympathies encore subsistantes pour la constitution civile du clergé; — des *Etudes biographiques et littéraires* sur les jansénistes Arnault et Nicole; — une notice sur *la bastonnade et la flagellation pénale*, considérée chez les anciens et chez les modernes; — un *Examen du huitième chapitre du Contrat social de Rousseau,* intitulé *de la religion civile;* — enfin un petit livre intitulé les *Jésuites en miniature*, publié à l'occasion du *Jésuitisme* de M. de Pradt. Ces trois derniers ouvrages datent des années 1825 et 1826. Il mettait la dernière main à une étude historique sur la célèbre maxime : *Lex fit consensu populi et constitutione regis,* lorsque, le 11 janvier 1827, il fut atteint

[1] Voilà une collaboration qui prouve un parfait oubli des injures. Fils du conventionnel Julien de Toulouse, Julien de Paris était un ancien terroriste qui, n'ayant encore que dix-huit ans, et alors que Lanjuinais mis hors la loi était obligé de se cacher soigneusement, avait été envoyé avec Prieur de la Marne, en octobre 1793, dans le département du Morbihan, pour régénérer et épurer toutes les administrations. On l'appelait alors le morveux de Robespierre. Prieur épura à Vannes, Jullien épura à Lorient : j'ai sous les yeux leurs rapports imprimés et je puis affirmer que si Jullien avait, à cette époque, rencontré Lanjuinais, il lui eût fait très proprement couper le cou. La chasse aux proscrits était de rigueur, et le premier souci de ces *missionnaires.*

[2] On en trouvera le détail dans Quérard et dans Levot.

subitement par une crise d'anévrisme au cœur qui l'enleva le surlendemain, 13 janvier, à l'âge de près de 74 ans.

« Il avait dû, dit M. Victor Lanjuinais, à la douceur, à la simplicité de ses mœurs et à sa parfaite tempérance, de conserver, jusqu'à la fin de sa vie, le plein usage de ses facultés. Une vivacité prodigieuse se peignait dans tous les mouvements de son corps, dans ses yeux étincelants, dans l'éclat et la soudaineté de sa parole, et dans sa physionomie d'une étonnante mobilité. Sa démarche était ferme et légère, sa voix fraîche et brillante, sa vue infatigable, quoiqu'il travaillât tout le jour, souvent même pendant ses repas, et son esprit était toujours actif et dispos. Mais une âme trop ardente minait, par ses fougueux élans, cette constitution robuste. Depuis la révolution ministérielle de 1820, la lutte des partis devenait incessamment plus âpre et plus hostile. Lanjuinais, entraîné par son dévouement sans bornes, y prodiguait ses forces et s'y épuisait dans les émotions de la tribune, il rentrait souvent chez lui avec la voix éteinte, l'ardeur de la fièvre et une agitation qui ne se calmait qu'après plusieurs jours de repos[1]. »

Les nombreux portraits qu'on a de lui, depuis celui de la collection Dejabin jusqu'à la grande lithographie de la série de l'Institut, répondent bien aux indications de ces traits tracés d'une main filiale et respirent tous une énergie peu commune[2].

M. de Ségur prononça l'éloge de Lanjuinais à la Chambre des pairs, le 1er mars 1827 :

« C'était un homme éminemment de bonne foi, dit-il, soit qu'il se trompât ou non, sans s'occuper de ce qui pouvait plaire aux différents partis ou les choquer; et par cette bonne foi, toujours respectable même dans les écarts de son imagination, il exprimait, sans ménagement, toute opinion qui lui paraissait juste et conforme à l'intérêt général... Ceux mêmes qu'il combattait, rendaient hommage à la pureté de ses intentions, à cette verdeur de vieillesse, à cette franchise sans bornes qui ne lui permettait de contenir aucune

[1] Notice par Victor Lanjuinais p. 84.
[2] Soliman Lieutaud signale dix-neuf portraits de Lanjuinais dans sa liste des *Portraits des députés de 1789, p.* 113.

8

de ses pensées et qui donnait à ses discours quelquefois impétueux, une empreinte d'originalité qui peignait fidèlement son caractère. »

Dacier, secrétaire perpétuel de l'Académie des inscriptions, célébra à son tour, le 25 juillet 1828, ses vertus publiques et privées, son dévouement inaltérable à tout ce qui lui paraissait utile pour tous, avantageux à la société, favorable à la civilisation placée sous la sauvegarde de la religion et des lois. Enfin, M. Mourier, docteur en droit, lui consacra le 26 novembre 1838, le discours d'ouverture de la conférence des avocats et l'étudia successivement comme orateur, jurisconsulte et publiciste, en faisant ressortir sa puissance de parole, sa science consommée du droit et son profond libéralisme.

Aucun des biographes ou panégyristes de Lanjuinais[1] n'a fait ressortir la contradiction de ce libéralisme avec la conduite étrange tenue par le constituant, à l'égard de l'orthodoxie religieuse, en 1791. J'ai dû la mettre en évidence par respect de la vérité. Elle est fort instructive ; et je répéterai ici l'adage par lequel j'ai terminé la préface de ce livre : *Amicus Plato, sed magis amica veritas.*

48. — Le Père JEAN-PAUL-MARIE-ANNE **Latyl**.

Oratorien,

Député du clergé de Nantes aux élections complémentaires.

(Marseille, 15 août **1747**, — Paris, { 5 thermidor an II) { 25 juillet **1794**).

Marseillais et oratorien, le père Latyl était depuis quelque temps supérieur du collège très florissant des Pères de l'O-

[1] Voy. encore la *Biog. bret.* de Levot, la *Biog. univ.* de Michaud, la *Nouvelle Biog. générale* de Hoefer, etc. — Un des fils de Lanjuinais, Victor, membre de l'Assemblée constituante de 1848, ministre des travaux publics en 1849 et longtemps député de la Loire-Inférieure, a publié en 1832 les *Œuvres* de son père en 3 vol., précédées d'une bonne notice. Il est mort en 1869. — Le comte Lanjuinais, petit-fils de *Jean Denis*, est aujourd'hui député du Morbihan.

ratoire de Nantes, — le musée archéologique départemental est
aujourd'hui établi dans leur ancienne chapelle, près du cours
Saint-Pierre, — lorsqu'eurent lieu les élections supplémentaires de l'assemblée diocésaine de Nantes en septembre
1789, à la suite du refus de siéger de l'abbé Le Breton de
Gaubert et du P. Etienne, suppléants élus au mois d'avril
précédent. Le père Latyl avait déjà fait partie de la première assemblée qui l'avait élu commissaire à la rédaction
des Cahiers. Cette fois on l'élut député avec Binot et Méchin,
pour remplacer les abbés Maisonneuve, Moyon et Chevallier,
démissionnaires : mais la situation était autrement délicate
qu'en avril. On connaissait déjà les projets schismatiques de
l'Assemblée nationale et les trois démissionnaires ne s'é-
loignaient que pour ne pas y participer : il eût donc fallu
élire des députés bien décidés à ne pas reconnaître l'omni-
potence et l'infaillibilité exclusive du Parlement en matière
de réglementation religieuse. Ce fut le contraire qui arriva.
Les électeurs orthodoxes, découragés par les récits des députés démissionnaires, ne se présentèrent qu'en petit nombre
à l'élection et les nouveaux députés, à Nantes, comme à
Rennes et à Saint-Pol-de-Léon, furent pris parmi les ecclésiastiques déjà engagés dans le mouvement. Tous les élus
de cette époque prêtèrent le serment à la constitution civile
du clergé, et plusieurs d'entre eux eurent une fin déplorable.
J'ai déjà dit ce que fut celle de Binot : on verra plus loin
celle de Quéru de la Coste. On remarquera aussi que les
Bretons proprement dits manifestèrent leur répugnance au
schisme en nommant cette fois des étrangers, ce qu'ils
n'avaient pas fait aux élections d'avril. C'est ainsi que Latyl
passa à Nantes et dom Verguet à Saint-Pol.

Le père Latyl ne se fit remarquer à l'Assemblée nationale
qu'en votant silencieusement avec la gauche. Je ne connais
pas de motion spéciale émanée de lui et je constate seulement qu'il fut nommé, le 26 avril 1790, membre du comité
des rapports. Le seul document qui le concerne dans les

publications relatives à cette époque, est une lettre qu'il écrivit, en juin 1790, aux élèves du collège de l'Oratoire de Nantes, pour les remercier d'une offrande patriotique de 411 livres qu'il avait déposée en leur nom sur le bureau de l'Assemblée :

« Messieurs, l'Assemblée nationale, par son décret du 8 courant, m'a chargé de vous écrire, pour vous témoigner sa vive satisfaction sur le don patriotique que je lui ai présenté de votre part et sur les sentiments que vous avez exprimés dans l'adresse que vous lui avez envoyée et dont je lui ai fait lecture moi-même. Elle espère que ces sentiments patriotiques germeront de plus en plus dans vos cœurs et vous disposeront un jour à servir la patrie avec succès. Elle fonde toute l'espérance de son bonheur sur la jeunesse française qui, élevée dans les principes de la nouvelle Constitution, apprendra de bonne heure à la soutenir. Je me félicite, Messieurs, d'avoir pu être votre organe auprès de l'Assemblée nationale, et vous prie de me croire, etc...[1] »

Ainsi pénétré de l'excellence de toutes les mesures prises par l'Assemblée nationale, Latyl, l'un des premiers, le 27 décembre 1790, prêta serment à la constitution civile du clergé, ce qui lui valut d'être élu le 20 février 1791, par 60 voix sur 61, curé constitutionnel de la paroisse nantaise de Saint-Clément, sur le territoire de laquelle se trouvait le couvent de l'Oratoire. Mais il ne jugea pas à propos de revenir à Nantes, refusa la cure de Saint-Clément, et se fit élire, à Paris, curé de la nouvelle paroisse érigée au faubourg Saint-Germain, sous le titre de Saint-Thomas d'Aquin, par les avocats philosophes, gallicans et jansénistes qui prétendaient régénérer le culte catholique pour mieux l'absorber et le détruire. Le vocable même de cette nouvelle paroisse était une inconséquence, puisqu'on établissait son siège dans l'église du noviciat des Dominicains qu'on venait de supprimer. Partout ailleurs, on effaçait jusqu'au moindre souvenir du passé en martelant les armoiries, en brisant les vitraux, en brûlant les titres et les archives. Ici on se mettait sous la protection même d'un moine expulsé.

Saint Thomas, du reste, ne protégea point l'intrus, qui ne jouit que fort peu de temps de la faveur des révolutionnaires. Arrêté comme suspect de fanatisme lorsque le culte si pompeusement appelé *culte de la raison*, voulut s'établir sur les ruines de tous les autres à la fois, et jeté dans la prison des Carmes, le 4 pluviôse an II, Latyl fut traduit devant le tribunal révolutionnaire le 9 thermidor suivant, sous-prétexte d'avoir pris part à la fameuse conspiration des prisons. Son serment à la constitution et ses votes de l'Assemblée en purent lui faire trouver grâce devant Fouquier Tinville : il fit partie de la lugubre fournée des 49, et la guillotine lui témoigna la reconnaissance de ses anciens amis, quatre jours avant la chute de Robespierre. Comme Saturne, la Révolution dévorait ses propres enfants.

Courbe a gravé son portrait d'après Turlure, pour la collection Dejabin ; la physionomie est banale et n'indique pas une grande force de caractère.

---

49. — Dom PIERRE-JEAN **Le Breton**,

Prieur des bénédictins de Redon,
Député suppléant du clergé de Vannes.
(a siégé).

(Rostrenen, 8 mars **1752** — Paris, 21 avril **1829**.)

Fils de *Pierre-François Le Breton*, bailli de Quimperlé, le jeune Pierre-Jean fit ses premières études au collège de Quimper, immédiatement après la transformation qui suivit la dispersion des jésuites, et les continua chez les bénédictins de Tours, où il entra en 1769, à l'âge de dix-sept ans : mais il avoua plus tard que sa vocation ecclésiastique n'avait jamais été sérieuse et qu'il n'avait pris le froc que pour se soustraire aux obligations de la vie civile. Ce fut d'abord un laborieux. Après avoir soutenu ses thèses au Mans, en mai 1778, à l'âge de vingt-six ans, il fut nommé professeur de rhétorique des candidats à Marmoutier, en 1779, puis professeur de philosophie au Mans, en 1780, de théologie et de morale à la même résidence en 1782, enfin de théologie à Compiègne, en 1785[1].

L'année suivante, la diète de la congrégation de Saint-Maur, assemblée à Paris, le choisit pour secrétaire-greffier d'une commission spéciale instituée dans le but de réformer les abus qui s'étaient introduits dans l'Ecole militaire de Beaumont-en-Auge. En récompense des services qu'il rendit dans cette commission, on lui confia la chaire de droit canon à la résidence de Paris. Puis, le premier janvier 1788, il était nommé prieur du couvent d'Evron, dans le Maine, et au mois de septembre de la même année, prieur de l'abbaye de Saint-Sauveur de Redon.

La *Revue des provinces de l'ouest* a publié, en 1753, une longue et bien curieuse lettre que lui adressait, quelques mois après son envoi à Redon et à l'époque des polémiques aiguës soulevées entre les parlementaires et les patriotes Quimpérois, Théophile Laënnec, de joyeuse mémoire, le poëte de la *moutarde celtique* et l'un des plus assidus collaborateurs de la *Muse bretonne*. J'en citerai quelques fragments qui intéressent plus particulièrement la biographie et les goûts de dom Le Breton :

« Quimper, 23 janvier 1789. — Je vous souhaite une heureuse année, mon cher cénobite, ou plutôt une longue suite d'heureuses années, s'il est dans ce bas monde des années qu'on puisse appeler heureuses. Je vous envoie pour étrennes *une des facéties qui ont égayé votre dernier séjour à Quimper*. C'est, avec un vaudeville que vous recevrez incessamment, à peu près le seul article qu'on puisse regretter de ne trouver point dans la collection que je vous ai

[1] Je puise ces renseignements précis et la plupart de ceux qui suivent dans une curieuse autobiographie manuscrite qui fait partie du cabinet d'autographes de M. Gustave Bord.

fournie. Malgré les nombreux efforts que j'ai faits pour rendre cette bagatelle un peu digne de son petit succès, vous y remarquerez trop facilement les traces d'un pinceau qui s'est appesanti dans l'inaction. Tous les arts veulent de l'habitude. *Nulla dies sine linea*. Au reste, mon amour-propre rimailleur ne doit pas manquer de vous faire observer que l'*Apologie de Quimper* est presque le premier essai de cette artillerie redoutable qui vient de battre en ruines les enfants perdus de la cohorte parlementaire. Vous reconnaitrez, je crois, un peu moins l'invalide du Parnasse dans les pièces qui ont succédé à celle-ci et dans celles qui vont lui succéder encore.

« Notre milice poético-politique va se distinguer par des coups plus honorables, et vous trouverez ici de ma prose qui doit valoir mieux que mes vers. Mon âge, sans avoir tout à fait cessé d'être celui de l'imagination, appartient davantage à la raison.

« Mais il ne faut pas encore chanter victoire, les parlementaires sont debout. Ils sont allés demander à Versailles la permission de me pendre. Que ne feront-ils pas s'ils peuvent demeurer les maitres, puisque aujourd'hui qu'ils ne sont pas tout à fait rois, ils osent instruire contre une ville entière et contre des hommes publics qu'elle chérit, une procédure que leurs remontrances ne manqueroient pas d'appeler tyrannique, si elle étoit instruite par les ordres du véritable monarque. Heureux alors ceux qui se seront sauvés de Quimper! Plus heureux, parce qu'il aura été plus prudent, celui qui s'en sera sauvé d'avance! Vous le savez d'ailleurs, mon ami, que longtemps avant la malheureuse part qu'on m'a forcé de prendre à la nouvelle révolution, mon projet étoit de faire transporter mes pénates dans ce délicieux Paris, le séjour des arts et de la liberté. Que ne puis-je y vivre encore comme j'y ai vécu, entouré des secours que n'offre aux lettres aucune de nos provinces, et qui nous manquent surtout en Bretagne ! Caché néanmoins dans une solitude plus profonde que celle qu'on croit trouver dans nos bourgades, cultivant les sciences pour le seul plaisir de les cultiver, *et tout aussi peu inquiet sur les besoins vulgaires de l'existence physique* que l'est mon ami dom Le Breton, et que dut l'être dom Morice, mon très honoré grand-oncle, je cherche depuis longtemps quelque chose qui puisse concilier mes goûts et mes facultés. Je crois avoir rencontré mon grand œuvre; et, ce qui vous fera plus de plaisir, mon vieil ami, j'ai cru que vous pourriez contribuer beaucoup au succès de la spéculation.... »

Laënnec explique alors, avec de longs détails, à dom Le Breton que l'on doit établir à Paris, sous la direction du

chancelier et pour l'usage des ministres, une bibliothèque
de législation et d'administration à laquelle il pourrait rendre
de sérieux services, et il le prie de le recommander près des
personnages influents qu'il connaît à Paris, pour obtenir d'en
être nommé l'un des bibliothécaires. Je remarque ce passage
qui m'apprend l'existence d'un frère de dom Le Breton,
portant le nom de Le Breton de Villeblanche :

« Villeblanche, votre frère, m'a indiqué dom Lépineux, qui est
attaché à la maison de Saint-Germain-des-Prés, et avec lequel il a
passé quatre ans à Marmoutier. Plus répandu même que vous,
dom Lépineux, si j'en crois votre frère, avec la même passion que
vous pour obliger, en a des moyens plus nombreux : et s'il ne pouvoit me trouver gîte à la bibliothèque de la Chancellerie, il seroit
homme à m'en trouver un autre. »[1]

Laënnec termine par des allusions à des projets de dom Le
Breton sur le collège de Quimper, au sujet desquels je ne
suis pas exactement renseigné :

« J'ai tant d'autres choses à vous dire, mon cher Le Breton, et
combien va nous faire barbouiller de papier une seule de ces choses :
nos vues sur le collège de Quimper; nos vues... je pourrois dire les
miennes, car je vous soutiendrai toujours que c'est moi qui eus la
primauté de cette idée. J'ai tâté le bon prélat. Je me suis bien gardé
de lui aller étaler d'abord vos propositions, tout éblouissantes, tout
irréfutables qu'elles doivent paraître. J'ai mieux fait; j'ai visé à les
faire désirer. La place est bien entourée! le médecin, le confesseur
sont à nous. Laissez venir le reste; je n'ai jamais été maladroit que
dans mes affaires personnelles. Combien je m'estimerois heureux,
si, tandis que votre respectable société va s'employer pour moi, je
réussissois à lui payer une dette de reconnoissance par un bon
office de quelque considération... »[2]

Il s'agissait donc, semble-t-il, d'une cession du collège de
Quimper aux bénédictins, et dom Le Breton en eût été, sans
doute, le supérieur. Quoiqu'il en soit, le projet dut être
abandonné devant les graves événements qui se précipitaient

[1] Le Breton de Villeblanche fut élu off. municipal à Quimper, en 1790.
[2] *Revue des Prov. de l'Ouest*, t. I (1853), 2e partie, 249 à 252.

coup sur coup. Cette lettre est datée de janvier 1789 et moins de trois mois après, dom Le Breton était élu, par l'assemblée diocésaine de Vannes, *député suppléant* du clergé de ce diocèse aux Etats-Généraux. Le vicaire perpétuel de la paroisse de Redon, l'abbé Loaisel, était député titulaire.

Mais Loaisel ne garda pas longtemps son mandat. Comme plusieurs de ses confrères de Nantes et de Rennes, il donna sa démission au mois de septembre 1789, et dom Le Breton partit pour le remplacer en octobre.

L'Assemblée nationale venait de quitter Versailles pour prendre siège à Paris. Dom Le Breton s'y distingua aussitôt par son enthousiasme pour le nouvel ordre de choses et poussa la mansuétude à un tel point qu'au mois de février 1790, quelques jours après l'incendie qui avait été allumé dans l'abbaye même de Redon, par le farouche Le Batteux pour en détruire les chartes et les titres de propriété, il montait à la tribune afin de réclamer l'indulgence de l'Assemblée en faveur des pillards et des incendiaires compromis dans les troubles des campagnes. « J'ai, disait-il, une lettre d'un vertueux laboureur par laquelle il m'atteste que plusieurs honnêtes gens qui excités par des libelles et par des écrits faux, avaient eu part aux désordres commis à Redon, n'avaient pas plutôt reconnu leur faute et leur erreur, qu'ils étaient devenus les amis du calme et de la paix ; que leur aveu seul démontrait leur innocence et sollicitait leur pardon. Et sans contredit, s'écria-t-il, *la vie d'un honnête laboureur vaut sûrement mieux que cinquante charretées de vieux parchemins*[1]... . »

La vie d'un honnête laboureur, assurément ; mais il s'agissait d'incendiaires, et en plusieurs autres lieux, d'assassins.

Le 7 février 1790, dom Le Breton fut nommé membre du comité ecclésiastique, qui le choisit le lendemain, pour secré-

[1] *Journal des Etats-Généraux*, Rennes, Audran, 1790, V. p. 338

taire général, chargé de faire la répartition du travail entre
les trois sections qui avaient chacune leur président et leur
secrétaire particulier. Il remplit ces fonctions sans interruption jusqu'au 30 septembre 1791, c'est-à-dire jusqu'à la
dissolution de l'Assemblée nationale; et il prit en cette qualité
une grande part à la constitution civile du clergé et surtout
à son application. M. Sciout a publié à cet égard des documents d'une précision irréfutable dans lesquels le nom de Le
Breton est associé, comme secrétaire, à celui du président
Expilly, pour exiger des municipalités l'exécution stricte et
implacable des suppressions prononcées par les décrets[1].

Du reste, le prieur de Redon n'avait pas attendu l'établissement définitif du schisme en France pour jeter le froc aux
orties. A la suite du décret du 13 février 1790, par lequel les
vœux monastiques étaient abolis et la permission donnée
aux victimes du cloître de rentrer dans le sein de la société
civile, les bénédictins de Saint-Sauveur de Redon durent
comparaître le 9 août, devant le conseil de la commune pour
déclarer à cet égard quelles étaient leurs intentions. Retenu
à l'Assemblée, Le Breton déclara par écrit qu'il entendait
jouir du bénéfice de la loi pour sortir du cloître[2]. A partir de
ce moment il abandonna le costume monacal, puis même le
costume ecclésiastique ; et son portrait de la collection Le
Vachez le représente en perruque frisée et jabot de dentelles.
Ce fut lui qui, le 14 septembre 1790, fit décréter le versement
au Trésor des reliquats des caisses des impositions du
clergé : et cette mesure qui fut considérée comme spoliatrice,
souleva de vives réclamations. Il semble inutile d'ajouter
après cela qu'il fut l'un des premiers à prêter à la tribune le
serment à la constitution civile, mais j'insiste parce que Le
Breton aggrava encore sa chute dans le schisme en publiant
un écrit apologétique de cette constitution à l'établissement
de laquelle il avait fort contribué, sous le titre de : *Lettre de*

[1] Voyez en particulier *Hist. de la Constitution civile du clergé*, I, 297.
[2] Hist. de Redon, p. 248.

P. J Le Breton, ci-devant prieur de Redon, députe à l'Assemblée nationale à MM. les ecclésiastiques du département du Morbihan[1].

Après la dissolution de l'Assemblée constituante, Le Breton ne jugea pas à propos de revenir à Redon où l'on cherchait cependant en vain un curé constitutionnel, et il préféra se rapprocher de son lieu de naissance, en se faisant donner la cure de Loudéac vacante par suite du refus de serment de l'abbé Ruello, député du clergé du diocèse de Saint-Brieuc. Au grand scandale de tous les gens pieux, il inaugura sa cure en donnant un bal dans son presbytère le jour de la Toussaint. Aussi, un tel dégagement de tout vieux préjugé le fit-il élire quelques jours après par les révolutionnaires du crû, membre du conseil général de la commune de Loudéac. L'année suivante, en septembre 1792, il était élu président du district.

Mais les Montagnards abolirent bientôt tout exercice du culte même constitutionnel, et il fallait vivre. Le 8 pluviôse an II (6 février 1794), Le Breton s'étant adressé à Le Maout, chargé d'organiser les ateliers d'évaporation de salpêtre dans le département des Côtes-du-Nord, se fit nommer agent de la fabrication des salpêtres pour le district de Loudéac. Cela dura un an. Le 6 pluviôse an III, il était préposé au triage des titres du district de Quimper, et quelques mois après, en vendémiaire an IV, il était employé comme commis, avec son ex-collègue Guino, à l'administration centrale du département du Finistère. Là, il ne tarda pas à monter en grade et dès le mois de ventôse de la même année (février 1796) il devenait *conservateur des hypothèques* à Quimper.

Tant que dura le Directoire, cette position convint admirablement à l'ancien bénédictin qui avait définitivement rompu avec toute fonction ecclésiastique : mais lorsque le Consulat eut commencé la pacification religieuse, lorsque les prêtres orthodoxes rentrèrent de l'exil et que l'on entrevit

[1] *Paris,* Impr. nat. s. d. (1791) in-8°, 19 p.

le moment où le schisme allait enfin cesser, Le Breton qui n'avait aucun désir de reprendre le sacerdoce, comprit que sa situation deviendrait fort difficile dans un pays aussi profondément religieux que la Bretagne : il se décida donc à se retirer dans cet immense Paris qui cache tout, et il obtint en fructidor an VIII, par l'entremise de ses anciens amis arrivés au pouvoir, le poste de *conservateur de la bibliothèque de la Cour de cassation*, avec logement au palais de Justice. Il en a publié le catalogue en 1819.

Notable et électeur de la Seine, membre non résidant de l'Académie celtique, puis de la Société des antiquaires de France qui succéda à cette Académie, il mourut à Paris, le 21 avril 1829.

Ses portraits lui donnent une figure maladive, émaciée, œil en saillie dans une arcade caverneuse, physionomie étrange assez en harmonie avec la carrière sans suite que nous venons de parcourir. Je dois remarquer que plusieurs biographes[1] l'ont confondu à tort avec un homonyme qui fut membre de la Convention et du conseil des Anciens pour l'Ille-et-Vilaine.

50. — L'abbé René **Le Breton de Gaubert**.

Recteur de Saint-Similien de Nantes,
Député suppléant du clergé du diocèse de Nantes,
(n'a pas siégé).

(Diocèse de Nantes, **1725**. — Nantes, 1er septembre **1794**).

Ordonné prêtre en 1751, à vingt-six ans, Le Breton de Gaubert fut d'abord vicaire de la petite paroisse de Saint-Denis de Nantes, aujourd'hui supprimée, et profita de ses

[1] En particulier la *Biog. nouv. des contemporains* d'Arnault. On a des notices sur lui dans les mém. de la *Soc. des Antiquaires de France*, par Tallandier; dans la *Biog. univ.*; dans la *Biog. bret.* etc.

loisirs pour prendre ses grades dans l'Université de Nantes et s'y faire recevoir docteur en théologie. Nommé en 1758 curé de Nort, sur la présentation du chapitre de la cathédrale, il devint bientôt, sur la même présentation en mars 1759, recteur de la grande paroisse de Saint-Similien de Nantes, et ne la quitta plus jusqu'à sa mort : c'est-à-dire qu'il la gouverna pendant trente-cinq ans.

C'était un prêtre extraordinairement laborieux. Procureur général de l'Université de Nantes en 1762, il y prononça, pour la rentrée publique de l'année scolaire 1763, un discours latin tellement remarquable sur l'éducation de la jeunesse, qu'il fut tout d'une voix élu *recteur de l'Université* pour l'année courante[1]. Nommé, à la même époque, examinateur du concours du diocèse pour les cures vacantes en cour de Rome, il trouvait encore le moyen de se livrer à des recherches d'érudition et d'archéologie chrétienne. On a de lui en 1773, un *Manuel de piété*, dédié à ses paroissiens, et qui contient des notices historiques sur saint Similien, sur l'église paroissiale, sur les chapelles de la campagne, et de nombreux documents qui intéressent plus particulièrement l'histoire locale. Plusieurs critiques, l'abbé Gaignard, Ed. Richer, Bizeul et Mellinet[2], lui ont reproché d'avoir donné trop de créance à des traditions fabuleuses sur la fondation de la chapelle de N.-D. de Miséricorde : ces reproches sont justifiés, mais il n'en reste pas moins d'excellentes choses à conserver dans le Manuel de l'abbé Le Breton, qui est devenu fort rare à rencontrer de nos jours[3].

[1] *Affiches de Nantes*, du 2 nov. 1763. — Voy. l'analyse de ce discours dans la notice de Dugast-Matifeux, à la *Biog. bret.*

[2] Gaignard, dans son *Voyage en ballon autour du diocèse de Nantes ;* — Richer, au t. IV, de ses *Œuvres littéraires*, p. 300 ; — Bizeul, dans son opuscule sur les *Namnètes*, etc.

[3] Voici le titre exact de ce livre :
Manuel ou livre contenant différentes prières, instructions, la vie et les litanies de saint Similien, avec des notes historiques sur l'église de ce saint et la station solennelle de la chapelle de N.-D. de Miséricorde, dédié aux paroissiens de Saint-Similien de Nantes, par V. et D. Messire René Le Breton de Gaubert, docteur en théologie, examinateur du concours du diocèse rectevr-curé de cette paroisse. — *Nantes*, Vatar, 1773, in-12.

On conserve aussi de cette époque, vers 1780, plusieurs
mémoires juridiques rédigés pour et par le recteur de Saint-
Similien, contre le chapitre de Nantes et contre le général de
sa paroisse, à l'occasion de procès au sujet des dîmes locales.
Ils prouvent que l'abbé Le Breton eût fait un excellent avocat,
et qu'il savait se défendre mieux que personne.

Le 2 avril 1789, nommé, comme recteur de la plus ancienne
paroisse de Nantes, président de l'assemblée diocésaine,
réunie dans la grande salle des Jacobins de Nantes pour la
rédaction du cahier des charges et les élections des députés
aux Etats-Généraux, l'abbé Le Breton prononça un discours
d'ouverture qui fut très applaudi, et fit partie de la rédaction
du cahier des doléances dont j'ai parlé à propos de Binot :
mais il ne fut élu que *député suppléant* aux Etats-Généraux.
Il se rendit à Versailles avec les titulaires et assista pendant
plusieurs mois aux séances dans la tribune spéciale réservée
aux suppléants. Ce spectacle lui suffit pour calmer son
ambition d'y prendre une part directe : et lorsque les abbés
Maisonneuve et Chevallier donnèrent leur démission au mois
de septembre 1789, il refusa d'aller remplacer l'un d'eux, en
prétextant son âge, en sorte qu'il fallut procéder à des
élections supplémentaires.

Ce n'est pas que l'abbé Le Breton eût, comme les titulaires
qui donnaient leur démission, peur de se compromettre dans
les projets déjà connus de réorganisation ecclésiastique
sans le concours de l'autorité romaine. Il était bien décidé
à accepter les décrets de l'Assemblée nationale quels qu'ils
fussent : mais il avait soixante-quatre ans et il aspirait au
repos. Un an après, il prêtait le serment à la constitution
civile du clergé, avec l'Université nantaise dont il était toujours membre, et pour mieux accentuer encore son attitude
il publiait une apologie du serment[1].

[1] Elle est intitulée : *Discours par M. Le Breton D. G.*, docteur en
théologie, recteur-curé de Saint-Similien de Nantes. — *Nantes*, Guimar,
décembre 1791, in-8°, 40 p.
Un prêtre orthodoxe, qui garda l'anonyme répliqua par : *Réponse à M. de
Saint Similien*, s. l. n. d. in-8°, 16 p.

Cela ne le sauva point, lorsque vinrent les jours terribles. Dénoncé au comité révolutionnaire de Nantes en 1793, pour n'avoir point cessé tout exercice de son ministère et n'avoir pas complètement sécularisé son costume, il fut frappé d'un mandat d'amener le 15 brumaire an II (5 novembre 1793), et se présenta, dit le registre des séances de ce farouche tribunal dont il avait marié jadis le président Bachelier, « revêtu de quelques lambeaux de la livrée sacerdotale. » Il n'en fallait pas plus pour être jeté dans les gabarres des noyades. Bachelier le sauva une première fois. Simplement renvoyé en police correctionnelle, puis relâché, Le Breton fut de nouveau arrêté le 19 pluviôse (7 février 1794) et incarcéré aux Saintes-Claires, puis à l'ancien Sanitat où il mourut peu après, en faisant d'amères réflexions sur l'ingratitude des révolutionnaires[1]. Le serment à la constitution civile ne portait décidément pas bonheur aux députés du clergé nantais.

---

51. — Isaac-René-Guy **Le Chapelier**.

Avocat à Rennes,

Député de la sénéchaussée de Rennes.

(Rennes, 12 juin **1754**. — Paris, 22 avril **1794**).

S'il m'avait été donné d'écrire cette notice, il y a cinquante ans, à l'époque où les sous-titres étaient en vogue, il eût été difficile de me dérober à l'obligation imposée par la mode, et la souscription : *ou grandeur et décadence de la popularité*, eût certainement brillé en lettres éclatantes au-dessous du titre principal. Aucun député breton n'obtint, en

---

[1] M. Dugast-Matifeux a donné la biographie de Le Breton de Gaubert dans les *Mém. de la Soc. acad.* de Nantes, 1852, p. 410 à 424 et dans la *Biog. bretonne.*

effet, pendant près de deux ans, une notoriété pareille à celle de l'avocat rennais, qui présida l'Assemblée nationale au 4 août et marcha de pair en 1789, avec Sieyès et Mirabeau : sa popularité fut telle qu'on faillit dételer sa voiture aux Champs Elysées le 5 octobre pour le porter en triomphe, et qu'un des nombreux pamphlets publiés contre lui par le parti de la cour est intitulé : *Vie privée et politique du roi Isaac Chapelier, premier du nom et chef des rois de France de la quatrième race.* A quelque temps de là, il était impitoyablement sacrifié sur l'échafaud de la Terreur. La simple indication de ces violents contrastes suffit pour justifier les détails dans lesquels nous allons entrer, en glissant sur ce qui est connu de tout le monde, pour insister sur les traits plus oubliés de cette instructive histoire.

Originaire de Dinan où l'une de ses branches possédait un enfeu dans l'église des Cordeliers, et répandue depuis trois siècles, dans les évêchés de Saint-Brieuc, de Saint-Malo et de Rennes, en particulier à Lamballe et à Moncontour[1], la famille Le Chapelier occupait à Rennes une très haute situation en 1789. Dès l'année 1528, on trouve en Saint-Sauveur de Rennes des actes de baptême d'enfants de Jocelyn et de Jean Le Chapelier. *Gilles Le Chapelier*, sieur *de Launay*, était avocat à la cour au commencement du dix-septième siècle, et son fils *Sébastien*, aussi sieur de Launay, avocat-conseil des Etats de Bretagne, fut substitut de leur procureur général syndic pendant de longues années. En 1643, les Etats demandèrent pour lui des lettres d'anoblissement, ou de confirmation de noblesse en tant que de besoin, car il prenait déjà le titre d'écuyer, mais il mourut avant d'en avoir obtenu la faveur. Plus tard, à la tenue des Etats de 1671, ses fils *Jean Le Chapelier de Launay*, et *Pierre-Jean*, docteur de Sorbonne.

---

[1] A l'occasion de sa nomination à la présidence de l'Assemblée nationale le 4 août 1789, la communauté de ville de Lamballe envoya à Le Chapelier une adresse où elle rappelait que plusieurs de ses *ancêtres* étaient nés dans cette ville. Pour Moncontour, je possède plusieurs pièces émanées de divers Le Chapelier qui y furent procureurs.

rappelèrent cette demande et prièrent qu'elle fut renouvelée,
Elle le fut en effet, mais sans résultat. Il fallut attendre
cent ans, et des lettres de noblesse ne furent concédées
qu'en octobre 1769 au petit-fils de Jean : noble homme, puis
écuyer *Guy-Charles Le Chapelier*, sieur *du Plessis*, né en
Saint Germain de Rennes, le 25 avril 1711[1], bâtonnier de
l'ordre des avocats de Rennes, avocat-conseil des Etats de
Bretagne et substitut, comme son bisaïeul, de leur procureur
général syndic. Il portait « *d'azur à trois losanges d'argent
posés en fasce : au chef de même chargé de trois pals du
premier.* »[2] *C'est le père du futur constituant.*

Guy-Charles était un personnage considérable. Outre les
titres qui précèdent, il portait encore ceux d'administrateur
des hôpitaux et du collège de Rennes ; et lorsqu'il mourut,
le 3 janvier 1789, pendant la session des Etats, les deux ordres
de la noblesse et du clergé assistèrent en corps à ses funérailles. Il avait épousé, le 6 octobre 1751, en Saint-Jean de
Rennes, *Madeleine-Olive Chambon de la Jariais*, qui mourut
avant lui, le 18 janvier 1780 et dont il eut quatre enfants :
d'abord une fille, *Céleste-Marguerite-Renée*, née à Rennes le
25 juillet 1752, qui mourut trois mois après sa mère : puis
Isaac-René-Guy, le futur constituant, né et baptisé en Saint-
Sauveur de Rennes le 12 juin 1754 : enfin un autre fils né en
1755, qui dut mourir jeune, car je perds absolument sa
trace, et une seconde fille *Madeleine-Charlotte-Emilie*, née le
12 avril 1758, qui épousa en 1779 messire Jean-François *de
Collobel de Tromeur* et mourut à Rennes le 1er messidor
an VII[3].

---

[1] Fils de noble homme Charles Le Chapelier, sieur du Plessis, avocat à
la cour, né vers 1675 et décédé en Saint-Sauveur de Rennes, le 23 mars 1745,
laissant sept enfants de Perrine Le Tanneulx du Bourgchevreuil, née
Rennes le 1er août 1686, y décédée le 1er avril 1746.

[2] *Généalogie de Talhouët*, p. 120 ; *Nobiliaires* et *Armoriaux* de Guérin d
la Grasserie, I, 95, de Pol de Courcy, I, 173, etc.

[3] Notes de M. Fréd. Saulnier.

10

Isaac fut destiné au barreau comme tous ses ancêtres depuis au moins deux siècles : et, reçu très jeune avocat, il s'y fit remarquer de bonne heure par l'élégance de sa parole souvent mordante, et par la clarté de sa dialectique. Il n'était pas beau : sa taille était petite; ses traits irréguliers et durs ne prévenaient pas en sa faveur : ses portraits gravés pendant la tenue des Etats-Généraux, alors qu'il avait à peine trente-cinq ans, lui en supposent au moins cinquante : mais dès qu'il parlait sa physionomie s'animait singulièrement, ses yeux lançaient des éclairs et l'expression de ses attitudes forçait irrésistiblement l'attention. Le pamphlet que j'ai cité en tête de cette notice insiste longuement sur certaines peccadilles de jeunesse qui auraient eu un fâcheux retentissement à Rennes et à Nantes et qui auraient valu à maître Isaac des corrections peu agréables :

A Rennes on a vu, Chapelier fanfaron
S'humilier sous le bâton.
A Nantes devant lui le bâton s'humilie
Lecteur, en voici la raison :
On n'est jamais sorcier dans sa patrie[1]...

Mais je n'ai aucun moyen de contrôler les récits fort détaillés[2] du libelliste qui connaissait pourtant bien le pays (car un avocat au Parlement de Rennes, nommé Louvart de Pon-

[1] *Vie privée*, etc., p. 48.
[2] Tout cela est agrémenté de visites chez un oncle, bénédictin à Saint-Mélaine, que le pamphlétaire appelle *dom Chapelieros*, comme s'il s'agissait d'un roman à la Gil Blas. — On rencontre aussi çà et là beaucoup de noms qui paraissent de fantaisie, mais qu'il est facile d'identifier. Le *comte de Mitre* est le comte de Thiars, commandant en Bretagne; l'intendant *Diamantin* est M. de Rochefort ; *M. des Ballons*, n'est autre que le célèbre Coustard de Massy, lieutenant des maréchaux à Nantes, qui monta en ballon avec Blanchard, et qui devint député de la Loire-Inférieure à l'Assemblée législative et à la Convention : après avoir ridiculisé Le Chapelier à Nantes, si l'anecdote est vraie, il devait monter avec lui sur l'échafaud de la Terreur. L'abbé *des Ruisseaux* est l'abbé des Fontaines ; la duchesse de *Horan*, la duchesse de Rohan ; *Vindor*, le procureur du roi Drouin, etc...

tigny, s'en reconnut plus tard l'auteur)[1] ; et je ne m'attarderai
pas à les discuter ; un seul trait me suffira : ceux qui disaient
alors, pour exprimer énergiquement un mauvais sujet, *c'est
un Chapelier*, étaient bien loin, prétend le pamphlétaire, de
prévoir que peu d'années après ils lui élèveraient un trône et
des autels ; et il ajoute : « Bas valet auprès des grands, bourgeois insolent avec le peuple, avocat dénigrant le talent de
ses confrères, deffenseur effronté du meurtre de trois mille
enfants trouvés, apôtre de la division parmi ses concitoyens
et panégyriste de leur carnage, tel est l'ensemble des qualités
morales et sublimes qu'il déploya à l'approche de la régénération de la France et de la Bretagne. »

Si j'ai cité textuellement ce passage, c'est que ses principales accusations reposent sur un semblant de vérité. Un administrateur des hôpitaux de Rennes, Phelippe de Tronjoly,
le futur président du tribunal révolutionnaire de Nantes,
alors procureur du roi au présidial de Rennes, attaqua
en effet au Parlement l'administration des hôpitaux « sur la
consommation barbare qu'elle faisait des enfants confiés
à sa garde, et fit changer un régime avare et inhumain. »
Quant à l'apostolat de la division et au panégyrique du
carnage, il s'agit sans doute des affaires du 26 janvier 1789
auxquelles nous allons arriver.

Ce qu'il y a de certain, c'est que le nom d'Isaac Le Chapelier
ne fit quelque bruit dans les documents publics qu'au

---

[1] Ce renseignement fort précieux a été découvert par M. Norbert Saulnier
dans une note volumineuse adressée en 1795, par Louvart, au comte de
Puisaye, note annexée à la procédure criminelle suivie contre lui en 1796. —
Joseph-Anne Louvart de Pontigny naquit à Locmalo, près Guéméné-sur-
Scorff en 1740, et mourut à Rennes, le 22 janvier 1818. Sa mère, Elisabeth
de Montlouis, était nièce d'un des décapités de 1720, et sa grand'mère
paternelle, Bonaventure *Le Moyne de Talhouet*, sœur de l'un des trois
autres. Il combattit énergiquement la Révolution et fut créé chevalier de
Saint-Michel en 1816. Il aurait épousé en Saint-Étienne de Rennes, demoiselle Catherine-Judith de Pellan, née à Paimpont en 1734, décédée à Rennes
le 19 juin 1817. (Voir sur J. A. Louvart de Pontigny et sa famille, l'ouvrage
du comte Régis de l'Estourbeillon. *Les familles françaises à Jersey
pendant la Révolution.)*

commencement de l'année 1789[1], à propos de la mort de son père. Les Etats de Bretagne étaient alors réunis en session extraordinaire, mais le tiers-état refusait de prendre part à aucune délibération jusqu'à ce que les deux ordres du clergé et de la noblesse eussent accepté ses protestations au sujet de la représentation par tête et par ordre. Le 3 janvier, l'un des procureurs généraux syndics ayant fait part à l'Assemblée de la mort de Charles Le Chapelier, père, son substitut et syndic des Etats, on mit en délibération la question de savoir si le défunt serait, suivant l'usage, inhumé aux frais de la province. Le tiers persista dans son refus de délibérer et la noblesse et le clergé assistèrent seuls en corps au convoi : le président du tiers et deux ou trois députés se mêlèrent cependant, mais sans place officielle, dans le cortège. Le *Héraut de la nation* s'exprimait ainsi après avoir relaté l'incident :

« L'esprit, les talents et la conduite de M. Le Chapelier lui méritent les regrets de tous les ordres : et quoique *son fils annonce une carrière pour le moins aussi brillante*, il est certain que toutes les classes de citoyens perdent un ami et un défenseur. La reconnoissance publique avoit demandé pour lui des lettres de noblesse, dans un temps où on les comptoit pour quelque chose ; *le fils, ferme tribun du peuple, y renonce, dit-on, plutôt encore par philosophie que par sacrifice*. Le clergé et les nobles ont voulu contribuer de leur bourse aux funérailles du père ; le fils est flatté de ce témoignage d'estime et de douleur, mais il n'a pas voulu souffrir que l'Église et la Noblesse lui eussent disputé en générosité[2]. »

Cela prouve qu'en habile appréciateur de la situation politique, notre ambitieux *Tribun du peuple*, puisqu'il plaît au *Héraut de la nation* de l'appeler ainsi, avait pressenti les prochaines catastrophes qui allaient atteindre le clergé et la

---

[1] Je trouve bien le nom de Le Chapelier au bas de plusieurs documents des avocats de Rennes en 1788, mais je crois qu'il s'agit du père. Voy. en particulier B. Pocquet, les *Orig. de la Révol. en Bret.* I, 66, II, 145 etc. Le père et le fils ont cependant signé ensemble les *Remontrances* de 1788.

[2] Le *Héraut de la nation*, I, 74, 99, 402 et voy. B. Pocquet, *les Orig de la Révol. en Bret.* II, 175.

noblesse. Il se détachait donc ouvertement de cette dernière, pour se ranger du côté de l'ordre qui allait arriver au pouvoir ; et afin d'accentuer plus complètement sa rupture, il signa le Mémoire des avocats de Rennes contre l'évocation faite par le Parlement au sujet des malheureux événements des 26 et 27 janvier, et se fit déléguer avec Glezen, Varin et Lanjuinais pour aller le porter au roi[1]. La récompense ne se fit pas attendre. Nommé député agrégé en cour pour le tiers-état de Rennes, à la session du 14 février, il signait, le 8 avril, la *délibération et mémoire à consulter pour les étudiants*[2] ; et malgré l'exclusion donnée aux anoblis, il se portait candidat du Tiers aux élections pour les Etats-Généraux. On espère, écrivait le *Héraut de la nation*, que la loi d'exclusion contre les anoblis « ne donnera que plus de brillant à la nomination de ce vertueux patriote[3]. » Il fut, en effet, élu député de la sénéchaussée de Rennes et partit aussitôt pour Versailles. Il n'avait pas encore trente-cinq ans.

Dès les premières séances, il prit place parmi les orateurs les plus ardents du mouvement révolutionnaire, et fut l'un des fondateurs de ce *Salon breton* où s'élaborèrent les principaux projets de résistance aux ordres de la cour et aux prétentions des deux autres ordres. Le 6 mai, dit le *Bulletin de la correspondance de Rennes,* « les députés de Bretagne réunis au salon commun ont adopté, sur la proposition de Chapelier une déclaration de l'Assemblée sur son état actuel, avec invitation et *interpellation* aux ordres privilégiés de se rendre enfin dans la salle commune pour y vérifier les pouvoirs... »

La *Vie privée du roi Isaac* donne une origine fort ambitieuse à la création de ce *club breton* sur lequel Le Chapelier prit une complète influence et qui exerça une action décisive sur le mouvement révolutionnaire. Mirabeau, le *dictateur de Pro-*

[1] B. Pocquet, II, 299.
[2] S. l. 8 avril 1789, in-8°, 30 p.
[3] Le *Héraut de la nation*, II, 664.

vence et Le Chapelier, le *Dauphin de Bretagne* mesurèrent, dit-
elle, du premier coup d'œil, les avantages qu'ils avaient l'un
et l'autre, par leurs talents et leur détachement de tout
préjugé, sur une assemblée composée d'éléments aussi hété-
rogènes que celle des Etats-Généraux ; et résolus à tout
sacrifier pour satisfaire leur ambition, ils firent d'abord
alliance pour la destruction du régime existant, tout en se
réservant mutuellement d'en recueillir les fruits sans partage.
Le colloque supposé est fort curieux : en voici la conclusion :

« Ils arrêtèrent donc les moyens de détruire les ordres ; d'y
substituer une Assemblée de confusion sous le titre d'*Assemblée
nationale ;* et pour se rendre maîtres des délibérations et des
dignités de l'Assemblée nationale, de composer une assemblée *préli-
minaire à l'instar des Assemblées élémentaires* que M. Necker avait
inventées pour créer des électeurs et des députés aux Etats-Généraux.
Le *Dauphin* Isaac sentit de quelle utilité une assemblée prépara-
toire de 400 personnes pouvait être à ses projets d'élévation. En
conséquence, il en forma une *primaire* d'environ cent membres,
composée de tous ses Bretons, et de députés dont la fidélité étoit
connue. Il y fit passer en loi que la totalité des voix seroit obligée de
se réunir à l'Assemblée *secondaire* pour y faire passer les statuts
qui auroient été décidés à la pluralité.

En créant avec Mirabeau l'Assemblée secondaire de 400, il y fit
adopter la même règle pour ce qui seroit présenté à l'Assemblée
nationale. De sorte que le *Dauphin Chapelier* dictoit ses volontés à
l'*Assemblée nationale* en les faisant adopter dans l'*Assemblée
primaire* par cinquante-et-une personnes qui en entraînoient
quarante-neuf. Ces cent personnes, obligées de se réunir, manœu-
vroient dans l'Assemblée des 400 de manière à s'en attacher la
majorité, et cette majorité grossie de la minorité, étoit sûre d'enve-
lopper dans son opinion la majorité de l'Assemblée nationale. C'est
ainsi qu'il se rendit maître de la plupart de ses décisions. Chapelier
subjugua le *club breton ;* le club breton, l'Assemblée *des quatre-
cents ou de la Révolution ;* celle-ci, l'*Assemblée nationale ;* et
l'Assemblée nationale *le Roi, la cour, Paris et les provinces*[1]. »

Ceci n'est plus seulement de la satire : c'est presque l'expression de la réalité. Le *Salon breton*, fondé par Le Chapelier,

[1] *Vie privée* etc., p. 60, 61.

fut un des principaux instruments de la révolution à Versailles,
et plus tard, à Paris, transformé en club des Jacobins, il se fit
obéir par les pouvoirs de tout ordre. Je n'irai pas jusqu'à prétendre, avec le pamphlétaire, que les mouvements de Paris au
14 juillet et au 5 octobre, la prise de la Bastille et l'invasion de
Versailles, furent organisés par un complot arrêté entre les
triumvirs Necker, Chapelier et Mirabeau, le premier devant
être maintenu, à tout prix par les deux autres au ministère,
le second devant recevoir les sceaux et le troisième une
ambassade : mais il m'a paru bon cependant de relater cette
assertion pour montrer jusqu'à quel point le parti contre-
révolutionnaire estimait l'influence du député de Rennes sur
ses compatriotes d'abord, et par contre-coup sur toute l'Assemblée et sur le peuple de Paris.

Ce qui est incontestable c'est que Le Chapelier, dès
l'origine, poussa les choses au pis. J'ai dit qu'il avait été
l'un des premiers à proposer la vérification commune des
pouvoirs. Il fit arrêter peu après que les communes ne reconnaîtraient *aucun intermédiaire* entre elles et le roi[1]. Le
14 mai, pendant que Rabaud-Saint-Etienne proposait de
nommer seize commissaires pour conférer avec les deux
autres ordres sur la réunion, notre *tribun* demandait au
contraire de les mettre formellement en demeure de se
réunir. Après deux jours de discussion, on adopta la motion
Rabaud et Le Chapelier fit partie des seize commissaires
conciliateurs avec Target, Garat, Mounier, Bergasse, Barnave, Volney... qui tous devaient avoir une place considérable dans les fastes révolutionnaires. Les efforts de cette
commission furent longtemps inutiles, et le 29 mai, on
chargea Le Chapelier du projet de discours à adresser au
roi pour obtenir une solution définitive. Le texte en est connu :
je ne le reproduirai donc pas ici et me bornerai à citer
l'appréciation du député de Nantes, Pellerin, qui écrivait le
30 à ses commettants : « On a généralement applaudi à ce

[1] *Tables du Moniteur*, I, 272.

discours qui paraît digne de la majesté du trône et du respect
que se doivent les communes qui parlent au nom de la
nation¹. » Le procès-verbal des conférences fut clos du 10 juin,
mais on n'en fut pas plus avancé. Sur la motion de Sieyès
on décida de passer outre, et le 17 juin les communes commencèrent l'appel général pour vérifier seules les pouvoirs :
mais quelques heures auparavant Le Chapelier et Target
avaient fait voter la tolérance des impôts jusqu'au vote de la
constitution, dans des termes passablement vifs :

« Considérant que les contributions, telles qu'elles se perçoivent
actuellement dans le royaume, n'ayant point été consenties par la
nation, *sont toutes illégales et par conséquent nulles* dans leur création, perception, extension et prorogation, l'Assemblée déclare consentir provisoirement, pour la nation, que les impôts et contributions, quoique illégalement établis et perçus, continueront d'être
levés de la même manière qu'ils l'ont été précédemment². »

On sait le reste : la constitution définitive de l'*Assemblée
nationale* dont le nom fut adopté sur un amendement de Le
Chapelier à la proposition de Sieyès, la présidence de Bailly,
la séance royale, le serment du jeu de paume, etc. Le nom de
Le Chapelier revient souvent dans les procès-verbaux de tous
ces événements : aussi fut-il élu quatrième *secrétaire* dans la
séance du 3 juillet, par 338 voix. L'abbé Grégoire, élu premier
secrétaire, réunit 516 voix, puis Mounier 420, Lally Tollendal
405 : l'abbé Sieyès ne venait qu'après Le Chapelier avec 287
voix, et le comte de Clermont-Tonnerre, sixième secrétaire
en recueillit seulement 219³.

A partir de ce moment et jusqu'à la fin de l'année 1789,
l'influence de Le Chapelier grandit chaque jour. Le 18 juillet,
il parla deux fois sur la *nécessité d'armer les citoyens*, « comme
un privilège de la liberté et du droit naturel qui accorde à
chaque individu le droit de sa propre défense » : le 21, il était

¹ *Corresp. inédite de Pellerin*, publiée par M. Gust. Bord, p. 35.
² *Bullet. de la corresp. de Rennes.*
³ *Ibid* : et voy. *Tables du Moniteur*, I, 272.

élu membre du comité chargé de préparer le *projet de constitution*, et s'opposait à la violation du secret des lettres ; le 25,
à propos de la validation des députés de Bretagne que l'on
contestait, parce que la noblesse et le haut clergé n'ayant pas
pris part aux élections, la députation était incomplète, il dé-
montra la légalité des opérations acquises : toute la députation de Bretagne sortit pendant la discussion, et rentra ensuite aux applaudissements de la salle, quand on eut
prononcé la validation, sauf au clergé à se compléter et à la
noblesse à user de son droit, suivant le règlement ; le 4 août,
il était élu *Président de l'Assemblée.*

La veille, il avait déjà réuni 150 voix pour la présidence ; il
s'agissait de remplacer le duc de Liancourt, second successeur
de Bailly : mais Thouret fut élu. Le député de Rouen ayant refusé cet honneur, une nouvelle élection eut lieu le 4, et Le
Chapelier prit possession du fauteuil. On illumina à Rennes
quand on apprit cette nouvelle[1] : et le *Journal de la correspondance de Nantes* écrivait : « La nomination de M. Le Chapelier à la présidence a causé une véritable satisfaction. Cet
avocat breton *dont le nom sera célèbre dans l'histoire de notre
Révolution,* s'est distingué jusqu'à présent par un amour
profond pour la liberté, par une fermeté inébranlable, par
une très grande justesse dans les vues, et par une modestie
rare encore, malgré l'esprit public qui renaît partout et qui
devrait étouffer la vanité[2]. » Trois citoyens de Rennes, parmi
lesquels Gohier, futur membre du Directoire, furent délégués pour aller le complimenter à Versailles, et l'on décida
qu'une colonne serait élevée sur la *place Neuve* qui prit le nom
de *place Le Chapelier*[3].

La première séance présidée par le député de Rennes fut
celle de la célèbre nuit du 4 : aussi l'auteur de la *Vie privée,*
qui va jusqu'à prétendre que la démission de Thouret prove-

[1] *Bulletin de la corresp. de Rennes*, I, 263, 341, 362, etc.
[2] *Journal de la corresp. de Nantes*, I, 246.
[3] Ogée et Marteville, *Rennes ancien et moderne*, III, 193.

11

nait de lettres anonymes émanées du club breton et peu encourageantes pour sa sécurité, insinue-t-il, que l'élection de Le Chapelier, faite à la lueur des châteaux incendiés, des titres brûlés et des douanes en feu, ne fut complotée au club, avec Mirabeau, que pour obtenir aussitôt, sous l'impression de la terreur présente, une renonciation générale des privilèges, en employant comme demandeurs ceux qui n'en possédaient pas et en leur faisant donner fort gratuitement ce que possédaient les autres. Je ne cite ce passage que pour constater une curieuse coïncidence d'appréciation avec ce que j'ai dit précédemment à propos des *Mémoires de l'abbé Chevalier*. La générosité, à ce compte, est facile.

Quoiqu'il en soit, Le Chapelier ouvrit la séance par un discours de remerciement assez court pour que je le cite en entier :

« Messieurs, vous venez de m'honorer de la distinction la plus flatteuse que puisse recevoir un citoyen[1].

Ni mon zèle, qui est un devoir, ni mes trop faibles moyens n'ont pu mériter une si grande marque d'estime.

Je dois en faire hommage à la province dont j'ai l'honneur d'être député. Elle a conservé dans un temps où la France n'avoit plus que le souvenir de ses droits, des restes précieux de liberté : elle a souvent eu l'avantage d'éclairer le roi et de lutter avec succès contre le despotisme des ministres qui trompoient sa bonté et compromettoient son pouvoir.

Vous avez voulu, Messieurs, reconnoitre, dans la personne d'un des représentants de cette province, les services qu'elle a quelquefois et tout récemment encore, rendus au royaume par sa courageuse résistance.

Je sens combien votre choix et le motif qui l'a dicté m'imposent d'obligations, et je m'excuserois de remplir la place que vous me confiez et que les talens de mes prédécesseurs ont rendue si difficile, si je n'espérois pas que vous daignerez être mes guides, et qu'objet de vos bontés, je le serai également de votre indulgence.

[1] Un avocat, dit la *Vie privée* qui se contente de changer ainsi quelques mots dans l'allocution et d'en interpoler quelques autres pour en dénaturer complètement la physionomie, tout en conservant des phrases textuelles : nouvelle preuve que ce pamphlet n'est pas absolument fantaisiste.

Vous êtes maintenant occupés du travail le plus important. Donner une constitution au royaume est le travail actuel de vos pensées ; la France en désordre vous conjure de traiter ce travail sans le précipiter.

Je serois trop heureux, Messieurs, si je pouvois contribuer à avancer de quelques instants un si grand ouvrage ; et organe de votre volonté, prononcer quelques articles fondamentaux de la liberté et du bonheur public[1]. »

Le Chapelier fut immédiatement satisfait, puisque la scène fort dramatique de la renonciation des privilèges vint aussitôt, non pas seulement avancer *de quelques instants* le grand ouvrage, mais supprimer radicalement devant lui tous les obstacles.

Il y eut alors, sur tout le territoire de la sénéchaussée de Rennes une véritable explosion de lyrisme en l'honneur de Le Chapelier : je ne chercherai pas à recueillir ici tous les quatrains qui furent alors composés sur son nom : il me suffira d'en citer trois parmi les plus enthousiastes : et d'abord celui que les avocats de Rennes firent paraître en transparent à l'une des fenêtres de sa maison lors de l'illumination du 8 août : il fait allusion à la suppression juridique du Mémoire sur les événements du 27 janvier :

> Vive Monsieur Le Chapelier,
> Président de l'Assemblée nationale !

> Eteints soient à jamais les feux des Parlements,
> Qu'alluma dans Paris un faux réquisitoire :
> Voulant priver l'Etat de tes rares talents,
> Ils ont par leurs arrêts, préparé la victoire[2].

Le même jour un électeur de Châteaugiron lui adressait les vers suivants :

---

[1] *Bulletin de la corresp. de Rennes*, I, 362.
[2] Ibid, I, 368.

> Orateur des Bretons, l'honneur de la province,
> Tu succèdes aux Bailly, aux Lefranc, aux Liancourt !
> Poursuis, combles nos vœux, montre-toi tour à tour
> Le patron des Français et l'ami de leur prince[1].

Le 12 août, une fête patriotique eut lieu à Rennes, « donnée par les citoyens-militaires et les militaires-citoyens de la garnison. » Suivant l'usage du temps on avait élevé des transparents sur les monuments et les théâtres avec force inscriptions. Parmi elles on remarquait celle-ci en l'honneur du président de l'Assemblée :

> Assez grand par lui-même, aux droits de la justice
> De ses droits personnels il fit le sacrifice :
> Et l'Etat l'en payant par des honneurs réels,
> Changea ses titres vains en lauriers immortels[2].

En voilà assez : ce sont sans doute ces apothéoses qui engagèrent un peu plus tard Louvart de Pontigny à écrire la vie du *roi des Jacobins,* fondateur de la quatrième race.

Le 13 août, l'Assemblée nationale porta en corps à Louis XVI, dans la galerie des glaces, les décrets pris à la suite de la nuit du 4 et celui qui lui décernait le titre de *Restaurateur de la liberté française.* Le Chapelier prenant la parole s'exprima ainsi :

« Sire,

L'Assemblée nationale apporte à V. M. une offrande vraiment digne de votre cœur : c'est un monument élevé par le patriotisme et la générosité de tous les citoyens. Les privilèges, les droits particuliers, les distinctions nuisibles au bien public ont disparu. Provinces, villes, ecclésiastiques, nobles, citoyens des communes, tous ont fait éclater, comme à l'envi, le dévouement le plus mémorable ; tous ont abandonné leurs antiques usages avec plus de joie que la vanité n'avoit jamais mis d'ardeur à les réclamer. Vous ne voyez devant vous, Sire, que des Français soumis aux mêmes lois, gouvernés par les mêmes principes, pénétrés des mêmes

[1] *Bullet. de la corresp. de Rennes,* I, 258.
[2] *Ibid,* I, 272.

sentiments, et prêts à donner leur vie pour les intérêts de la nation
et de son Roi. Comment cet esprit si noble et si pur n'auroit-il
pas été ranimé encore par l'expression de votre confiance, par la
touchante promesse de cette constante et amicale harmonie, dont
jusqu'à présent peu de rois avoient assuré leurs sujets et dont
V. M. a senti que les François étoient dignes.

Votre choix, Sire, offre à la nation des ministres qu'elle vous
eût présentés elle-même. C'est parmi les dépositaires des intérêts
publics, que vous choisissez les dépositaires de votre autorité.
Vous voulez que l'Assemblée nationale se réunisse à V. M. pour
le rétablissement de l'ordre public et de la tranquillité générale.
Vous sacrifiez au bonheur du peuple vos plaisirs personnels.

Agréez donc, Sire, notre respectueuse reconnoissance et l'hommage de notre amour, et portez dans tous les âges le seul titre
qui puisse ajouter de l'éclat à la Majesté Royale, le titre que nos
acclamations unanimes vous ont déféré, le titre de *Restaurateur
de la liberté Française*[1]. »

L'harmonie, hélas! devait avoir peu de durée. Les prési-
dents de l'Assemblée devaient être renouvelés, d'après le
règlement deux fois par mois. Quatre jours après cette démarche mémorable, Le Chapelier remettait le fauteuil à
M. de Clermont-Tonnerre, en prononçant une courte allocution :

« Les événements, Messieurs, ont été plus loin que nos espérances ; vous avez fait dans un jour ce qui sembloit exiger un
siècle. Quelle nation montra jamais plus de ressources, plus de
grandeur et plus de patriotisme! Quel tableau plus intéressant et
plus digne de l'admiration de l'Europe entière, que de voir le régime féodal anéanti, tous les systèmes oppresseurs distraits à
jamais, les provinces unies par le même lien, un grand pacte de
famille faire autant de frères de tous les François! Je suis trop
heureux, Messieurs, d'avoir été l'organe de ces étonnants décrets
que vous venez de prononcer. Daignez recevoir pour tribut de ma
reconnoissance mon hommage, mes respects et mon dévouement[2]. »

---

[1] *Bullet. de la corresp. de Rennes*, I, 418, 419 et *Journal de la corresp. de Nantes*, I, 302, 303.

[2] *Journal de la corr. de Nantes*, I, 310. — Les *Tables du Moniteur* et après elles la *Biographie bretonne*, disent par erreur que Chapelier présida encore la séance du 5 octobre, jour de l'émeute, par suite de la maladie de Mou-nier. C'est la séance du 8 que Chapelier présida. Voy. le *Bullet. de la corresp. de Rennes*, II, 301.

Rapporter ici toutes les motions et tous les discours de Le Chapelier pendant les deux années qui suivirent, m'entraînerait beaucoup trop loin : les *Tables du Moniteur* consacrent plus de huit colonnes au simple énoncé de leur titre. Je me contenterai donc d'indiquer les plus caractéristiques. En septembre, je rencontre de lui une curieuse correspondance avec les électeurs de Rennes au sujet de la fameuse lettre de la municipalité contre le *veto*, lettre qui parut injurieuse à l'Assemblée nationale et attentoire à sa liberté, parce qu'on y déclarait traîtres à la patrie ceux qui défendraient le *veto*. Le Chapelier défendit, à la séance du 12, les bonnes intentions de ses commettants qu'il présenta comme uniquement inspirées par l'amour de la liberté ; mais en leur écrivant le soir, il dut leur représenter qu'ils avaient été trop loin. Cette lettre ne fut pas goûtée par les plus ardents et occasionna quelques murmures, mais on ne tarda pas à les mettre à la raison et les membres du bureau de correspondance écrivirent le 18 à leur député en l'assurant « au nom des communes de Rennes, que l'estime, l'amitié et la reconnaissance que lui avaient vouées ses concitoyens restaient inaltérables ; qu'ils étaient chargés de l'assurer qu'ils continuaient d'applaudir au zèle éclairé qui avait toujours dirigé ses démarches ; qu'ils réprouvaient unanimement tous propos, toutes réflexions qui auraient pu alarmer sa délicatesse... » Ils déclarèrent en terminant, qu'ils ne souffriraient jamais qu'on le calomniât impunément[1].

Nommé membre du nouveau comité de constitution dans la séance du 14 septembre, Le Chapelier soutint une longue discussion le 25 pour demander la simple promulgation et non la sanction des décrets du 4 août, à la suite de la lettre explicative du roi communiquée le matin même à l'Assemblée. Cette discussion fit du bruit et augmenta encore le crédit de Le Chapelier parmi le public des tribunes. Il s'en aperçut

[1] *Bulletin de la corresp. de Rennes*, II, 149, 50.

bien le 5 octobre. Il était allé le matin à Paris (l'auteur de la
Vie privée prétendra que c'était pour organiser l'émeute) et il
s'en revenait à Versailles, lorsque sa voiture rencontra au
Cours-la-Reine la foule armée qui sortait de Paris. On le prit,
à son habit noir, pour un espion du faubourg Saint-Germain
qui allait rendre compte des mouvements de la capitale et on
s'apprêtait à lui faire un mauvais parti, lui, suppliant de le
laisser continuer sa route, la foule s'obstinant à le forcer à
descendre, lorsqu'un patriote lui demanda quelles affaires si
pressantes l'appelaient à Versailles. — Je suis député de
Bretagne, répondit-il. — Député de Bretagne ! Oh ! c'est diffé-
rent. — Oui, et je m'appelle Le Chapelier. — Chapelier ! Oh !
attendez... Et le patriote, montant sur la voiture, répète ce
nom à la foule qui l'acclame et des hommes armés montent
devant et derrière la voiture pour l'escorter[1]. C'est en cet
équipage que le député de Rennes arriva à Versailles, et ses
ennemis purent en conclure qu'il n'était allé à Paris que pour
ramener l'émeute avec lui.

Le mois de novembre fut marqué par l'un des plus violents
et des plus déplorables discours de Le Chapelier ; discours
dans lequel, pour combattre la proposition de Malouet sur
les biens du clergé, il réclama la spoliation totale et immédiate, prétendant que si la propriété individuelle est un droit
naturel et sacré, toute propriété collective n'existe que par le
consentement de la loi et peut-être reprise par elle. Si on
laissait des propriétés foncières au clergé, ne faudrait-il pas
aussi lui laisser le droit de s'assembler pour s'en occuper :
ne serait-ce pas le rendre trop indépendant et reconstituer
un ordre que la transformation des Etats-Généraux en Assemblée nationale avait supprimé ? Il ne fallait plus désormais
qu'un clergé fonctionnaire et salarié, sans possibilité de se
réunir, même en concile, afin, mais on n'osait pas encore le
dire, de le mieux asservir à l'Etat. La proposition de Malouet

---

[1] *Mémoires de Bailly* et voy. Laurent, *La Bretagne républicaine*, p. 51.

qui eût organisé une commission négociant avec Rome eût certainement amené une solution conforme à tous les intérêts et elle eût évité plus tard le schisme et l'affreuse guerre civile qui en fut la conséquence : mais jamais aveuglement ne fut comparable à celui de la gauche en cette circonstance. Le discours de Le Chapelier pesa d'un grand poids dans la décision prise sur la motion sectaire de Mirabeau ; les propositions de l'archevêque d'Aix qui avaient pourtant fait une vive impression sur l'Assemblée, et qui eussent évité les assignats en mettant immédiatement 400 millions entre les mains de la trésorerie, furent rejetées, et les biens ecclésiastiques mis à la disposition de la nation, à charge de pourvoir d'une manière convenable aux frais du culte et à l'entretien de ses ministres[1]. Par culte, l'Assemblée ne devait entendre bientôt que celui qu'elle avait réglé elle-même, en dehors de la discipline catholique. Mais les batteries de la secte gallicano-philosophique n'étaient pas encore entièrement démasquées et le Bulletin de la correspondance de Rennes pouvait s'écrier dans un élan d'enthousiasme : « M. Le Chapelier qui a vu sous sa présidence commencer la destruction des ordres, *a coupé aujourd'hui la dernière racine de l'arbre formidable de l'aristocratie !* »

Je passe sur une foule de motions incidentes[2] et j'arrive aux affaires de Bretagne. Les anciens Etats n'ayant donné de pouvoirs à la commission intermédiaire que jusqu'au 31 décembre et les municipalités ni les départements ne pouvant être constitués pour cette époque, Le Chapelier demanda, le 9 décembre, de proroger les pouvoirs des commissions des neuf évêchés jusqu'à nouvel ordre, à la condition que leurs arrêtés fussent valables par la signature de 3 membres

---

[1] *Bullet. de la corresp. de Rennes*, III, 54 à 57. Et Voy. Sciout, *Hist. de la Constitution civile du clergé*, I, 116 à 118.

[2] Voy. les *tables du Moniteur*, I, 273, et le *Journal des Etats-Généraux*, édtion de Rennes, II, 381, 393 ; III, 54, 84, 121, 140, 145, 179, 199, 250, 315, 363, 416, 461, 526, etc.

indistinctement, tandis qu'il fallait autrefois qu'ils eussent au
moins la signature d'un membre du clergé, d'un membre de
la noblesse et d'un membre du tiers : puis, comme le Parlement de Rennes n'obéissait pas au décret qui avait ordonné
que tous les parlements restassent en vacances et que toutes
les affaires fussent suivies par les chambres des vacations, il
proposa, le 15, d'établir provisoirement une cour supérieure
à Rennes, composée de deux conseillers pris dans chacun des
quatre présidiaux de la province et de six anciens avocats,
tous élus au scrutin. Sur la motion de Rœderer, les magistrats
de la chambre des vacations furent mandés à la barre de
l'Assemblée, sous quinze jours, comme accusés du crime de
lèse-nation.

Ce fut une séance singulièrement dramatique, cette séance
du 8 janvier 1790, où les dix magistrats, présidés par M. de
la Houssaye, comparurent à la barre, austères, calmes et
sans peur, parce que leur conscience était sans reproche.
« Debout devant cette Assemblée de douze cents membres,
tumultueuse et agitée, enivrée de ses premières victoires,
ces vieux parlementaires, dit M. Barthélemy Pocquet qui a
magnifiquement décrit la scène, représentaient le passé,
l'ancien droit, les privilèges les plus légitimes, ceux d'une
province, garantis par un contrat. Et ceux même qui condam-
naient leur entêtement et leur idées arriérées ne pouvaient
méconnaître leur courage, la dignité de leur attitude, la
grandeur de leur caractère...[1] »

Le procès dura trois jours qu'on peut appeler à juste titre
les trois derniers jours historiques de la Bretagne, en tant
que province. Les plus grands orateurs prirent part à la
discussion, entre autres : Barnave, d'Espremesnil, Maury,
Mirabeau, qui, de sa voix de tonnerre, foudroya ces pygmées
assez audacieux pour entrer en lutte contre le titan national.
Le Chapelier n'avait pas été aussi loin dans l'invective, mais

[1] Pocquet. *Les orig. de la Révol. en Bret.* II, 383 à 396.

son discours est rempli de traits sanglants à l'adresse de ces mêmes magistrats qu'il avait autrefois défendus contre les entreprises ministérielles. Je le citerai presque entier parce qu'il marque une date capitale dans notre histoire provinciale :

« La Bretagne, dit-il, avoit des franchises : nous les avons soutenues, chéries, défendues, tant que les Français ont été endormis sous les chaînes du despotisme : nous espérions qu'un jour ils secoueroient avec indignation un joug aussi odieux. Nos espérances sont remplies. Dans cette scène glorieuse que l'histoire consacrera comme un témoignage du patriotisme des Français, nous avons devancé le vœu de nos commettants, parce que nous voyions la liberté préparer à la France le bonheur que nous étions venus réclamer pour eux. Un grand nombre de villes, de bourgs, de paroisses, ont adhéré avec empressement à notre démarche..... Le peuple de Bretagne a donc renoncé à des franchises qui, seulement utiles contre le ministère, étayaient le despotisme des nobles. Quand le peuple abandonne ses privilèges, est ce aux parlements de les réclamer ?

« C'est à la fois insulter à la raison et fronder le vœu du peuple, que de demander une assemblée des anciens Etats de Bretagne. A-t-on donc cru que nous ne dirions pas ce que c'est que ces Etats ? Huit ou neuf cents nobles, des évêques, des députés des chapitres les composent ; joignez-y quarante-deux hommes représentant deux millions d'individus sous le nom modeste, j'ai presque dit avili, de tiers-état. Chaque chambre a un *velo*. Voilà par qui l'on veut que la constitution soit jugée. Imaginez ce que les abus ont de plus odieux, l'aristocratie de plus absurde, la féodalité de plus barbare, le *velo* de plus tyrannique, et vous aurez une idée de l'Assemblée à laquelle on veut confier le droit de juger les institutions immuables qui doivent faire le bonheur de tous. Vous avez proscrit les ordres.... et ces nobles diroient *velo* sur la félicité publique ! Une telle demande est scandaleuse et coupable. Le peuple breton ne souffrira pas que ces Etats se rassemblent...

« Le Parlement se croit donc toujours supérieur à la nation, et le représentant du peuple dont il doit juger les procès ! Personne n'étoit trop représenté : tout le monde se disoit représentant : les nobles, de leurs vassaux ; le clergé, des curés ; un maire nommé par le ministre et le plus souvent par un intendant, des citoyens ; les députés des villes, des habitants de la campagne ; le Parlement, de toute la province. Ce Parlement qui se prétend conservateur des franchises, a violé ces franchises : il enregistroit, sans le consentement des Etats, presque toutes les lois des ministres ; il enregistroit des impôts malgré le refus des Etats ; nous connaissons dix millions d'impôts non consentis et cependant enregistrés et perçus. Il a refusé aux Etats la communication des lois. Il a dit qu'un impôt, pour être enregistré, devoit être consenti par les Etats, et il a prouvé que l'enregistrement seul liait le peuple malgré lui. On l'a vu défendre, dans le siècle dernier, d'assembler les Etats, prétendre que les commissaires de ces Etats ne devoient être reçus devant lui qu'à la barre et debout. Ainsi il s'est toujours mis au-dessus de la nation. Au milieu de ce siècle, par des arrêts secrets, il a résolu de ne recevoir que des nobles parmi ses membres. Je dois dire que les mains de ces magistrats ont toujours été pures comme la justice. Mais ils ont désobéi ; après avoir oublié, abandonné nos chartes, ils réclament nos franchises, parce qu'ils regrettent leur ancien pouvoir ; ils ne reconnoissent pas le consentement du peuple, parce qu'ils ne voient le peuple breton que dans la noblesse.....

« La chambre des vacations a dit qu'elle vouloit défendre nos franchises : mais sont-elles attaquées ? Sont-elles perdues ? Elles sont augmentées. Nous n'avions stipulé ni avec la nation, ni contre elle, mais avec le roi et contre le despotisme. *Les Bretons ont renouvelé leur union à la France en nous envoyant vers vous.* Ils ont adhéré à ce que vous avez fait, et par leurs adresses, et en montrant leur allégresse, et en déployant leurs forces pour soutenir vos opérations.... Les nobles et les ecclésiastiques, dit-on, n'ont pas consenti. Où donc est la nation bretonne ? Dans quinze cents gentilshommes et quelques ecclésiastiques ou dans deux millions d'hommes ?... »

J'abrège, car ceci suffit pour indiquer le mouvement[1]. On ne peut refuser à ce réquisitoire dont l'impression immédiate fut ordonnée, une éloquence vive et entraînante : mais franchement était-ce bien à Le Chapelier d'attaquer ainsi les Etats et le Parlement de Bretagne et ne pouvait-il laisser ce

---

[1] Voir le discours complet dans du Chatellier, *Hist. de la Révol. en Bret.*, I, 219 à 226. Il y a une autre rédaction dans le *Journal des Etats-Généraux*, édition de Rennes, IV, 65 à 68.

On a le texte authentique dans la brochure suivante :

Opinion de M. le vicomte de Mirabeau, député du Haut-Limousin et discours de M. *Le Chapelier*, député de Rennes, sur la conduite de la chambre des vacations de Bretagne. — *Paris*, 1790, 38 p. in-8.

soin à ses collègues de Provence ou de Normandie ? L'abbé
Maury eut beau jeu pour montrer qu'en somme ces Etats si
vilipendés avaient fourni aux Bretons le moyen de payer jusqu'alors moitié moins d'impositions que dans les autres
provinces ; et pour le Parlement, que ce n'était pas lui qui
avait enregistré les dix millions d'impôts non consentis par
les Etats, mais bien le *Bailliage d'Aiguillon*, fantôme de la
magistrature installé dans le temple des lois pour être le
complice du despotisme.

On ne sera plus étonné après cela de trouver cette mention
dans l'Almanach des députés de l'Assemblée nationale pour
l'année 1790 :

« Le Chapelier, avocat. — *Ecce homo*: *Voilà l'homme de la France!*
Voilà le coryphée de la députation de Nantes *(pour Rennes)*. Ses talens, ses vertus patriotiques, sa fermeté inébranlable, doivent le
rendre à jamais recommandable à la nation. Et ce qui atteste les
éloges que nous lui donnons, c'est l'honneur inappréciable qu'il a
eu de présider déjà deux fois à l'Assemblée[1]. »

Au milieu de ses violences, le député de Rennes avait parfois des élans de générosité. C'est ainsi que le 2 janvier 1790,
il fit décréter qu'on enverrait au roi une députation pour le
prier de déterminer lui-même la somme à laquelle il désirait
qu'on fixât la liste civile. Mais cela était rare, car rien n'était
plus compromettant près de ceux qui s'étaient décerné le
titre exclusif de patriotes : et plus tard, lorsqu'il se sépara
définitivement des Jacobins, on lui reprocha vivement ces
crimes de lèse-nation. N'avait-il pas parlé en faveur de la
liste civile ? Haro sur le traître !

A quelques jours de là, le 23 janvier, on discutait la répartition des départements et il s'agissait de savoir à qui
appartiendraient Redon et la Roche-Bernard que le Morbihan
réclamait et que le comité de constitution proposait d'attribuer : Redon à l'Ille-et-Vilaine, et la Roche-Bernard à la

[1] *Alm. des dép. de l'Ass. nationale*, 1790, in-12, p. 75.

Loire-Inférieure, à cause des limites naturelles de l'Oust et de la Vilaine. Le Chapelier fit prévaloir une délibération du comité des députés bretons qui donnait la Roche-Bernard au Morbihan, et par compensation Châteaubriant à la Loire-Inférieure : ce système fut adopté et le *Journal des Etats-Généraux* remarquait avec étonnement que, pour la première fois que la décision du comité de constitution n'était pas suivie dans la division du royaume, cette décision contraire était adoptée sur l'avis d'un membre de ce même comité[1]. Cela prouve l'influence considérable qu'il avait sur la Chambre.

Cette époque marque, du reste, l'apogée de la grandeur politique et de la popularité de Le Chapelier, dont tous les graveurs du temps tenaient à honneur de publier le portrait, puisque Salomon Lieutaud en cite dix-huit éditeurs différents. Je ne le suivrai pas davantage dans ses innombrables motions des six premiers mois de l'année 1790 : elles n'intéressent pas spécialement la Bretagne, sauf un projet de décret proposé le 6 février pour priver des droits de citoyen actif les magistrats qui avaient refusé de composer la nouvelle chambre des vacations de Rennes en attendant celle de la cour supérieure provisoire ; une demande de renvoi au comité des impositions, le 5 avril, au sujet des franchises et privilèges du port de Lorient; une proposition de changement, le 23 avril, des limites respectives des districts de Saint-Brieuc et Guingamp ; et un décret de suppression de poursuite, le 13 juin, en faveur d'habitants des environs de Paimbœuf qui avaient renversé les clôtures de terrains afféagés[2]. Je le laisse donc en paix se faire élire du comité des colonies, présider la séance du 9 mars, soutenir que

---

[1] *Journal des Etats-Généraux*, IV, 178 et voy. précédemment *ibid*, 19, 33, 37, 61 à 88, 113, 131, 158.

[2] *Ibid.* IV, 286 ; V, 269, 381, 419, VII, 305 ; et voyez encore V, 103, 116, 195, 221, 235, 241, 285, 385 ; VI, 115, 178, 238, 304, 354, 468 ; VII, 10, 46, 54, 71, 131, 251, 276, 285, 345, 352, 358, etc.

l institution des juges par le roi serait inutile et dangereuse que la déclaration de guerre doit cependant appartenir au roi, sous réserve du consentement du Corps législatif, etc... et j'arrive au commencement de la décadence.

Le 9 juin 1790, Barnave et Le Chapelier avaient fait assaut de prêtrophobie avec Robespierre qui devait plus tard les sacrifier tous deux sur l'autel de la justice populaire[1] : et le député de Rennes croyant avoir suffisamment assouvi les passions de la gauche en réclamant l'élection des évêques et des curés par tous les électeurs politiques sans distinction de religion ni de culte, s'avisa, le 13 juin, de plaider en faveur du traitement des gros bénéficiers, soutenant qu'il n'y avait pas de lois en France qui défendissent la pluralité des bénéfices, et que les plus rentés étaient aussi les plus endettés.

« De pareilles maximes, écrivait le *Journal des Etats-Généraux* n'ont pas été entendues de sang-froid par les patriotes. Aussi *l'antique Chapelier* a-t-il été interrompu par des murmures de toute la gauche..... Il y a aujourd'hui un an, criait-on assez distinc-ement, que la séance royale eut lieu ! *Chapelier, Chapelier, les délices de Capoue vous ont corrompu* !... M. Lanjuinais, toujours bon breton, souffroit sans doute de voir son compatriote se démentir ainsi ; il s'est contenté de lui dire plusieurs fois qu'il y avoit erreur dans ses assertions ; mais moi je lui dis :

Chapelier, des Bretons est-ce là le langage?

Cependant, l'ancien orateur breton, penchant l'oreille à la droite, recevait des leçons de M. Loys.....[2]»

Désormais le charme était rompu. Le Chapelier avait osé sortir une seule fois de l'ornière jacobine : C'était donc un corrompu, un vendu : un chien d'aristocrate, bon pour la lanterne. Des pamphlets reparurent, mais ils n'étaient plus cette fois rédigés par des royalistes : et c'étaient des patriotes qui publiaient : *Chapeaux à vendre, opuscule dédié à M. Le*

[1] Voy. Sciout. *Hist. de la const. civile du clergé* I, 243.
[2] *Journal des Etats-Généraux*, VII, 459, 460 etc.

Chapelier, avec la mention : *A Paris, de l'imprimerie des gens sans tête à l'Assemblée nationale*[1].

En vain protesta-t-il quelques jours après contre la résistance opposée à la vente des biens nationaux : il fut littéralement conspué le 3 juillet quand il vint demander, au nom de la constitution, que l'Etat participât aux frais de la fête de la fédération parisienne[2] ; en vain fit-il décréter, le 15, que la bannière de la commune de Paris à la fête de la veille serait suspendue aux voûtes de la salle de l'Assemblée nationale comme « le monument d'une époque que nous n'oublierons jamais » ; il ne put faire passer, le 18, le projet de décret sur l'uniforme varié des gardes nationales d'après celui que portaient, le 14, leurs délégués : Barnave le rappela durement à l'*uniformité d'uniforme*, disant qu'on ne saurait trop multiplier les signes extérieurs de « l'union entre tous les Français » et le projet fut renvoyé au comité[3]. Les motions de Le Chapelier étaient jadis acceptées d'enthousiasme : l'oracle avait parlé : on obéissait Il fallut maintenant conquérir les décrets de haute lutte, et Le Chapelier s'en lassa.

Dès la fin de l'année 1790 sa nouvelle situation s'accentua nettement[4] : le jacobinisme lui apparut alors avec toutes ses déplorables conséquences et il eut le courage de s'en séparer : mais d'abord mollement, car il se crut obligé de repousser, comme calomnieuse, au commencement de 1791, son inscription sur la liste du club monarchique. Peu après il présenta, sur la résidence des fonctionnaires publics, le rapport du comité de constitution au nom duquel il déclarait l'impossibilité de faire une bonne loi sur l'émigration[5] : ce qui lui valut

[1] 1790, in-8°, 8 p. (De ma collection).
[2] *Journal des États-Gén.* VIII, 12, 154.
[3] *Journal des États-Gén.* VIII, 267, 286, 330, 377, 385, 468, etc.
[4] Je trouve à cette époque une annonce, datée de décembre 1790, pour une revue politique hebdomadaire qui devait paraître le 1er janvier 1791, avec le titre : *De la Constitution et des Lois*, rédigée par Le Chapelier, député, et les avocats Duveyrier, Perignon et Garnier.
[5] Ce rapport a été publié sous le titre : Projet de loi et rapport sur la résidence des fonctionnaires publics, par Le Chapelier. — *Paris*, imp. nat. s. d. (1791), in-8°, 7 p. (Bibl. de Nantes, n° 9717).

les rires et les murmures de la gauche. Mais ce fut surtout après la fuite du roi qu'il comprit enfin que la monarchie constitutionnelle était menacée d'une ruine prochaine et que la Révolution allait aboutir au chaos le plus hideux, si on l'abandonnait à elle-même ; il crut donc de son devoir, avec les Barnave et les Lameth, d'opposer une digue à ce torrent révolutionnaire que, plus que personne, il avait contribué à faire sortir de son lit. Après avoir, le 21 juin, réclamé des mesures de sûreté publique, il quitta décidément le club des Jacobins pour entrer aux Feuillants, et se fit remarquer dès lors par son zèle à poursuivre la révision d'une constitution qui était en partie son œuvre ; il voulut réserver l'exercice des droits électoraux aux seuls propriétaires ; insista pour qu'aucune indemnité ne fut allouée aux représentants ; combattit vivement le projet de déportation en masse des prêtres non assermentés[1], et l'opinion de Robespierre sur la non rééligibilité des membres de l'Assemblée nationale à la prochaine législature ; et mit le sceau à ses tentatives de réaction en faisant décréter, le 29 septembre 1791, comme testament de l'Assemblée, que nulle société, club ou association ne pourrait avoir, sous aucune forme, une existence politique, ni exercer aucune influence ou inspection sur les actes des pouvoirs constitués ou des autorités légales, ni faire des pétitions collectives, ni envoyer des députations... De la part du fondateur du club breton, la palinodie parut un peu forte. Aussi lorsqu'il revint à Rennes, après la dissolution de l'Assemblée, eut-il grand peine à se faire admettre au nombre des membres de la Société des amis de la constitution. Le temps des quatrains lyriques était passé : son admission, combattue dans un pamphlet intitulé ; *L'ordre du jour ou les deux Evangiles*, mit tout Rennes en émoi pendant trois jours. Lorsqu'il fut admis, cent vingt membres quittèrent le club et en fondèrent un autre en rivalité[2]; puis un grand nombre de sociétés affiliées,

[1] Sciout, *Hist. de la const. civ. du clergé*, II, 427.
[2] *Biographie bretonne*.

écrivirent de Rouen, de Valenciennes, de Nîmes, de Grenoble, de Bordeaux, de tous les points de la France, qu'elles ne correspondraient plus avec une Société assez téméraire pour recevoir dans son sein et pour élire, comme président, un transfuge de la liberté. « Tant que Le Chapelier fut vertueux, écrivait celle de Caen, il mérita notre reconnaissance et notre estime. Mais dès qu'il a cessé de marcher dans le chemin *de l'honneur*, nous lui avons voué le plus souverain mépris!...[1] »

Le véritable portrait de nos législateurs, galerie des principaux constituants, publiée peu après la dissolution de l'Assemblée par le parti avancé, le traite comme ces sociétés jacobines et avec le même dédain. L'idole était absolument brisée. « Cet avocat breton, connu à Rennes pour un tracassier, avait secoué, dit-elle, la poussière de ses souliers sur sa patrie avant de la quitter. Homme de talent, bon logicien, mais corrompu et né avec tous les vices de ce qu'on appelait jadis la bonne compagnie, Chapelier, avait trop d'esprit pour ne pas sentir que dans la grande scène qui allait se passer, les intrigues joueraient le premier rôle. Il se montra donc en opposition directe avec la cour pour faire ensuite avec elle un traité plus avantageux... » Ainsi les patriotes qui avaient crié au scandale en 1789 contre les accusations de la *Vie privée du roi Isaac*, les reproduisaient à leur tour, maintenant que Le Chapelier ne marchait plus franchement avec eux. C'est là la morale de l'histoire. Ils étaient même plus durs que n'avaient été les contre-révolutionnaires. Chapelier, disait en terminant le portraitiste, a fait tout ce qu'il a pu pour établir le despotisme ministériel sur les débris des anciens préjugés : « il n'a réussi qu'à prouver l'abus et le danger des talents dominés par les passions résultantes d'un absurde égoïsme[2]. » La guillotine allait bientôt apporter le châtiment suprême.

[1] Du Chatellier, *Hist. de la Révol. en Bret.*, II, 39.

[2] *Le véritable portrait de nos législateurs,* ou galerie des tableaux exposés à la vue du public depuis le 5 mai 1789, jusqu'au 1er octobre 1791. — Paris, 1792, in-8º, p. 83 à 85.

En 1792, Le Chapelier qui avait repris ses fonctions d'avocat fut obligé d'aller en Angleterre pour régler quelques affaires de ses clients : et il s'y trouvait encore lorsque fut rendu le décret qui mettait sous le sequestre les biens des absents. Inquiété pour ce fait pendant la Terreur, et menacé d'arrestation comme suspect, il écrivit au comité de Salut public, le 26 pluviôse an II, une longue et étrange lettre par laquelle il s'offrait pour servir la République comme espion chez les Anglais. Trouvée plus tard dans les papiers de Robespierre, cette lettre qui donne une triste idée des extrémités où des hommes de talent pouvaient alors se trouver réduits pour se soustraire à la mort, fut publiée avec les autres documents de même provenance, et l'on pourrait presque douter de son authenticité, si le *Cabinet historique* ne l'avait publiée de nouveau, en 1867, d'après l'original faisant partie de la collection Sensier. J'en reproduirai seulement la première moitié :

« Citoyens, j'étois de l'Assemblée constituante, j'étois membre du comité de constitution ; on m'a dit qu'il y avoit un ordre de m'arrêter ; toute cette défaveur ne m'empêche pas de me présenter au comité de Salut public comme un homme qui peut lui être utile, et qui, antique et constant ami de la liberté, est devenu partisan de la République du moment qu'elle a été proclamée. Ni mon arrestation, ni ma mort, en cas qu'elle fut résolue, ne seroit d'aucun profit à l'Etat ; au contraire, la cause populaire souffre un peu, lorsqu'on voit un de ses premiers soutiens désigné comme victime ; et il vous paroitra peut-être d'un tout autre intérêt d'employer les moyens que la nature et les circonstances m'ont données. Vous avez fait avec une grande habileté une guerre superbe, digne d'un peuple qui conquiert et qui défend à la fois sa liberté. Vous avez eu partout de glorieux succès, mais vous n'êtes ni aux termes de vos travaux, ni à la fin de vos dangers, vous avez besoin de faire encore cette année la guerre la plus active ; ce ne sont peut-être pas de mauvais citoyens, mais ce sont des ignorants qui parlent actuellement de paix. Vous avez les moyens de faire cette guerre pendant l'année ; mais si vos triomphes ne vous donnent pas le droit de dicter, à la fin de la campagne des conditions à l'Europe, vous pouvez vous trouver dans la situation la plus alarmante ; il faut donc que tous les moyens quelconques soient employés et vous êtes trop habiles pour en négliger aucun. Il me semble que cette année la guerre change de place. Vous n'avez plus rien à craindre ni de l'Autriche, ni de la Prusse, ni de l'Espagne. Il y aura sur toutes ces frontières des coups de canon tirés et des hommes de tués, mais ce ne sera que des coups de canon et de la dévastation, il n'y aura rien de décisif. La guerre est tout entière contre l'Anglois ; c'est là qu'il faut frapper. Si quelque expédition grande et heureuse brûloit un de leurs ports, ravageoit une portion de leur territoire, altéroit leur marine il seroit facile alors de séparer le peuple anglois de son gouvernement et de parvenir à dicter un traité qui seroit le terme du danger de la République française. Je ne sais si je me trompe, mais je crois que pour assurer le succès de cette grande entreprise, il seroit important de connoître quelles sont les craintes, les espérances, les projets de nos ennemis. *Je me propose pour aller en Angleterre.* J'y paroîtrai comme réfugié et j'emploierai tout le zèle d'un sincère ami de son pays pour connoître ce que vous aurez intérêt de savoir et vous en instruire. Il y a plusieurs jours que l'idée de m'offrir à vous sous ce rapport est combattue par la crainte que vous ne regardiez cette offre comme un moyen de fuir et que cela ne vous paroisse une faiblesse qui me diminue dans votre esprit ; mais j'ai songé que la mission dont je demandois à me charger n'étoit pas assez dépourvue de périls pour que celui qui s'en chargeoit pût passer pour un lâche ; et si je crains une captivité qui m'entasseroit avec des hommes qui sont mes ennemis, j'ai trop peu peur de la mort pour que je croie qu'il n'y ait quelqu'un qui imagine que je fais un pas pour la fuir. Vous pourriez m'objecter que c'est me présenter bien tard pour servir la République, et que vous ne pouvez pas me regarder comme un de ses amis. Je réponds que ce n'est que dans une mission secrète que je puis être utile et que nulle part je ne l'aurai été avant l'époque à laquelle nous sommes. Quant à ma profession de foi la voici : je n'ai pas désiré la République, parce que je prévoyois que de grands orages seroient attachés à sa fondation. Depuis qu'elle est établie, je suis son partisan et son défenseur parce que les plus grands malheurs, la perte de la liberté, seroient la suite de sa destruction. Voilà ma pensée tout entière et tous les amis de la liberté qui ont voté pour la monarchie dans un temps où, au surplus, comme vous le savez, on ne pouvoit parler que de monarchie, doivent reconnoître à ce langage quelque sincérité... »

En même temps il adressait la lettre suivante à Robespierre :

« Mon ancien collègue et ami,

» Je vous adresse un mémoire que je présente au comité de Salut public, c'est à vous que je l'adresse, parce que c'est vous qui avez le plus manifesté votre énergique haine contre les Anglois, et qu'il me semble que, plus habile, vous sentirez plus que tout autre l'importance de ruiner cet affreux gouvernement. Continuez, soyez le sénateur qui disoit sans cesse : « *Que Carthage soit détruite* ». Vous fondez votre gloire bien avant ; votre belle motion de discuter sans cesse les crimes du gouvernement anglois n'a jamais été assez connue, aussi a-t-elle jusqu'à présent été bien mal exécutée. Voyez, mon ancien collègue, si la proposition que je fais peut être utile. J'abhorre ces Anglois, et leur mise au profit de ma patrie, seroit un grand bonheur pour moi. Croyez au surplus, que si je n'ai pas toujours été de votre avis, j'aime maintenant autant que vous la République ; elle est établie, tous les amis de la liberté doivent la soutenir, vous sentirez qu'une prompte décision est nécessaire, si vous acceptez mon offre, et il n'y a pas un moment à perdre. Je vous salue.

Celui qui vous remet cette lettre ignore quel en est l'objet. Si le comité de Salut m'accepte, nul autre que lui et moi ne doit savoir cette mission[1]. »

On ne se jette pas plus naïvement dans la gueule du loup : Robespierre répondit à « son ancien collègue et ami » en signant l'ordre de le faire arrêter en même temps que deux autres ex-constituants Thouret et d'Esprémesnil. Ceci se passait en février 1794. Tous les trois comparurent en même temps devant le tribunal révolutionnaire et furent condamnés à mort et exécutés le 22 avril, comme coupables « d'avoir conspiré depuis 1789, en faveur de la royauté ! » Le Chapelier n'avait pas encore cinquante ans révolus.

On rapporte qu'au moment de monter dans la fatale charrette, Le Chapelier aurait dit à son ancien adversaire d'Esprémesnil : — Monsieur, on nous donne dans nos derniers moments, un terrible problème à résoudre — Lequel ? —

---

[1] Collection des mémoires relatifs à la Révol. fr. publiés par Berville et Barrière. — Papiers de Robespierre, *Paris*, Baudouin, 1828, in-8°, I, p. 273. à 279.

C'est de savoir, quand nous serons sur la charrette, à qui de nous deux s'adresseront les huées du peuple. — A tous deux, répondit d'Esprémesnil[1].

La veuve de Le Chapelier, Marie-Esther de la Marre, née à Rennes le 4 juin 1765, se remaria à Rennes, le 10 nivôse an VIII, à Jacques-Joseph-Guillaume-François-Pierre *Corbière*, avocat, qui devait devenir ministre sous la Restauration et mourir à Rennes, au milieu de ses livres, le 12 janvier 1853 : elle lui survécut trois ans et mourut à Rennes le 6 octobre 1856.

Alfred-Pierre-Marie Le Chapelier, fils unique du constituant, né en Saint-Eustache de Paris le 30 novembre 1790, fut receveur général des finances à Versailles, et mourut à Rennes le 10 janvier 1848, ne laissant d'Ernestine-Alphonsine *de Léon*, morte en 1872, que deux filles encore vivantes, toutes les deux nées à Rennes et qui ont épousé, l'une, en 1855, *le comte de Talhouët de Boisorhant*, l'autre, en 1859, le *comte de Saint-Germain*. Le nom est donc aujourd'hui éteint.

---

52. — FRANÇOIS-JÉRÔME **Le Déan**,
Ancien subrécargue de la Compagnie des Indes,
député de la sénéchaussée de Quimper,
plus tard baron de l'Empire.

(Douarnenez, 10 février **1744**. — Quimper, 26 février **1823**).

Un chevalier breton du nom de *Le Déan* (en français *Le Doyen* ou *Le Gendre)* figure à la croisade de saint Louis, en 1248[2] : mais je ne crois pas qu'il ait laissé de longue postérité, car on ne retrouve ce nom, pour le seizième et le dix-septième siècle, dans aucun Nobiliaire de Bretagne: cependant les Preuves de dom Morice citent encore plusieurs Le

---

[1] *Biographie bretonne*. Sur Le Chapelier, voyez encore *La nouv. Biog. des contemp.* d'Arnault. — *La Biog. univ.* Notice par Michaud ; — *La Biog univ. port. des contemp.* de Rabbe, etc.

[2] Roger. *La Noblesse de France aux Croisades.*

Déan au quatorzième et au quinzième siècle, en particulier : *Edouard*, dans la liste des gens d'armes qualifiés de la suite de Richard de Bretagne en 1419 ; *Guillaume*, escuier, passant une revue de seize escuiers de sa chambre en 1421 ; et *Jehan*, parmi les gens de la retenue du maréchal de Bretagne, aussi en 1421[1].

Au plus loin que je puisse remonter dans les archives de la famille du député de Quimper, archives qui sont entrées en partie dans les miennes, attendu qu'il est le grand-oncle de ma femme, je rencontre Jean Le Déan, maître-sculpteur à Quimper, en 1689, fils ou neveu de maîtres-sculpteurs des poupes et proues des vaisseaux du roi à l'arsenal de Brest. Ce Jean Le Déan eut deux fils, marchands drapiers à Quimper, mais marchands de haute volée, car l'un d'eux Joseph-Corentin, épousa Marguerite du Saussay et s'appelait *M. de Kertanguy*. L'autre fut père de Louis-Jean-Marie *Le Déan du Glascoët*, qui entra dans les fermes et fut commis ou receveur à Douarnenez, puis à Groix. Ce dernier est le père du futur député. Il avait épousé Marie-Renée *Gondrel de la Gourberie* et acquis le manoir de Penanros, en Bodivit, ancienne trève de Plomelin, au bas de la rivière de Quimper, sur la charmante petite anse de Combrit. Son fils aîné, *Jean-François*, le bisaïeul de ma femme, agriculteur distingué, qui acclimata la pomme de terre au sud de la Cornouailles, et fut d'abord receveur alternatif des fouages de l'évêché de Quimper, était né à Groix en 1737 ; mais le cadet, *François-Jérôme*, naquit à Douarnenez, en 1744, et fut élevé à Penanros : et c'est dans le vieux et pittoresque cimetière qui avoisine l'église en ruines de l'ancienne paroisse de Bodivit, véritable nécropole des Le Déan, qu'il désira plus tard être inhumé. Sa tombe s'y trouve encore, en pleine paix, au milieu d'arbustes odorants, à l'ombre de grands mélèzes et de chênes vigoureux qui font de ce lieu calme et solitaire, l'oasis la plus poétique que puisse rêver un mourant.

[1] Dom Morice, *Preuves*, II, col. 373, 1086, 1104, 1107, etc.

François-Jérôme s'adonna d'abord aux affaires, navigua en qualité de subrécargue de la Compagnie des Indes et chercha fortune aux colonies. Vers l'âge de quarante ans, ses entreprises ayant réussi, il vint se fixer à Quimper et ne tarda pas à y occuper une place des plus honorables dans la haute bourgeoisie de ce temps. Il ne s'était pas marié, mais son frère avait épousé en 1775, à Quimper, Marie-Michelle *Huchet de Kerourein*, proche parente des Laënnec, et les Kerlanguy avaient contracté alliance avec les meilleures maisons du pays, en sorte qu'il fit bientôt partie des conseils de la communauté de ville où son expérience des affaires lui assura une influence considérable lors des mouvements de 1788.

Il y avait alors quatre foyers principaux d'agitation réformiste à Quimper : on s'assemblait, pour étudier les meilleurs moyens de résistance aux prétentions des deux ordres privilégiés, chez le sénéchal Le Goazre de Kervélégan, chez le futur maire Le Guillou de Kerincuff, qui tous les deux devaient être élus aux Etats-Généraux, chez le procureur du roi Guymard de Coatidreux, mais surtout chez Le Déan, chef du comité le plus en vogue. « On a chez lui, écrivait Laënnec à son ami Thomas de Caradeuc à la Roche-Bernard, un bureau de nouvelles où un conseil de volontaires patriotes s'assemble pour recevoir les lettres de nos députés. C'est le grand foyer des mouvements publics[1]... »

Le Déan fut d'abord nommé avec Kervélégan, au mois de novembre 1788, pour se joindre à la grande députation des douze Nantais qui allaient porter en cour les revendications du Tiers-Etat. On sait quelle sensation produisit à Versailles et à Paris leur présence : ils y eurent des conférences avec les chefs du mouvement populaire, furent bien accueillis par le roi et adressèrent aux 42 villes de Bretagne un programme de vœux et charges dans lequel on demandait l'augmentation du nombre et la libre élection des députés du

[1] Du Châtellier. *Les Laënnec.*

Tiers ; l'obligation pour la noblesse d'envoyer aux États des représentants désignés au lieu d'y assister en corps; l'admission des curés et recteurs dans l'ordre du clergé, l'égale répartition des impôts ; etc. — Ce qui nous consterne et nous désespère, écrivait le marquis de M***, c'est que le gouvernement semble se prêter aux désirs du Tiers. « Nous en jugeons par la réponse favorable que le roi vient d'accorder aux députés qu'il a eu la hardiesse d'envoyer vers Sa Majesté. Cet accueil l'a enhardi, aussi ne garde-t-il plus aucune mesure... Chaque jour on voit sortir de dessous la presse des libelles diffamatoires, dans lesquels on nous traite de tyrans, de despotes, de parasites[1]... » Cela n'eût pas eu lieu, si la noblesse eût compris, au lieu de s'obstiner dans sa situation acquise, que le temps d'une réforme était arrivé : la réforme eût été certainement moins radicale, si la noblesse avait eu l'heureuse inspiration de s'y prêter.

Toutes les faveurs électorales furent réservées aux membres de la délégation à leur retour. Le Déan fut aussitôt nommé assesseur de Legendre aux États de Bretagne tenus à Rennes du 22 au 29 décembre[2]: il y réclama énergiquement le vote par tête et toutes les autres revendications du Tiers, et fut maintenu agrégé de Quimper à la reprise de la session le 14 février 1789. Élu, le 16, membre de la commission intermédiaire des États pour l'évêché de Quimper, il devenait l'un des administrateurs principaux de la province, et ayant continué à donner sa maison pour le service de la propagande patriotique, il fut élu, le 22 avril, second député de Quimper aux États-Généraux[3].

Il s'installa à Versailles avec Le Guillou de Kerincuff, 13, rue Saint-Médéric ; et vota constamment avec la gauche, sans phrases et silencieusement comme ses deux autres collègues. Aussi l'*Almanach de 1790* disait-il à leur propos : « Seraient-

[1] Cité par M. Pocquet. *Histoire des origines de la Révolution en Bretagne.* II, 101.
[2] Du Châtellier, *Histoire de la Révolution en Bretagne*, 1, 82.
[3] Procès-verbal de l'élection, p. 4 et 20.

ce des conspirateurs ? Ils ont presque l'air de tremper dans
la ligue de silence faite par les trois recteurs de l'évêché de
Quimper. » Ils ne disaient rien et pourtant ils travaillaient
ferme dans les commissions. Nommé, le 26 avril 1790,
membre du *Comité des recherches*, Le Déan ne se fit remarquer jusqu'à la clôture de la session par aucune motion spéciale, mais il figure, à la fin de 1791, sur la *Liste des députés
patriotes qui n'ont pas varié*, publiée à la suite du *Véritable
Portrait de nos législateurs*.

Elu maire de Quimper à son retour de l'Assemblée, il
exerça ces fonctions jusqu'au commencement de 1793,
durant une période délicate où il eut malheureusement à
concourir aux mesures de violence prises contre les prêtres
insermentés. Ce fut aussi pendant ce temps qu'eut lieu, le
30 avril 1792, l'adjudication de l'ancien couvent des Cordeliers de Quimper, comprenant la belle église du treizième
siècle, le cloître, les cours, les jardins et la maison conven-
tuelle. Le tout fut adjugé pour la somme de 25,900 fr., aux
deux frères Le Déan qui s'y installèrent aussitôt et dont la
famille a occupé les bâtiments jusqu'à la démolition en
1840[1]. La halle actuelle de Quimper et les rues avoisinantes
occupent aujourd'hui la majeure partie de l'emplacement.

Au commencement de l'année 1793, les députés du Finistère adressaient à leurs commettants des lettres fort alar-
mantes sur l'attitude de la Montagne qu'ils accusaient
d'entraver la liberté des délibérations. Le département
organisa un corps de volontaires pour marcher au secours
de l'Assemblée nationale, et Le Déan, inquiet de voir les
événements dépasser les limites de ce que ses opinions
constitutionnelles avaient cru pratique ou possible, abandonna la mairie de Quimper : puis il offrit ses services aux
Girondins proscrits, les aida dans leur fuite, contribua surtout
à sauver son ami Kervélégan et fut bientôt obligé de se
cacher lui-même pour échapper aux proscripteurs. Un nègre

[1] Bulletin de la *Société archéologique du Finistère*. X, 202.

qu'il avait gardé comme domestique depuis ses voyages aux Indes, et qui s'appelait Léveillé, réussit à le soustraire aux recherches, après avoir été le principal guide des Girondins fugitifs[1] : mais dénoncé lui-même, il dut songer à son propre salut. On sait assez quelle sanglante hécatombe la Montagne imposa au Finistère, en immolant le même jour ses vingt-six administrateurs.

Après le 9 thermidor, il fallut reconstituer toutes les administrations et Le Déan devint membre du directoire du département. J'ai le regret de constater qu'il devint, en cette qualité, l'un des agents de la violente persécution religieuse suscitée par le gouvernement fructidorien[2], malgré les articles du traité de pacification de la Mabilais qui garantissaient à la Bretagne le libre exercice du culte orthodoxe : aussi la Chouannerie reprit-elle bientôt sur tout le territoire : il fallut le Concordat pour la tuer.

Survint le 18 brumaire. Les directoires départementaux furent remplacés par des préfets, des sous-préfets et des conseillers de préfecture. Le Déan reprit alors la *mairie de Quimper* qu'il garda de 1799 à 1803 : mais de même qu'il avait voulu conserver son indépendance, en 1793, en se démettant pour ne pas devenir le séide de la Montagne, de même il se démit, à l'annonce de la création de l'Empire, pour ne pas accepter d'être l'agent du gouvernement dictatorial de Napoléon. Il faut croire cependant que ce scrupule n'était pas bien lourd pour sa conscience, car il ne refusa point le titre de *baron de l'Empire* que Napoléon lui conféra en 1810, après qu'il eut présidé le collège électoral du Finistère et fait partie de la députation envoyée à l'Empereur qui le décora de sa propre main. Il prit alors pour armes : *de sable à la gerbe de blé d'or au franc quartier de gueules à la branche de chêne d'argent posée en bande*[3].

---

[1] Du Châtellier. *Histoire de la Révolution en Bretagne*. IV, 120.
[2] Du Châtellier. *La persécution religieuse dans le Finistère après le 18 fructidor*.
[3] Armorial de Guérin de la Grasserie, I, 145 et planche n° 36, D, n° 71

Elu *député du Finistère* à la chambre des *Cent-Jours*, il fut éloigné de tout emploi public sous la seconde Restauration et s'occupa comme son frère aîné, qui mourut en 1818, de travaux agricoles. Il lui survécut cinq ans et mourut à Quimper, le 16 février 1823, à soixante-dix-neuf ans, célibataire. On a écrit sur sa tombe : « Il fit du bien : ce fut toute sa vie. » Il eut du moins l'intention d'en faire.

Aimé-Jean-Louis-Nicolas-René Le Déan, son neveu, né à Quimper, le 27 juin 1776, ingénieur de la marine et archéologue distingué, fut élu *député du Morbihan* à la Chambre des députés en 1834, 1837 et 1839 : il mourut à Vichy, le 6 juin 1841, laissant deux filles, Madame *de Najac*[1], mère d'Emile *de Najac*, le vaudevilliste bien connu, et Madame *Gobert de Neufmoulin*, mère de Madame *Borghi*[2], encore vivante à Lorient.

Les deux sœurs d'Aimé Le Déan épousèrent : l'une, M. *Renouard*, d'où les *Kerallain* qui habitent encore Bodivit, et les *Legrontec*; la seconde, le capitaine de frégate *Le Bastard de Kerguiffinec*, père de l'inspecteur des eaux et forêts en retraite à Quimper, et de Madame Armand *Guieysse*[3], dont j'ai épousé la fille.

Le nom est donc tout à fait éteint.

Il n'existe pas de portrait gravé du constituant; je n'en connais que de son neveu l'ingénieur-député de Lorient, et il ne faut pas confondre. Mais je citerai de lui un bon portrait à l'huile conservé chez M. Armand Guieysse à Lorient.

[1] Madame *de Najac* avait épousé le fils du conseiller d'Etat de l'empire, ancien commissaire de la marine à Lorient et député suppléant du Morbihan à l'Assemblée législative en 1791.

[2] M. *Borghi*, ingénieur de la marine italienne et député au Parlement italien, est actuellement directeur de l'arsenal de la Spezzia. Son fils aîné, ingénieur de l'Ecole centrale au service de Fives-Lille est mort il y a quelques mois, des fatigues contractées à monter des machines à l'étranger.

[3] Fils de *Pierre Guieysse*, capitaine de frégate, et petit-fils de L.-F. *Le Gallic de Kerizouet*, président du tribunal et député de Lorient en 1816, *Pierre-Armand Guieysse*, né à Lorient en 1810, ingénieur de la marine, C ✿, directeur des constructions navales à Lorient, a pris sa retraite dans cette ville en 1875.

53. — JEAN-FRANÇOIS **Le Deist de Botidoux**

Négociant à Uzel,

Député suppléant de la sénéchaussée de Ploërmel

(a siégé)

(Beauregard, en St-Hervé, 31 août **1762**. — St-Brieuc,
19 novembre **1823**).

⸻

Encore un anobli : ce qui prouve que l'espèce d'engagement
pris par le tiers-état de Bretagne de n'en pas élire aux Etats-
Généraux, ne fut tenu que dans bien peu de sénéchaussées
importantes. Nous avons vu Cottin élu à Nantes, Le Chapelier élu à Rennes : voici Botidoux élu à Ploërmel, et ce ne
sera pas le dernier.

La famille Le Deist, dont les diverses branches portaient
à la fin du siècle dernier, les titres de *Kérivalan*, de *Botidoux*,
de *Quénécunan*, de l'*Hôtellerie*, de la *Neuville*, etc., s'était
enrichie dans le commerce des toiles à Uzel et à Quintin,
puis elle s'était élevée jusqu'aux charges qui procurent
l'anoblissement. Nicolas Le Deist de Kerivalan, dont les
poésies légères inondèrent l'*Almanach des Muses*, l'*Esprit des
Journaux*, la *Muse Bretonne* et une foule d'autres recueils,
fut reçu conseiller-maître à la Chambre des comptes de
Bretagne le 28 mars 1770 ; et son cousin Guillaume-François,
père du futur député, fut secrétaire du roi, contrôleur de la
chancellerie près le Parlement en 1759 et l'un des dix associés de l'évêché de Saint-Brieuc pour la Société d'agriculture,
du commerce et des arts de Bretagne.

Ce Guillaume-François habitait le château de Beauregard,
situé en la trève de Saint-Hervé, qui dépendait jadis de la
paroisse de Loudéac, de la subdélégation de Josselin et de
la sénéchaussée de Ploërmel, et qui forme aujourd'hui une

commune séparée du canton de Loudéac. Sa fortune était considérable pour l'époque, car elle se chiffrait par plusieurs millions, lorsqu'il mourut en 1782, laissant de Suzanne Martin, originaire de Moncontour, six enfants : deux fils qui furent négociants en toile comme lui et quatre filles, dont l'une, Jeanne-Louise-Olive, épousa bientôt le conseiller au Parlement Jean-Marie-Joseph *du Bouëtiez de Kerorguen* : deux de ses autres sœurs devinrent la comtesse *de Coataudon* et la comtesse *Desnanots*[1]. Cette dernière, qui était l'aînée, s'appelait avant la Révolution Mademoiselle *De la Ville au Grand*.

Jean-François, l'aîné de ces six enfants, naquit au château de Beauregard en 1762, ainsi que le constate son acte de décès, le 21 novembre 1823, qui le dit âgé de 61 ans. Il était par conséquent plus jeune que ne l'ont supposé jusqu'ici la plupart des recueils biographiques qui le font naître généralement *vers 1750*. M. Habasque a voulu préciser, mais à faux, en donnant la date de 1758 ; et si j'insiste sur celle de 1762, donnée par S. Lieutaud, la seule exacte, c'est qu'elle fait de Botidoux le plus jeune élu de toute la députation bretonne : il n'avait, en effet, que 27 ans en 1789.

[1] Suzanne Martin était cousine d'une de mes bisaïeules ; et la comtesse de Coataudon écrivant à mon grand-père Couëssurel de la Brousse (petit-fils d'une autre Suzanne Martin), qui géra ses intérêts, tant qu'il fut receveur de l'enregistrement à Uzel et à Loudéac, l'appelait toujours, à la mode de Bretagne, « mon cher neveu. » J'ai trouvé dans les papiers de mon grand-père, beaucoup de documents sur les Botidoux. J'y constate en particulier, que la comtesse de Coataudon née à Quintin, le 10 janvier 1765, s'appelait *Mathurine-Julienne-Yvonne* : son mari, Jean-Baptiste-Marie de Coataudon habitait le Frontven en Guipavas. Elle mourut le 24 avril 1831 à Saumur où son fils, Edmond de Coataudon, qui avait épousé en 1826, une nièce de la duchesse de Bassano, était alors officier de dragons. — La seconde de sœurs de Botidoux, *Suzanne-Françoise-Charlotte*, épousa d'abord Augustin-Jacques *Puissant de Saint-Servan*, puis en seconde noce , J.-B. *Daniel*, comte *Desnanots*, qui habitait Paris : elle mourut en 1822 ; elle avait vendu en 1805, à ses deux frères, le château de Beauregard qui lui était échu dans les partages. A cette époque, *François*, l'ex-constituant, était qualifié négociant à Uzel, et son frère *Pierre*, négociant à Cadix. Pierre mourut avan 1818 et Madame de Coataudon parle, dans une lettre de 1826, de ses nièces Mesdames de *Valdennit* et de *Néessimi*, que je crois filles de la comtesse Desnanots.

Je ne trouve aucun document particulier sur lui avant son élection, et je constate seulement qu'il figure sur certaines listes avec le titre d'*anobli de la Saint-Martin*, ce qui indique une situation nobiliaire toute récente. Elu député suppléant de la sénéchaussée de Ploërmel aux Etats-Généraux, il partit pour Versailles avec les titulaires et ne tarda pas à prendre effectivement possession d'un siège, lorsque Robin de Morhéry eut donné sa démission.

Comme sa conduite politique future, ses votes à l'Assemblée nationale ne présentent aucun esprit de suite. Botidoux, plus que personne, fut l'homme des opinions successives et même contradictoires. Avec la plus complète désinvolture, il passait brusquement de la droite à la gauche et de la gauche extrême à la droite : aujourd'hui, se distinguant parmi les vainqueurs de la Bastille, demain injuriant le ministre Necker, ensuite accusant Lafayette, puis refusant de protester contre le dix août,.. etc., il va servir la Montagne à l'armée des Alpes, rejoint l'armée fédéraliste à Caen, trahit les Girondins dans leur fuite et devient agent royaliste dans le Morbihan pendant la Terreur : mais toutes ces tergiversations faillirent lui coûter cher, car les Chouans, doutant de sa sincérité, lui eussent fait un jour un fort mauvais parti, s'il n'avait eu à son service une force herculéenne et une agilité de corps aussi merveilleuse que son agilité à changer de drapeau politique. Suivons le de plus près dans cette carrière bizarre et singulièrement agitée.

Le 25 juin 1790, l'abbé Maury était à la tribune et, pour apporter un argument décisif contre la vente totale et immédiate des biens nationaux, il disait qu'une importante réserve était nécessaire, attendu que le comité de liquidation n'avait pas encore instruit l'Assemblée du montant de la dette publique et que plusieurs membres de ce comité lui avaient assuré qu'elle devait s'élever au chiffre énorme de sept milliards. La gauche cria aussitôt à l'imposture et demanda que le comité fût entendu : « Je vous somme, M. Le président, s'écria Botidoux, de mettre cette motion aux voix ! ».[1] Il faisait donc alors cause commune avec la gauche. Et cependant, le 17 août, il traitait d'*insolences ministérielles* les observations présentées par Necker au sujet des réformes financières : et le 18 décembre, il s'élevait avec force contre le projet de loi proposé pour forcer les émigrés à rentrer en France et à prêter le serment civique, sous peine de confiscation de leurs biens. Il est, en effet, rationnel et juste, disait-il, que chacun puisse librement quitter son pays et transporter sa propriété où bon lui semble. Cela ne l'empêcha point d'appuyer fortement la création des assignats dont la valeur reposait en partie sur celle des propriétés saisies sur les émigrés et déclarées nationales[2].

Il est donc assez difficile de définir l'attitude de Botidoux à l'Assemblée constituante. C'était un indépendant dont le caractère original et brusque ne pouvait se plier à aucune discipline. Son portrait gravé à cette époque par Texier, pour la collection Dejabin, donne assez bien, du reste, l'idée d'un homme plein de lui-même, emporté et ne souffrant pas la contradiction. On dirait d'une figure à la Daumier, taillée à coups de hache : une vraie tête de tribun.

Après la clôture de la session, il prit du service militaire, et alla rejoindre, sur la frontière du Nord, l'armée de Lafayette, en qualité de capitaine au 34e régiment d'infanterie. On sait que cette armée comptait un grand nombre de patriotes dont la principale occupation était de rechercher des motifs de dénonciations pour soutenir les accusations auxquelles leur général était constamment en butte à l'Assemblée législative. Botidoux est vivement soupçonné d'avoir entretenu des correspondances régulières avec les ennemis de Lafayette, et de les avoir informés de tout ce qui se passait à l'état-major. Après le 20 juin, il refusa de signer les adresses par lesquelles l'armée exprimait à l'Assemblée

[1] Journal *des Etats-Généraux*, VIII.
[2] Voy. la *Biog. nouv. des contemp.* d'Arnault, etc.

législative son mécontement et ses protestations contre les événements qui venaient de se passer à Paris. Les désagréments que ce refus lui occasionna de la part de ses compagnons d'armes, lui firent aussitôt donner sa démission, et il vint, peu après le 10 août, dénoncer à la barre de l'Assemblée, M. de Latour-Maubourg, ami du général de Lafayette, comme le principal auteur des vexations qu'il avait éprouvées. Cette dénonciation flattait trop les passions du moment pour ne pas être accueillie avec transport : Botidoux fut admis aux honneurs de la séance, et par un décret spécial, rétabli dans son grade, le 22 août.

Malgré ces beaux exploits, Botidoux n'inspirait qu'une médiocre confiance à l'*Ami du peuple*. J'en ai pour preuve un grand placard de Marat aux *amis de la patrie*, daté du 30 août 1792 et destiné à signaler aux électeurs un choix de représentants pour la Convention nationale. Marat y donne d'abord la liste des *sujets démérilants*, parmi lesquels je remarque :

Barrère, homme nul,

Boutidoùx (*sic*), sableur de champagne ;

Garat, le jeune, royaliste masqué,

L'abbé Siéyès, anti-révolutionnaire, etc.

Puis vient la liste des hommes qui ont le mieux mérité de la patrie : Robespierre, Danton, Tallien, Billaud-Varenne, Fréron, Desmoulins : et Marat termine en se recommandant lui-même : « Mes amis, je finirai par vous rappeler l'*Ami du peuple* : vous connaissez ce qu'il a fait pour la patrie, peut-être ignorez-vous ce qu'il fera encore pour votre bonheur ; la gloire d'être le premier martyr de la liberté lui suffit, tant pis pour vous si vous l'oubliez[1]. »

Ce fut sans doute pour répondre à ce placard que l'ex-constituant publia en septembre une plaquette simplement

---

[1] Ce placard rarissime a été reproduit dans le livre de M. Chévremont sur Marat.

intitulée : *A Marat*[1] : mais je n'ai pu la retrouver et je me
contente d'en relever le titre dans les recueils bibliogra-
phiques sur la Révolution. Ce qu'il y a de sûr, c'est qu'au
mois de décembre 1792, Botidoux, (Louvet lui-même nous
l'apprend dans ses mémoires) présidait « ce club des Marseillais qui eût sauvé les Parisiens, si les Parisiens eussent
voulu l'entendre. » Puis il se fait nommer *commissaire-
ordonnateur en chef* à l'armée des Alpes, où il sert les intérêts des partis avancés de la Convention, et dénonce le régiment des hussards de la Liberté, comme une réunion d'ennemis de la République.

Arrivent les journées des 31 mai et 2 juin 1793, qui furent
pour la Gironde des journées de mort et de proscription.
Botidoux qui entretenait ouvertement des relations avec les
Girondins, devint aussitôt suspect à la Montagne, fut des-
titué, et vint à Caen prendre le commandement de l'un des
bataillons de l'armée fédéraliste. Les généraux Wimpffen et
de Puisaye en étaient les principaux chefs. Il est fort probable que la conversion royaliste de Botidoux date de ce
séjour à Caen et que c'est là qu'il réussit à capter la confiance de Puisaye qui le nomma peu après secrétaire du comité royaliste du Morbihan.

Ici se place un incident peu connu et dont il importe de
mettre sous les yeux du lecteur les documents contraires.
L'armée fédéraliste ayant été battue à Vernon, les Girondins
dirigèrent leur fuite sur la Bretagne, guidés d'abord par
Botidoux qui les accompagna jusque près de Fougères et
alla les attendre à Rennes où il leur avait donné rendez-vous :
mais ne les voyant pas arriver dans cette ville, et apprenant
qu'ils avaient changé de route, il alla les rejoindre à Moncontour et leur fit donner l'hospitalité chez un de ses parents
près de la forêt de Lorges, d'où les fugitifs gagnèrent le Finistère en passant par Rostrenen. Or, Louvet qui faisait

[1] Paris, impr. nat. sept. 1792, in-8°, 2 p. signé : *J. Ledeist-Botidoux*.

15

partie de cette troupe de proscrits, en a minutieusement
raconté l'exode, et il accuse formellement l'ex-constituant
B*** dont il ne complète pas le nom, de les avoir trahis,
d'avoir voulu les attirer à Rennes pour les y mieux perdre,
puis d'avoir organisé le guet-apens de Rostrenen, auquel ils
n'échappèrent que par leur courage et leur énergie.

Le portrait que trace Louvet du citoyen B***, est tellement
ressemblant qu'il ne peut laisser aucun doute dans notre
esprit : c'est bien de Botidoux qu'il parle. M. du Châtellier
n'a pas voulu le nommer davantage, dans son *Histoire de la
Révolution en Bretagne* ; mais il charge encore le récit de
Louvet, et il ajoute en note : « Hélas oui ! ces démonstrations
d'amitié étaient déplacées, car elles étaient mensongères,
comme nous l'a prouvé une lettre de ce misérable, à l'a-
dresse de la commission extraordinaire de Landerneau,
qu'il éclairait sur la marche des Girondins, en s'appuyant sur
ce que son ancienne liaison avec quelques-uns des réfugiés
ne leur permettait pas de le suspecter. Et cet homme avait
été député à la Constituante[1] ! »

Voilà l'acte d'accusation. Il paraît bien formel : écoutons
maintenant la défense. Le point essentiel serait de retrouver
la lettre de dénonciation à la commission extraordinaire de
Landerneau dont la formation fut décrétée le 17 juillet pour
remplacer l'administration départementale du Finistère,
mise en état d'arrestation, et qui entra en fonctions le 30
juillet. M. du Châtellier en avait vu sans doute autrefois,
soit l'original, soit la copie, mais je lui en ai demandé vainement communication : « J'ai sans doute cette pièce, m'écrivait-il en 1883, mais depuis cinquante ans où a-t-elle passé ?
je ne la retrouve plus. » Et il est mort emportant son secret
dans la tombe. Mais nous avons une apologie de Botidoux
écrite par lui-même pour réfuter le passage des Mémoires
de Louvet dans lequel il s'était parfaitement reconnu. Cette

[1] Du Châtellier, *Histoire de la Révolution en Bretagne*, III, 23.

réponse, qui fait partie de la riche collection d'autographes révolutionnaires de M. Gustave Bord n'est pas signée ; mais l'auteur y parle à la première personne et l'on ne peut hésiter à y reconnaître Botidoux lui-même. Pour la bien apprécier, il conviendrait peut-être, comme M. Bord l'a fait dans la *Revue de la Révolution*[1], de la publier en double colonne avec les Mémoires de Louvet en regard : mais ces Mémoires sont dans toutes les mains : je me contenterai donc de la seule apologie :

« J'arrive à Moncontour, j'étais encore en voiture. Quel est mon étonnement ! Il était onze heures du matin ; c'est à cette heure, un jour de marché, que les députés fugitifs traversent la ville. Je vole vers eux, je leur reproche leur peu de précautions : mais leurs guides ne savaient pas les chemins : au lieu de tourner Moncontour, ce qui était facile, ils les avaient conduits au milieu de cette ville.

Plusieurs des voyageurs avaient besoin : ils me demandent du pain. Cussy désire que j'y ajoute un peu d'eau-de-vie. J'indique à mes amis un lieu où ils pourront m'attendre, à quelques portées de fusil de Moncontour, je rejoins ma voiture que je fais conduire chez un de mes parents, j'y demande du pain, une bouteille d'eau-de-vie. On m'interroge sur les volontaires qui viennent de passer ; je ne réponds pas. Un de mes beaux-frères observe que presque tous l'ont salué, qu'il croit bien que ce ne sont pas des gardes nationaux, qu'il croit même avoir reconnu Pétion.

Cependant je rejoins les députés avec mon beau-frère au lieu que je leur avais indiqué. Je m'explique avec quelqu'un d'eux sur la mission qu'ils avaient donnée, sur le tort qu'ils avaient eu de ne pas tenir à leur première pensée, sur les dangers de marcher ainsi en grand nombre sous la conduite d'hommes qui ne connaissaient pas les chemins et qui voulant de nouveau leur faire traverser les villes au lieu de les tourner, les exposaient, eux reconnus comme ils venaient de l'être à Moncontour, aux plus grands dangers. Je proposai à tous de me suivre chez un de mes oncles, et là je leur promis des guides sûrs pour se rendre à Carhaix, où leurs conducteurs actuels assuraient qu'ils n'avaient plus rien à craindre de leur méprise.

[1] 1883. Documents I, p. 108 à 112.

Cette proposition fut acceptée, nous étions dans la forêt de Lorges, à une petite lieue de l'habitation de mon oncle, lorsque je proposai aux voyageurs d'y rester afin de me donner le temps de préparer leur arrivée. Je demandai à Le Sage, d'Eure-et-Loir, de me suivre, de se donner, en entrant, pour un négociant de Normandie adressé à mon oncle. Ces précautions pour Le Sage et pour ses collègues étaient également nécessaires : mon oncle est un cultivateur dont la maison est remplie de domestiques et d'ouvriers, je ne voulais pas les mettre dans le secret, et on va voir si j'eus lieu de m'en applaudir.

Ce jour, mon oncle avait réuni les jeunes citoyens du canton qui avaient marché contre les rebelles de la Vendée, et leur donnait une petite fête. La maison était remplie, et parmi les convives était la sœur d'un administrateur du district de Loudéac.

Je parlai à ma famille en particulier. — Louvet! pourquoy d'injustes soupçons récompensent-ils si mal l'intérêt que ma famille me témoigna pour vous tous. Votre sort lui fit verser des larmes, on me remercia de vous avoir guidé vers elle, on s'empressa de vous envoyer des comestibles, des rafraichissements... Vous donner des guides sûrs pour arriver jusqu'à elle, vous préparer des lits, non particulièrement pour chacun de vous, j'en conviens, et cela était impossible, mais au moins assez commodes pour vous délasser de vos fatigues, tout cela fut la pensée du même moment.

Entourés de tant d'étrangers, nous avions besoin de précautions nouvelles, car les députés voulaient-ils continuer leur route, il était nécessaire qu'on ne connût pas celle qu'ils avaient tenue jusqu'alors : voulaient-ils rester chez mon oncle, ou dans les environs où j'étais certain de les y placer, le secret de leur arrivée devenait plus important encore. En leur envoyant des rafraichissements je leur demandai donc de ne se mettre en marche qu'à la nuit.

Ils le firent, et Louvet ne craint pas de dire que le nouveau guide essaya de les conduire par une petite ville où l'on battait la générale[1], qu'ils s'arrêtèrent à ce bruit, qu'on leur dit que c'était la retraite, qu'ils distinguèrent bien la générale, que leurs anciens guides reconnurent que le chemin qu'on avait choisi n'était pas celui qu'on aurait dû prendre.

Que d'injures dans ces mots ! Ainsi sous les dehors de l'intérêt et de l'amitié, j'avais donc le projet de faire arrêter Louvet et ses

---

[1] Phrase rayée dans le mss : *c'était sans doute pour l'arrêter avec ses amis.*

amis ! et c'était à ma porte, que dis-je, au sein de ma famille que je devais consommer cette atrocité[1] !

Louvet ! si, votre ouvrage à la main, vous étiez conduit sur le chemin qu'on vous a fait tenir, vous le reconnaîtriez, et vous effaceriez avec honte ces lignes tracées par l'injuste méfiance, par d'injurieux soupçons ; vous reconnaîtriez qu'on vous éloignait d'Uzel, que vous n'y deviez pas passer[2]. »

En 1794 nous retrouvons Botidoux installé à Locminé comme secrétaire du comité général de l'insurrection royaliste pour le Morbihan : et partageant le commandement de la Chouannerie de cette région avec Boulainvilliers et Guillemot[3]. A la fin de cette année, il entra en négociations avec le général Hoche pour obtenir de bonnes conditions d'un traité de paix et il souscrivit d'abord aux propositions d'amnistie. « L'amnistie du 2 décembre 1794, dit Guillemot, ne fut d'abord acceptée, dans le Morbihan, que par *Botidoux*, que M. le comte de Puisaye avait nommé secrétaire du Conseil. Mais les démarches de cet homme pour la faire accepter aux principaux chefs, inquiétèrent les officiers des Côtes-du-Nord, de sorte que M. de Boishardy crut devoir convoquer le conseil général.[4] » Muni des pleins pouvoirs de Hoche, Botidoux alla dans les Côtes-du-Nord pour disposer les généraux royalistes à la paix et leur promettre la vie sauve ;[5] mais il n'entendait pas qu'on pût traiter sans lui, et ayant appris que Boishardy venait de conclure un armistice avec le général Humbert, il écrivait au conventionnel lorientais Bruë, en mission à Vannes pour la paix, cette curieuse missive qui découvre un génie merveilleusement disposé pour l'intrigue :

« En vain ai-je parcouru les campagnes où j'avais le plus de connaissances ; en vain ai-je invité à des conférences les prêtres qui

[1] Phrase rayée : *mais je veux être de sang-froid.*
[2] Cab. d'autog. de M. Gustave Bord.
[3] Du Châtellier, *Hist. de la Révol.* IV, 261.
[4] Guillemot. *Lettre à mes neveux*, p. 40.
[5] Du Châtellier, IV, 318.

me les avaient fait demander ; en vain ai-je parlé à des parents de déserteurs ; je n'ai trouvé partout qu'une méfiance calculée ou plutôt une espèce d'arrogance. On leur a fait conclure de cette espèce de suspension (l'armistice de Boishardy) que nos succès sur la frontière étaient imaginaires ; que les forces disponibles de la République disponibles contre eux étaient nulles ; que si les premières propositions étaient accueillies avec tant d'empressement, ce devait être pour eux un motif à de plus fortes demandes ; et qu'enfin la condescendance que l'on témoignait à Boishardy et compagnie était une preuve matérielle de leurs forces qui, d'ailleurs, seraient incessamment jointes par celles qu'allait fournir l'Angleterre... Si j'en juge d'après les événements, voici quel a été le calcul de Boishardy en déférant aux propositions de Humbert : — d'abord s'est-il dit, le fait seul de traiter avec un général d'égal à égal me donnera une consistance dont il me sera facile de tirer parti. Je répondrai que c'est la connaissance qu'il avait de nos forces qui l'a forcé de me rechercher. Cependant le temps donné pour profiter de l'amnistie s'écoulera : plus de grâce pour vous, dirai-je à ma bande que j'aurai eu soin d'entretenir et de faire entretenir de mes efforts pour leur obtenir des conditions favorables : plus de grâce, dirai-je aux réfractaires ; et durant les délais convenus je n'en ferai pas moins désarmer les paroisses, j'en intimiderai les municipalités : et mettant de plus en plus la bonhomie d'Humbert à profit, j'enverrai avec lui vers Nantes un soi-disant plénipotentiaire, sous le prétexte d'assister aux conférences avec Charette, et je trouverai dans cette démarche d'apparente bonne volonté, le moyen de lier avec la Vendée une correspondance que je n'y ai jamais eue, quoique j'aie toujours prétendu l'avoir[1]... »

Il est certain qu'on peut tout attendre et tout croire de celui qui a écrit une pareille lettre. Sans insister davantage, je constate que son nom se trouve au bas du traité de la Mabilais, signé près de Rennes, le 30 germinal an III (20 avril 1795), à côté de ceux de Cormatin, Boishardy, de Silz, Solihac et autres chefs royalistes.

Profitant de l'amnistie, Botidoux se retira alors au château de Beauregard, espérant y vivre désormais tranquille, au milieu de ses livres et dans la compagnie d'Horace, César et

[1] Du Châtellier, IV. 236, 237.

Cicéron qu'il n'aurait jamais dû quitter : c'est, en effet, de
cette année, que date la première édition de sa traduction des
Satires d'Horace en vers français.[1] Mais ses anciens compagnons d'armes de la Chouannerie ne lui avaient point
pardonné ce qu'ils appelaient sa défection et ils résolurent
de s'en venger. Un soir qu'il rentrait à Beauregard vers dix
heures, après avoir soupé chez l'un de ses amis, six hommes
armés l'enveloppèrent et le forcèrent à sortir d'une avenue,
sous prétexte de le conduire à une entrevue avec les chefs
royalistes voisins. Comme il avait la vue basse, on lui avait
permis de briser, pour s'en faire un appui, un roulon de
barrière. Botidoux qui se doutait bien qu'on voulait lui faire
un mauvais parti, profite du passage étroit sur le pont de
Saint-Thélo, brandit tout à coup son bâton, se précipite sur
ses gardes à l'improviste, les culbute, les disperse et se
sauve.[2] On n'osa pas recommencer l'attaque, mais Botidoux
jugea prudent de ne pas prolonger indéfiniment son séjour à
Beauregard, et comme on installait l'Ecole centrale du département des Côtes-du-Nord à Saint-Brieuc, en vendémiaire,
an V, il s'y fit nommer professeur au concours : mais l'inauguration, par suite de lenteurs administratives, n'eut lieu
qu'en prairial an VII, c'est-à-dire en mars 1799[3].

Deux de ses anciens collègues à la Constituante habitaient
alors Saint-Brieuc : Poullain de Corbion, agent national près
le directoire du département et Gabriel de Neuville, simple
juge de paix. Poullain devait bientôt périr pendant l'attaque
de Saint-Brieuc par les Chouans : mais le 18 brumaire amena
d'autres anciens constituants à Saint-Brieuc : Boullé comme
préfet ; Baudoun de Maisonblanche comme conseiller de
préfecture ; Couppé comme président du tribunal criminel....
car Bonaparte réservait systématiquement, du moins en

[1] *Paris*, 1795, in-8º, 87 p. — Seconde édition, *Moulins et Paris*, Lebour,
an XII (1804), in-8º.

[2] Habasque, dans l'*Annuaire Dinannais* de 1836.

[3] Lamare, *Histoire de Saint-Brieuc*, p. 239, 240.

Bretagne, les principales faveurs administratives du nouveau régime aux anciens députés de 1789. Botidoux pouvait donc y prétendre, comme ses anciens collègues : mais son caractère indépendant ne lui permit pas de faire une soumission suffisante et il resta à l'écart. L'Ecole centrale fut dissoute en messidor an XI (1803) ; et Botidoux ne fut appelé à aucune fonction pendant toute la durée de l'Empire.

Il se consola dans la culture des lettres, fit paraître en 1804 une nouvelle édition de sa traduction en vers français des *Satires d'Horace* ; en 1809, les *Commentaires de César*[1] avec des notes critiques et littéraires qui donnent une valeur réelle à son édition ; en 1812, des fragments de l'*Art poétique* d'Horace traduits en vers[2], comme les Satires ; les *Lettres de Cicéron* à Brutus et à Quintus[3] et des *conciones* ou discours choisis de Salluste.

C'était, on le voit, un travailleur sérieux, alors dans toute la force et la maturité de son esprit, puisqu'il n'avait encore que cinquante ans en 1812. Mais ces travaux littéraires ne l'empêchaient pas de continuer à s'occuper du commerce des toiles, car l'acte de 1805 par lequel il achète, avec son frère, le château de Beauregard à leur sœur la comtesse Desnanots, le qualifie négociant à Uzel ; et le même titre lui est donné sur la liste du collège électoral de Loudéac en 1808 et sur celle des six cents plus forts contribuables du département des Côtes-du-Nord en 1813.

Entre-temps, il faisait des séjours d'affaires ou de plaisir à Saint-Brieuc, et il y charmait la société de ce temps, par ses bons mots, par son esprit original et par des vers la plupart du temps improvisés. On en a retenu ; et je citerai ici, comme caractéristiques, deux quatrains qui montreront bien le tour de son esprit, parfois naturaliste et gaulois. Voyant

[1] Paris, 1809, 5 vol. in-8° et planches.
[2] Fragments de l'art poétique d'Horace. S. d. (vers 1812), in-8°.
[3] Lettres de Cicéron à Brutus et de Brutus à Cicéron. — Paris in-12.
— Lettres Cicéron à son frère Quintus, avec des notes. Paris, 1813, in-12.

revenir de l'armée un vieux brave avec la croix sur la
poitrine, il lui faisait dire, par exemple :

Par la poudre à canon, fumé comme une andouille,
Ayant souvent pour lit celui de la citrouille,
Et mangeant du cheval bien plus que du mouton,
J'ai gagné cette croix qui pend à mon bouton.

A Mademoiselle de Saint-Pern, une des plus charmantes
beautés des salons briochins de cette époque, morte centenaire, il y a quelques vingt ans, il dédiait sur un autre ton,
ces jolis vers :

De la fine plaisanterie
Parfois j'aime à lancer les traits :
Mais je n'en suis pas moins chérie,
Chatouillant, ne blessant jamais.

Autrefois, disait l'aimable centenaire, en rappelant ce
quatrain flatteur à M. de la Villerabel qui a bien voulu nous
le communiquer, « autrefois nous savions nous amuser
avec notre esprit français : aujourd'hui, pauvres amis, vous
dépensez beaucoup d'argent pour vous ennuyer.. »

La Restauration récompensa Botidoux des services qu'il
avait rendus aux royalistes en le nommant *Messager de la
Chambre des Pairs*. Dans ce poste, il occupa ses loisirs en
écrivant, sous la dictée du maréchal Kellermann, (c'est lui-
même qui le dit dans sa préface) une *Esquisse de la carrière
militaire de F. Chr. Kellermann, duc de Valmy, pair et maréchal de France*[1], ouvrage qui n'a d'autre valeur que celle d'un
panégyrique, et en publiant une étude qu'il avait préparée
pour justifier son admission dans l'*Académie celtique*. Elle
est intitulée : *Des Celtes antérieurement aux temps historiques* et renferme des rapprochements curieux et de savantes
observations.

Botidoux revint à Saint-Brieuc vers 1820, fort malade et souf-

Paris, 1817, in-3°.

16

frant, en particulier, de violents maux d'oreilles. Il prit un
logement à l'hôpital où il vécut avec une pension du gouvernement, et où il mourut, n'ayant pas quitté le célibat, le
17 novembre 1823, à soixante-et-un ans, avec la réputation
d'un aimable épicurien et d'un esprit indépendant et original[1].
Il reste un point obscur dans sa carrière, celui de savoir s'il a
réellement dénoncé et trahi les Girondins dans leur fuite :
j'ai fidèlement exposé les pièces du procès, l'attaque et la
défense : je laisse à chacun de mes lecteurs le soin de prononcer son verdict.

---

54. — PIERRE-TRÉMEUR Le Dissez de Penanrun

Sénéchal de Lamballe

Député suppléant de la sénéchaussée de Saint-Brieuc

(n'a pas siégé)

(Carhaix, 25 janvier 1731. — Dinan { 9 messidor an XII, / 28 juin 1804. })

La famille Le Dissez qui portait, d'après l'Armorial de 1696,
*d'or à trois pals d'azur et une fasce de gueules semée de
billettes d'argent brochant sur le tout*, portait les titres de
Penanguer et de Penanrun au ressort de Carhaix, mais elle

---

[1] On trouve des notices sur Botidoux, à la lettre B. dans la *Biog. des
hommes vivants* (de Michaud, 1816); — la *Biog. nouv. des contemp.* d'Arnault;
— la *Biog. univ. portative des contemp.* : — la *Biog. Bret.* (notice par
Cayot-Delandre), etc. — Voici son oraison funèbre écrite par sa sœur Mme la
comtesse de Coataudon dans une lettre à mon grand-père, datée du 13 janvier
1824 : « Vous savez sans doute, mon bon et excellent neveu, que depuis bien
du temps mon frère n'existe plus... J'ai été et suis encore plus sensible à sa
mort que je ne devrais l'être après le triste état dans lequel je l'avais vu, et
surtout d'après sa conversion vraiment exemplaire et qui me donne l'heureuse assurance qu'il est avec Dieu. Mais n'importe ! je le regrette infiniment. Il n'a jamais fait aucun mal qu'à lui-même. Il était bon ami, bon
frère et parfait honnête homme... Il en a la récompense maintenant »

n'affichait point pour cela de prétentions à la noblesse. On la trouve répandue à la fin du dix-huitième siècle dans toute la Bretagne du nord. Un Le Dissez de Penanguer figure aux Etats de 1764, comme maire de Carhaix, et je trouve pour les Penanrun un sénéchal de Léon député aux Etats de 1717, puis un subdélégué de l'intendance à Morlaix en 1747, et un procureur-syndic de cette ville en 1790, membre en 1793 de la commission administrative de Landerneau qui remplaça le conseil départemental du Finistère incarcéré. En 1789, si l'on s'en rapporte aux divers documents imprimés (nous verrons qu'il faut en rabattre), deux autres Le Dissez de Penanrun étaient sénéchaux de Dinan et de Lamballe. Ce dernier est notre député.

Il est d'autant plus difficile de se reconnaître au milieu de tous ces Le Dissez dans les documents contemporains que presque tous portent le premier prénom de Pierre. Je tâcherai de ne pas les confondre.

Né à Carhaix, en 1731, de Pierre-Dominique, et de Marie-Joseph *Roscelin*, Pierre-Tremeur Le Dissez de Penanrun se fit recevoir avocat au Parlement et entra dès l'année 1754 dans la magistrature assise, car une inscription du registre de chambre du tribunal de Dinan, à l'occasion de son décès à Dinan, en 1804, constate que « plus de cinquante ans d'exercice et d'un travail soutenu dans l'ordre judiciaire lui avaient acquis la réputation d'un bon juge ; et en même temps, ajoute-t-elle, que l'on reconnaissait ses talents supérieurs, l'on ne pouvait refuser de rendre hommage à ses vertus.[1] » Mais je ne sais au juste où il fit ses débuts et je ne le rencontre pour la première fois qu'en 1772, nommé sénéchal du duché de Penthièvre, au siège de Lamballe.

M. Odorici, dans ses *Recherches sur Dinan*, le cite comme sénéchal de Dinan en 1754 et ajoute qu'il fut maintenu

[1] Extrait inédit du *registre de chambre*, communiqué par M. l'ancien président Salmon de Laubourgère.

président du tribunal de district en 1789[1]. Il y a là deux
erreurs manifestes, et qui proviennent sans doute de la
connaissance mal interprétée qu'il avait eue de la note du
registre du tribunal de Dinan. Elle dit cinquante ans d'exercice, et M. Odorici en a conclu que c'était sans doute en
permanence à Dinan : une simple soustraction lui a donné
la date de 1754 et il a aggravé son erreur en donnant 1789 au
lieu de 1790 pour celle des tribunaux de district ; mais ce
n'est qu'en l'an VIII que Le Dissez devint président du tribunal de Dinan, et cette citation d'Odorici au tableau des
sénéchaux de Dinan, citation qui m'a fait commettre à moi-
même bien des erreurs et de fausses recherches avant
d'arriver à l'exacte vérité, doit être définitivement retranchée[2].
Le dernier sénéchal de Dinan fut un Denoual.

La juridiction ducale de Penthièvre au siège de Lamballe
était l'une des plus importantes de Bretagne et pouvait riva-
liser avec celle des présidiaux du roi. Il suffit pour s'en
convaincre de jeter les yeux sur le volume de l'*Inventaire* de
ses archives publié par le service des archives Départementales des Côtes-du-Nord. M. de Penanrun se montra à
la hauteur de sa mission : il travaillait sans relâche, compulsait
minutieusement les vieux titres et ne négligeait rien pour
connaître à fond les droits respectifs de ses justiciables.
Nous en avons pour garant un mémoire de sa main sur les
fondations de Notre-Dame de Lamballe qui a été inséré dans
les mémoires de la Société archéologique de Saint-Brieuc[3].

[1] Odorici, *Recherches sur Dinan*, p. 418 : qui écrit à tort *Penarun* au
lieu de *Penanrun*.

[2] Il est vrai que l'acte de décès du président de Dinan le 9 messidor
an XII l'appelle *Pierre-Trémeur*, et que le sénéchal de Lamballe portait
bien ces deux prénoms : il y avait donc lieu de penser que c'était bien le
même personnage, car il était peu probable qu'on en eût rencontré deux
exactement des mêmes prénoms. Mais l'acte de décès de Dinan lui donne
pour femme Claude-Mathurine *Poullain de Mauny* et le sénéchal de
Lamballe avait certainement épousé Angélique-Marie *Barisy*. Nouvelles
perplexités. Enfin j'ai reconnu que veuf en 1789 de Mlle Barisy, le sénéchal
de Lamballe avait épousé en secondes noces Mlle de Mauny.

[3] Tome V, p. 262 à 266.

Directeur de la réformation du duché de Lamballe, il avait à traiter des affaires fort épineuses et il dut s'en acquitter à la satisfaction de tous les intéressés[1], ce qui lui assura bientôt une influence considérable sur tout le territoire du duché.

Au mois d'août 1788, il fut désigné par la réunion des bureaux de correspondance des neuf évêchés de Bretagne pour faire partie de la grande députation des Cinquante-Trois, dont dix-huit membres du Tiers-Etat, qui devait aller à Versailles et à Paris demander le retrait des édits du 8 mai et l'élargissement des douze gentilshommes bretons détenus à la Bastille. Ce serait peut-être ici le lieu de faire l'historique des démarches de cette célèbre députation, car Le Dissez fut le seul des futurs députés aux Etats-Généraux qui en fit partie ; mais cet historique a été fort bien traité par M. Pocquet dans ses *Origines de la Révolution en Bretagne*[2] : il me suffira donc de rappeler que le roi ayant signé, le 8 août, un arrêt suspendant la Cour plénière et convoquant les Etats-Généraux, pour le 1er mai 1789, la mission de la députation bretonne se trouva singulièrement simplifiée : le rappel de Necker facilita encore les choses. Les députés présentèrent leur mémoire au roi lui-même, le 31 août, dans la galerie des glaces à Versailles, furent reçus par les princes et obtinrent la levée des lettres de cachet. On connaît leur réception enthousiaste au Parlement de Paris, le 24 septembre : sept ou huit mille hommes criant ensemble à leur arrivée : *Vivent les généreux Bretons ! — Vive la Bretagne ! — Vivent les 53 ! — Chapeau bas pour la députation de Bretagne* ; les tambours battant aux champs ; la garde présentant les armes ; les officiers de robe courte venant les attendre au pied du grand escalier du palais, pour les introduire avec le cérémonial réservé aux princes, etc., etc.

[1] M. Quesnet qui le cite plusieurs fois dans ses *Notions sur Lamballe* publiées par la *Société d'Emulation* des Côtes-du-Nord, p. 131, 177 etc., en particulier à propos d'une députation à Rennes en 1774, à la duchesse de Lamballe, écrit toujours son nom *Le Disser*. C'est une erreur pour *Le Dissez*.

[2] M. Pocquet, 1, 270-278.

Six mois après, Le Dissez était élu *député suppléant* de la sénéchaussée de Saint-Brieuc aux États-Généraux, mais il n'eut pas occasion de siéger. Suivant attentivement les événements, il avait le don de les prévoir, car je remarque une curieuse requête de lui, en date du 5 août 1789, avant qu'il fût possible de connaître ce qui s'était passé dans la fameuse nuit du 4 : le jour même il présentait une requête en décharge des droits domaniaux pour le franc fief de la succession de feue Angélique-Marie Barizy, sa femme, en ajoutant : « Il n'est personne en France qui ignore que l'abolition du franc fief sera un des fruits de l'Assemblée nationale, et il serait d'autant plus cruel qu'en attendant, ce droit fût payé par anticipation...[1] » Au moment où il écrivait ces lignes le futur *sera* était déjà devenu le présent.

Le 1er juillet 1790, Le Dissez fut élu membre du conseil général des Côtes-du-Nord : et son fils *Pierre-Claude*, qui était depuis le 2 août sous-lieutenant de la 4e compagnie de la *milice nationale* de Lamballe et avait été délégué en janvier 1790 à la fédération de Pontivy, devint, aux mêmes élections, membre du directoire du département.

Tous les deux paraissent constamment, ensemble ou séparément, aux élections suivantes, et il faut prendre garde de les confondre. Le père est élu juge au tribunal de district de Lamballe le 21 octobre 1790, puis président le 25 novembre 1792. Le fils devient maire de Lamballe en 1791 et président du directoire du département en 1792.

En septembre 1792, aux élections qui eurent lieu à Dinan pour la Convention nationale, tous les deux figurent parmi les électeurs. Le fils fut l'un des secrétaires de l'Assemblée et le père fut élu *troisième député suppléant* des Côtes-du-Nord à la Convention : mais il n'eut pas plus occasion d'y siéger qu'à l'Assemblée constituante. Coupard seul siégea parmi les suppléants.

---

[1] Archives d'Ille-et-Vilaine. C. 2214. (*Inventaire*, I, 475).

Après le 9 thermidor, lorsque le conventionnel Boursault réorganisa les administrations départementales, Le Dissez fut choisi par lui pour faire partie du nouveau directoire, et il y fut maintenu le 20 floréal an III, par Guezno et Guermeur, lorsque ces deux pacificateurs le réduisirent à cinq membres[1]. Mais les fonctions judiciaires, dans lesquelles il avait passé toute sa vie convenaient mieux au vieux magistrat que les fonctions administratives et le 12 floréal an VIII, lors de la réorganisation des tribunaux par le Premier Consul, il fut nommé président du tribunal de Dinan, où il mourut quatre ans après, le 9 messidor an XII, laissant la réputation de science et d'intégrité que j'ai mentionnée en commençant cette notice.

Je ne sais ce que devint son fils, mais je constate qu'un Le Dissez de Penanrum, directeur des contributions indirectes du Finistère, fut député du grand collège de ce département en 1820 et élu par les deux arrondissements électoraux de Morlaix et de Châteaulin en 1824[2].

---

55. — CORENTIN **Lefloc'h**,

Cultivateur à Quanquisern en Lignol,

Député de la sénéchaussée d'Hennebont,

(Lignol, 31 janvier **1754**. — Lignol, N... **1796**).

Le mot *floc'h* est un adjectif breton qui signifie *écuyer* : aussi le nom de famille *Lefloc'h* est-il très répandu dans toute la Basse-Bretagne. Né au manoir de Quanquisern en Lignol, Corentin Lefloc'h appartenait à une riche famille de cultivateurs qui s'était acquis dans toute la région des marches de

[1] *Anc. év. de Bretagne*, II, 432.
[2] Voy. la *Biog. des dép. de la Ch. septennale* (1824), p. 384-385. — Je ne connais aucune notice sur Pierre-Tremeur Le Dissez.

Cornouailles et de Broërec une influence considérable, parce que tous ses membres avaient conservé le costume national. Or, lorsque les électeurs de la sénéchaussée d'Hennebont se réunirent pour élire trois députés, il fut convenu qu'on en donnerait un au commerce de Lorient, un à la bourgeoisie d'Hennebont et qu'on réserverait le troisième pour la campagne. Delaville-Leroux représenta Lorient; Coroller du Moustoir, Hennebont : et Lefloc'h fut élu tout d'une voix par les électeurs ruraux.

Il parut à Versailles en gilet blanc bordé de lisière, en grande veste et en cheveux longs : son succès fut tel, que, malgré l'uniforme noir de rigueur, il garda son costume, et le portrait de la collection Le Vachez qui le représente ainsi, est l'un des plus curieux de la galerie entière.

Lefloc'h vota avec la gauche et ne fit pas autrement parler de lui, tandis que son frère François, maire de Lignol, à la fin de 1789 et député à la seconde assemblée fédérale de Pontivy le 15 février 1790, secrétaire-adjoint de cette Assemblée qui en prit trois parmi les laboureurs « pour mieux connaître leurs besoins », y prononça, le 18, un discours sur l'abolition du domaine congéable.

Au retour de l'Assemblée constituante, Corentin Lefloc'h qui avait en vain uni ses efforts à ceux de Dusers et de Lucas Bourgerel pour obtenir l'acceptation de Guégan après son élection comme évêque constitutionnel, fut élu maire de Lignol, à la place de son frère, et aida l'année suivante à l'organisation du régime républicain. Il signe encore les registres en 1794, mais je ne sais pas exactement à quelle époque il cessa ses fonctions, parce que les registres municipaux de Lignol sont perdus pour les années 1795 et 1796.

D'après une tradition de famille très précise et qui doit être acceptée, puisque les descendants directs de l'ex-constituant existent encore, Corentin Lefloc'h fut fusillé par un parti de chouans, lors de la reprise d'armes de 1796, dans la même nuit que les abbés Allanic et Jollivet, l'un curé, et l'autre, vicaire constitutionnels de Lignol[1]. On l'arracha de son lit, on lui donna le temps de faire une courte prière et on le fusilla devant une armoire qui a été conservée dans la famille, à Kerhuen, près Quanquisern, et qui porte encore la trace de l'une des trois balles dont on le transperça presque à bout portant. La bande était commandée, les uns disent par Jean Jan, qui aurait emporté les boucles de souliers du maire, les autres par Videlo.

Après la mort de Corentin, qui ne laissait que des filles, son frère François redevint maire de Lignol et l'un des petits-fils de celui-ci, Pierre Lefloc'h, encore vivant et habitant la paroisse de Lignol, a épousé sa cousine-germaine, Marguerite Carréric, petite-fille de Corentin, en sorte que leurs enfants descendent directement des deux frères[2].

La seconde fille de Corentin épousa un cultivateur nommé Gravé, aussi en Lignol, et la troisième s'est mariée en Inguiniel.

---

56. — LAURENTS-FRANÇOIS Legendre

Avocat à Brest,

Député de la sénéchaussée de Brest,

(Lannilis, 26 avril 1741. — N... 179..)

Fils de Guillaume Legendre et de Marie Latrian, qui appartenaient à une famille de notaires du pays de Léon, le futur député de Brest naquit au Petit-Gorréquer, en Lannilis, le

[1] L'histoire de *Georges Cadoudal*, p. 174, parle de la mort des deux prêtres sans citer celle de Lefloc'h.

[2] Je ne connais aucune notice sur Corentin Lefloc'h, et je dois la plupart de ces renseignements à l'obligeance de M. l'abbé L'Hopital, recteur actuel de Lignol, qui a bien voulu se livrer pour moi à une véritable enquête sur la famille Lefloc'h.

26 avril 1741, aîné de six autres enfants dont la plupart moururent jeunes, car les actes de Lannilis citent trois *Jean-Marie* nés en 1743, 1746 et 1747. S'étant fait recevoir au Parlement, il vint exercer à Brest où il épousa Marie-Jacquette *Lebreton*, et où il se concilia l'estime publique par son savoir et sa droiture. Il allait atteindre quarante-huit ans, et se trouvait par conséquent en pleine maturité d'esprit, lorsque, le 7 avril 1789, l'assemblée des 118 électeurs de la sénéchaussée de Brest le choisit comme commissaire au cahier des charges et doléances à présenter aux Etats-Généraux : on adopta celui du comité central breton dont presque toutes les demandes furent plus tard converties en lois par l'Assemblée nationale. Le lendemain 8 avril, Legendre et Moyot furent proclamés députés, le premier par 68 voix sur 117 votants, le second par 71. On omit d'élire des suppléants : mais comme les journaux politiques proprement dits n'existaient pas encore et que la correspondance privée était à peu près le seul moyen de communication pour se tenir au courant des nouvelles, les électeurs de la sénéchaussée exprimèrent le vœu, avant de se séparer, qu'une correspondance régulière fût établie entre eux et leurs deputés. Legendre accepta de rédiger cette correspondance, et un bureau central siégeant à l'Hôtel de Ville de Brest, fut institué pour se tenir en relation avec lui et avec les délégués des campagnes et des villes voisines, afin de rédiger les lettres et nouvelles qui devraient prendre place dans un Bulletin imprimé.

Telle fut l'origine du *Bulletin de la correspondance de la députation du Tiers-Etat de la sénéchaussée de Brest*, qui parut trois fois par semaine depuis le mois de mai 1789 jusqu'à la clôture de l'Assemblée constituante, et qui renferme des documents fort précieux pour l'histoire locale. Mais toutes les lettres de Legendre et de Moyot n'y furent pas publiées, et l'on en conserve la copie complète dans un registre spécial qui n'existe plus actuellement que jusqu'à la date du 8 mai 1790 : cette période d'une année est heureusement la plus instructive pour se faire une idée des opinions et du caractère de Legendre. J'en citerai quelques extraits, principalement aux époques les plus critiques : si l'on sourit quelquefois de certaine naïveté prudhommesque chez ce petit avocat, à la physionomie expressive et mobile, plus accessible peut-être que bien d'autres, aux alarmes, à l'enthousiasme, on ne peut méconnaître en Legendre, un député laborieux qui remplit son mandat avec la plus grande conscience et même avec une certaine distinction[1].

Je suivrai, dans ces extraits, l'ordre chronologique, en mentionnant particulièrement les lettres inédites du registre de correspondance. Les dates sans indication spéciale appartiennent au *Bulletin*.

8 mai 1789. — (Extrait d'une lettre inédite).

Dans une conférence avec le comte de Mirabeau, je me laissai persuader, comme tant d'autres, que *son journal innommé* remplirait votre attente parce qu'il serait exact à y rendre tous les détails intéressants avec quelques réflexions analogues. Je ne balançai pas à souscrire, et nous sommes en ce moment plus de huit cents souscripteurs. Vous jugez aisément que nous y avons été fortement invités par la célébrité du rédacteur, par l'impossibilité inattendue de nous procurer des secrétaires et par l'emploi de tout notre temps aux Etats-Généraux et aux assemblées de province. Jugez aussi de notre désespoir quand la lecture des feuilles ci-incluses vous aura communiqué le style incendiaire de notre confrère. Ce forcené, livré à la fureur de son penchant pour la satire, ne connaît aucune règle, aucune mesure, ne respecte aucune vérité, déchire, attise, et défigure tout le résultat des faits et circonstances dont il embrasse le détail. Il est allé déjà jusqu'à altérer et dénigrer notre comportement aux assemblées et porterait bientôt la désolation

---

[1] Il avait éprouvé quelques désagréments pendant son voyage de Brest à Versailles. L'inventaire des archives d'Ille-et-Vilaine, au fonds de l'intendance (C, 2005), signale une plainte de lui à l'intendant contre les postillons de Morlaix dont il avait essuyé les mauvais propos et les risées. En note on a mis :

« Comme on ne peut révoquer en doute l'assertion de ce député et que les postillons le nient, l'intendant est d'avis de faire faire à chacun des postillons 24 h. de prison. »

dans les provinces, si le gouvernement n'est prompt à arrêter le torrent de ces diffamations. Ne voyez donc dans son journal que les faits en substance et encore avec les restrictions à puiser dans mes lettres dont la sincérité doit être votre garant...

12 mai 89. — M. le comte de Luxembourg nous a fait passer hier l'avis au nom du roi pour nous prévenir que *la Comédie du château* s'ouvrirait, et qu'il y aurait au moins cent places à notre disposition, c'est-à-dire pour notre ordre (Tiers-Etat). Cet avis a élevé une diversité d'opinions dans l'Assemblée, et les Bretons surtout ont incliné à s'abstenir d'un spectacle destiné pour nous et dont la dépense doit monter à 80,000 francs. En conséquence nos places dans la salle n'ont pas été suffisamment garnies et pour cette raison, le roy ne voulut pas honorer le spectacle de sa présence. Les autres provinces paraissent se décider pour la Comédie et nous suivrons le torrent...

13 mai. — Le clergé se réserve de jouer le rôle important de médiateur entre la Noblesse et le Tiers, quand celui-ci aura provoqué la première crise à un certain point. Nous y sommes réduits par la scission qui est parfaitement caractérisée et même consommée dans a chambre des nobles. Cependant *nous hésitons encore à nous constituer en représentants de la nation* et nous sommes en cet instant partagés entre deux places : nommerons-nous seize d'entre nous pour aller aux conférences proposées par les deux autres ordres privilégiés sans donner atteinte à l'indivisibilité de l'Assemblée nationale de laquelle nous ne nous départirons jamais? ou publierons-nous une déclaration stimulative aux deux ordres de se rendre à la salle commune des délibérations pour nommer en commun les commissaires de la vérification des pouvoirs, à laquelle tous et chacun des ordres ont un intérêt et un droit égal?... Nous en sommes aux voix, et la circonstance que Paris n'a pas encore fini de nommer ses députés motive la lenteur que nous faisons succéder à la sorte d'inertie prudente dans laquelle nous avons été jusqu'à présent. Il faut à notre avis *accabler du poids de leurs torts les deux autres ordres* et par notre modération continuer de nous investir de l'opinion publique...

30 mai. — ... Le trouble et le désordre se sont emparés de la chambre des communes et pendant 5 heures entières on a demandé à aller aux voix pour *confirmer ou rétracter les conférences* annoncées par le doyen, sans s'être assuré de la députation préalable du roy. Dans ce trouble et par une circonstance propre à l'augmenter, il a été vérifié que les opinions recueillies dans la nuit d'hier portaient évidemment contre l'acceptation des conférences, que le doyen et ses adjoints avaient abusé de la confiance de l'Assemblée en comptant *pour* les voix qui n'avaient accepté les conférences qu'à la condition qu'elles auraient lieu dans la salle commune. Finalement pour ne pas revenir sur des démarches déjà portées trop loin et sur une acceptation de conférences précipitamment dénoncée à la chambre du clergé par une députation de ce matin, il a été permis aux commissaires de se trouver ce soir aux conférences...

1er juin. — Nous avons vu avec autant de surprise que de mécontentement la diatribe que le *Gazétier de Leyde* s'est permise dans le supplément de sa feuille n° 42, en attribuant aux députés de Bretagne l'indiscrétion de seconder toutes les motions de M. de Mirabeau et en nous imputant la prétention de former une cabale démocratique. Nous allons nous occuper des moyens de réclamations contre l'inconsidération de ce gazetier...

3 juin 1789 (inédite). — J'ai reçu hier après le départ du courrier votre lettre numéro 3, avec les exemplaires inclus en double des trois premiers numéros de votre Bulletin. J'étais informé par l'art. 16 de votre arrêté, de votre intention de faire imprimer les nouvelles *les plus intéressantes*, ce qui semblait annoncer l'impression des extraits pris dans ma correspondance. Au contraire, vous avez livré à l'impression mes lettres entières et surtout celle du 12 mai que j'avais écrite antérieurement à l'arrêté. Les faits sont et continueront d'être exacts, mais les réflexions également vraies, qui les accompagnent, portent quelquefois avec elles une liberté qui ne doit être transmissible au public qu'avec circonspection et après un triage des matériaux que je vous fournis bruts, parce que je n'ai pas le temps de les dégrossir, de les assembler, ni même de lire mes lettres : et mon secrétaire, en les copiant, ne s'érige pas en correcteur....

6 juin. — L'ordre du clergé nous a envoyé une nouvelle députation pour nous instruire qu'il venait de presser les commissaires de la noblesse de se réunir à lui pour aviser de concert avec nous aux moyens les plus efficaces et les plus prompts de remédier *à la calamité publique occasionnée par la cherté des grains*. Nous avons lieu de croire que le principal objet de cette démarche n'avait pour but que d'indisposer les peuples contre leurs représentants naturels. En conséquence il a été arrêté de répondre que, quand les Etats-Généraux seraient en situation de s'occuper des moyens de venir au service de la classe indigente du peuple, notre ordre ne se laisserait pas devancer par les ordres privilégiés et qu'on députerait vers le clergé pour le prier et le supplier de se réunir à l'instant dans la salle nationale pour aviser en commun...

20 juin. — Les hérauts d'armes ont proclamé un ordre du roy qui annonce une *séance royale* aux Etats-Généraux fixée au 22 de ce mois et la suspension des assemblées par rapport aux préparatifs à faire dans les trois chambres des ordres. Cette publication inattendue a alarmé l'Assemblée nationale qui a surtout à se plaindre de M. le garde des sceaux qui ne l'a pas avisée... M. le président, n'ayant reçu aucun ordre du roy à ce sujet, a écrit à M. de Brézé qu'il était de son devoir de se rendre à l'Assemblée qu'il avait ajournée hier. Il s'est rendu, en effet, devant l'hôtel des Menus avant neuf heures, accompagné de deux secrétaires ; une trentaine de députés y étaient déjà arrivés. Ils ont trouvé les portes principales d'entrée consignées à la garde des soldats suisses et gardes françaises. M. le président a demandé l'officier qui les commandait et après s'être assuré de la consigne donnée pour défendre l'entrée, il a néanmoins été introduit dans la salle avec les deux secrétaires pour retirer le dépôt des papiers de l'Assemblée. Il a devant l'officier protesté contre la force militaire et contre la suspension de l'Assemblée, qu'il a hautement déclarée tenante.

Tous les députés étant bientôt arrivés, on a arrêté de se rendre *dans la salle du Jeu de Paume*, rue de Saint-François, pour dresser le procès-verbal de protestation et prendre telle délibération qu'il conviendrait... Il a été arrêté à la presque unanimité (un seul opposant, M. Martin, député d'Auch), que tous les députés composant l'Assemblée nationale jureraient solennellement de ne point se séparer avant d'avoir rempli la mission dont ils sont chargés... M. le président a fait le serment et reçu ensuite celui de l'Assemblée... On a proposé de faire une adresse au roy... on s'abstiendra parce qu'il est vraisemblable qu'on n'aurait pas été reçu à la présenter, la dernière ne l'ayant pas été....

21 juin. — On débite avec beaucoup de probabilité que Sa Majesté désapprouve l'exclusion de la salle militairement opérée. Les auteurs de ces procédés violents auront à se reprocher cette faute notable et le parti vigoureux auquel ils ont forcé l'Assemblée nationale.

23 juin (après la séance royale). — Les nobles et une partie du clergé ont désemparé de la salle. Les communes et une partie du clergé ayant constamment gardé leur poste, M. le marquis de Brézé est venu rappeler l'ordre du roy pour la sortie.... L'Assemblée nationale a senti dans ce moment combien il lui en coûtait de ne pouvoir concilier la plus exacte obéissance avec la nécessité de veiller à la conservation instante de ses droits. Forcée de prendre un parti sans déplacer, elle s'est livrée à des discussions dans lesquelles *on a mis autant de force et de dignité que de respect et d'attachement pour le Monarque....*. La séance levée à 4 h. de l'après-midi a été renvoyée à demain.

Nous nous sommes ensuite transportés au nombre de cinq cents députés des communes, escortés de tout le public de Versailles chez M. Necker pour le conjurer de retraiter l'offre de sa démission.... cette scène chez M Necker a été fort attendrissante.... toute la rue de la Surintendance était couverte de monde et l'inquiétude était générale pour le crédit de la France.

24 juin. — Il s'est élevé plusieurs observations et des cris dans l'Assemblée par rapport au grand nombre de gardes qui, *bayonnettes à leurs fusils*, gardaient toutes les avenues de la salle et étaient postés dans toute la rue des Chantiers. On a proposé de députer au roy à ce sujet, mais on a obtenu de l'officier de garde de supprimer les bayonnettes, et le projet de la députation a été abandonné parce qu'on a prévu qu'elle ne pourrait être reçue.

27 juin. — Copie d'une lettre de MM. les députés de la sénéchaussée de Brest adressée *aux commissaires des jeunes citoyens de cette ville :*

« Messieurs, depuis longtemps vous auriez reçu les témoignages de notre reconnaissance si, en nous livrant à l'impression de ce sentiment, nous n'avions craint de paraître rapprocher à nous seuls tout ce que votre patriotisme vous a inspiré d'excessivement flatteur à l'occasion du choix de vos députés. Les honneurs du triomphe, que vous nous avez prodigués, Messieurs, par anticipation, ne pouvaient convenir et n'ont été adressés indirectement qu'à la généralité des représentants des communes de France aux Etats-Généraux, et je m'empresse de vous faire part du succès des efforts qu'ils ont faits pour les mériter.

Le courage, dont vous leur avez donné l'exemple avec tous les braves jeunes citoyens de Bretagne particulièrement, les a soutenus et défendus pendant deux mois contre les efforts des *privilégiés*, contre

les mouvements vigoureux et multipliés de ce pouvoir qui n'est
imposant et redoutable en France que par l'abus trop fréquent que
l'on fait de l'autorité légitime. *Ils ont été conduits malgré eux jusqu'à une désobéissance apparente.* Leur fermeté a été calomniée
auprès du trône. L'empire du droit naturel et de la raison semblait
détruit pour toujours, quand cette divine Providence qui protège
le peuple français et son auguste monarque a jeté une division
salutaire dans les représentants des classses privilégiées. Les ministres de la religion, ces saints pasteurs surtout, qui n'ont pas
appris dans les cours à résister à la force des principes, ont abandonné le parti de l'opposition pour se mettre parmi nous, ayant à
leur tête le premier prince du sang et quelques nobles distingués
sous la direction du bon patriarche de Vienne qui est aussi recommandable par ses vertus que par son habileté à combattre les
manèges de l'intrigue. Ce renfort a par sa première impulsion cul-
buté tous les efforts de la cabale; et la nation proprement dite a volé
à la victoire au moment qu'on devait craindre pour sa ruine. Il
vous appartient, Messieurs, de recevoir cette agréable nouvelle
pour la transmettre à nos concitoyens, puisque vous vous êtes
montrés les premiers défenseurs de l'Etat et des vrais intérêts de
la monarchie dans les premières crises qui ont agité le royaume.
Mais en vous dédiant notre Bulletin, nous devons vous recommander
d'en remettre une expédition au bureau de correspondance. Avec
cet envoi recevez etc.

13 juillet. — Hier au matin à 6 h. on ignorait encore la disgrâce
de M. Necker. Elle lui avait pourtant été annoncée la veille à la
sortie du Conseil. Il partit hier avant le jour pour la Suisse où il
a eu ordre de se retirer. Son renvoi a été tellement tenu secret que
le peuple ni l'Assemblée nationale n'ont pu ni prévenir, ni arrêter
cette calamité publique. On répond pour soutenir la confiance
défaillante que le gouvernement a trouvé moyen de faire un em-
prunt de 100 millions au denier 20, remboursable à la fin de l'année 1790. Je ne puis vous en dire davantage, n'étant arrivé de Paris
que ce matin à 1 h. 1/2. Le Pont de Sèvres était coupé, et la rive
du côté de Versailles hérissée de canons et de soldats. Vous eussiez
vu aussi des canons et des soldats aux Invalides et dans les avenues du Champ de Mars par où je suis revenu, et d'autres postes
armés d'intervalles en intervalles depuis Sèvres jusqu'à Versailles.
Les postes occupés par les hussards. J'avais laissé Paris dans l'a-
larme, le peuple courant les rues et cherchant des moyens de
défense contre des scélérats qui sont venus exciter du trouble pour

exercer le brigandage. Trois barrières étaient en feu et l'on était menacé d'autres incendies plus conséquents... Les *régiments de Châteauvieux*, Suisse et Royal-Allemand ont mis bas les armes cette nuit, et sur la menace du prince de Lambesc d'en faire pendre quelques-uns, ils avaient résolu de prendre contre lui un parti violent, mais il a eu la prudence de se retirer. Beaucoup de régiments se sont déclarés en faveur du peuple. Le duc du Châtelet, ayant passé l'eau près de l'hôtel des Invalides, ne dut la vie qu'à quelques gardes françaises qui sollicitèrent le peuple en sa faveur. Dans la nuit dernière on s'est porté en foule à l'hôtel de M. de Crosne, parce que le lieutenant général de police paraissait ignorer jusqu'à quand la ville pouvait être approvisionnée. On a cassé tout chez lui. Il s'est enfui avec sa femme par une porte de jardin. Le peuple ne laisse sortir personne de la capitale en voiture. Les barrières de Paris ont été forcées et brûlées. Tout entre sans payer de droits, mais rien ne peut sortir sans l'agrément de l'hôtel de ville et du peuple. Les voitures surtout ne sortent pas. Il en a même été arrêté plusieurs chargées de poudre, fusils, pistolets, et entre autres un chariot rempli de farine pour les troupes. On s'est aussi rendu à Saint-Lazare qui a procuré beaucoup de grains et 6,000 fusils. Mais comme les moines ont fait résistance, on en a brûlé les meubles. Au Châtelet et à la Force, toutes les personnes qui y étaient pour dettes, ont été délivrées. Les criminels voulant profiter du tumulte pour s'évader malgré toutes les menaces qu'on leur a faites pour les obliger de rentrer, ont été massacrés en partie. Les plus sages sont rentrés et ont repris leurs fers. Ce sont, au reste, les citoyens qui font la police de la capitale, et l'on peut dire qu'ils s'en acquittent avec autant de fermeté que d'exactitude....

14 juillet. — Ce matin le peuple s'est porté aux Invalides et en a forcé les entrées. On y a trouvé au moins 20.000 fusils, dont on s'est emparé, ainsi que des canons qui ont servi au siège de la Bastille. On était déjà aux portes de cette prison d'Etat et le gouverneur, M. de Launai, ayant l'air de céder amicalement, les avait fait ouvrir ; mais lorsque les cours furent pleines de monde, ce marquis fit tirer l'artillerie des tours et il y eut un carnage affreux. Cependant on s'empara de ce gouverneur, et il n'est pas besoin de dire qu'il fut victime de sa supercherie[1]....

---

[1] Je n'ai pas à refaire ici l'histoire vraie de la prise de la Bastille : ceci indique seulement les impressions du moment et avant toute vérification.

15 juillet. — Le roi est venu environ midi dans l'Assemblée nationale comme un simple particulier sans garde, sans appareil.... Les troupes partent dès ce jour et tout est libre. La nation a conduit le roi qui s'en est retourné à pied ; des *Vive le Roi* et des applaudissements sans nombre ont accompagné sa marche. L'Assemblée nationale a député à Paris pour lui annoncer cette heureuse nouvelle. *Désormais tout est dit, la victoire est à nous...* Par le premier courrier vous recevrez des détails qui vous feront frémir ; mais le danger est passé, notre courage et notre fermeté, le refus des troupes et surtout des gardes françaises nous ont sauvés....

16 juillet. — Il est essentiel de remarquer que plusieurs vagabonds se mêlaient dans la foule innombrable qui cherchait à défendre ses droits et à repousser les troupes étrangères qui s'abandonnaient à tous les excès de la fureur. Les électeurs et les habitants de toutes les classes ont su détruire cet inconvénient en levant une milice mêlée de gardes françaises ; procédant alors avec plus d'ordre après le refus du gouvernement d'éloigner les troupes, on a attaqué avec d'autant plus de succès l'hôtel des Invalides qu'il n'y a point eu de sang répandu et que cette maison a procuré des munitions de guerre et de bouche. C'est une partie de ces forces bourgeoises qui a décidé de la prise de la Bastille. Mais il faut se persuader que *l'intention n'était point d'en faire le siège* et que s'il a été entrepris, la conduite horrible de M. le marquis de Launai y a donné lieu.... Enfin la ville de Paris a été livrée aux horreurs de la guerre civile pour venger la retraite de nos vertueux ministres, pour repousser l'attentat commis envers les droits de l'Assemblée nationale et par la réunion des forces militaires devant ses portes et dans le lieu de la séance des Etats-Généraux, enfin pour arrêter les effets d'une conspiration que l'on disait menacer toutes les députations de France....

17 juillet. — Quelle révolution et dans combien peu de temps ! Dimanche et lundi les représentants de la nation étaient exposés à la plus terrible catastrophe. Une conspiration ministérielle qui croyait ou affectait de croire que l'Assemblée nationale était le foyer du soulèvement de la capitale, avait médité sa destruction entière. Le trône était en danger. Le mercredi, le monarque français, le meilleur, le plus vertueux des rois, n'a pas plus tôt commencé à percer dans les attentats, dans les complots monstrueux, qui, à son insu se couvraient de son autorité, qu'il est venu avec confiance se

jeter au milieu des représentants de son peuple, demander leurs
conseils et leur assistance. Quelle grandeur ! *qu'un tel prince a de
droit, à l'appui de cette Providence divine* qui, dans la crise épouvantable que ce grand empire vient d'éprouver, a veillé à sa conservation. Espérons qu'à l'orage vont succéder les beaux jours de la
restauration générale...

18 juillet. — Il semble qu'il n'y ait de puissance dans le royaume
qu'aux mains des électeurs de Paris et de l'Assemblée nationale
qui, depuis huit jours, n'a pu s'occuper que de sa conservation et
de la tranquillité publique. Cette idée, qui recule au loin sa mission
principale, a fait provoquer une motion tendant à faire rendre par
l'Assemblée un décret qui autorise toutes les villes du royaume à se
créer des milices bourgeoises pour leur défense... mais elle n'a pas
passé aux voix.... la motion dans le moment aurait manqué son but
de pacifier le royaume et d'écarter de nous l'interruption...

24 juillet. — Le cardinal de Rohan ayant été admis à l'Assemblée
en qualité de député du baillage de Hagneau (*sic*)... Cette circonstance nous donnera la facilité de traiter avec lui les intérêts de nos
concitoyens créanciers de la banque Rohan et Guémené...

M. Hébrard a fait le rapport de la députation de Bretagne, des
protestations et désaveux notifiés à l'Assemblée par forme de remise
au bureau, de la part des prélats et nobles de cette province. Après
le rapport, M. le président de l'Assemblée a demandé si quelqu'un
était disposé à appuyer les réclamations faites contre la députation
des communes et des recteurs de Bretagne.

M. Briois de Beaumez, premier président du conseil d'Artois, a
demandé la parole ; l'on a cru qu'il allait s'élever contre la validité
de la députation. Nous n'avons pas eu la satisfaction de l'entendre,
parce que la règle exigeait que nous fussions tous hors de la salle
pendant l'instruction. Mais nous avons eu celle d'apprendre que ce
savant magistrat avait débuté par les éloges de la province de Bretagne en général... On a passé aux voix et l'unanimité s'est déclarée
pour rejeter les protestations, sauf un seul, qui est un évêque,
dont nous ne pouvons encore vous communiquer ni le nom, ni les
motifs ; mais ce qui doit singulièrement flatter nos commettans,
c'est qu'à l'instant où nous avons été rappelés dans l'Assemblée,
elle a fait retentir la salle de ses applaudissements, témoignage précieux qu'elle réservait aux députés bretons et *dont elle n'avait pas
encore honoré les députations qu'elle a jugées*. L'Assemblée a mani-

festé qu'elle verrait avec plaisir la réunion des députés de la noblesse et du clergé de Léon en terminant son décret ainsi : — « Sauf au clergé de Léon à compléter la députation et à la noblesse d'user de son droit en se conformant au règlement particulier pour la province de Bretagne. »

5 août. — Je m'empresse de vous faire part de la nouvelle la plus heureuse et la plus calmante qui pût arriver dans ce moment d'anarchie. J'ai été témoin hier de *la séance la plus noble, la plus attendrissante et la plus sublime qui fût jamais,* un combat de générosité entre les représentants de la nation la plus sensible et la plus loyale de l'univers. M. le vicomte de Noailles, en faisant une motion pour rétablir le calme et la paix dans le royaume, demandait la suppression de la féodalité, pour les droits être convertis en argent etc... Plusieurs députés de la noblesse ont soutenu cette motion en annonçant à leur parti entier, une renonciation à tous les droits auxquels ils pouvaient prétendre dans leurs terres... Le clergé s'est aussi disputé de générosité, alors l'enthousiasme s'est emparé de tous les esprits. C'était à qui ferait le premier la renonciation à ses privilèges. Un député du Dauphiné a saisi ce moment et a dit qu'ils étaient tous Français, qu'il fallait que tous les Français fussent gouvernés par une seule loi et qu'en conséquence les provinces renonçassent à leurs privilèges respectifs.... Quelle journée ! quelle soirée !

10 août. — (Lettre de Legendre seul à la communauté de Brest). — Messieurs, je n'ai jamais négligé aucune démarche, je les ai au contraire portées jusques à la plus fatigante importunité et je dois dire de plus que les ministres ont beaucoup fait pour que vous obtinssiez la satisfaction que vous attendez et que je ne cesse de solliciter depuis huit jours. Il est enfin décidé que M. le comte d'Estaing ne peut ou ne veut pas aller à Brest, et pour la nécessité devenue de plus en plus pressante de vous procurer un commandant qui réunisse à la fois toutes les autorités et toutes les confiances, Sa Majesté a fait choix de M. le comte de Thiard. Le général était déjà appelé à cette mission par sa place, et doit l'être par votre vœu particulier, d'après les succès et la satisfaction générale qu'il a su concilier dans la pacification des troubles de la Bretagne l'année dernière. (Signé : Legendre).

30 août. — (Discussion sur la sanction royale)... Ce détail qui semble d'abord indifférent vous donnera à concevoir que de l'ordre que l'Assemblée a établi au dehors naîtra bientôt le désordre dans son sein par les efforts combinés des ordres privilégiés. Les réflexions que nous venons de faire, Messieurs, vous feront juger *combien il importe que vous conserviez entre vous la plus constante harmonie* ; et la question de l'amovibilité ou inamovibilité des officiers de votre milice nationale, ne doit pas être un prétexte pour la troubler. Il nous paraît que cette difficulté est anticipée et que vous devez attendre à la voir résolue dans le plan d'organisation des milices nationales, dont l'Assemblée va s'occuper à la suite de la constitution...

29 septembre. — Le comte de Mirabeau a observé que d'un côté l'urgence des besoins, de l'autre l'impossibilité de porter un jugement prompt sur les moyens proposés par M. Necker, semblaient imposer la loi de les adopter sans examen... Le comte de Mirabeau, invité à se retirer pour rédiger en arrêté ses idées sur cet objet, est revenu présenter un projet qui a excité quelques réclamations... Cet incident a fait naître dans l'Assemblée une foule de discussions... Mais l'éloquent auteur de la rédaction a tout à coup déployé une énergie incroyable, en faisant usage d'un moyen oratoire dont les grands maîtres de l'antiquité n'offrent peut-être pas d'exemple aussi sublime, il a ainsi terminé l'indécision de l'Assemblée... (Le fameux discours sur la banqueroute).

3 octobre. — Nous ne pouvons vous dissimuler nos alarmes pour la ville de Versailles. Le secours dont elle avait annoncé avoir besoin et qu'elle a introduit dans son sein, pourrait lui devenir funeste... Un repas de corps a été donné jeudi par les gardes du roi. Il paraît qu'on y a sacrifié tous les sentiments de patriotisme... On a fait entendre les cris échauffés de « Vive le C. d'A... *(sic)* ... etc. On avait projeté de venir successivement hier et avant-hier répéter ce scandale dans nos séances. Il ne serait pas étonnant que les différents ordres de M..... *(sic ?)* en vinssent aux mains.

11 octobre. — Messieurs et chers concitoyens, on nous fait tant d'âfre de Paris, M. de Fréteau annonçant hier soir qu'il s'y passait une révolution terrible suscitée par le faubourg Marceau, que j'ai voulu profiter de ce jour de congé pour m'instruire par moi-même de l'état de la capitale. J'en arrive à neuf heures et j'ai trouvé Paris tranquille, seulement on a arrêté plusieurs malfaiteurs qui crayonnaient de noir certaines maisons comme destinées à être incendiées. Par une précaution mal entendue on fait beaucoup de difficultés pour la sortie de Paris. On exige un passeport du district, on conduit à l'Hôtel de Ville et j'ai eu beaucoup à parlementer pour être dispensé de cette cérémonie[1].

25 octobre 1789, — de Paris. (Extrait d'une lettre inédite non publiée dans le *Bulletin* et extraite des archives de la municipalité de Brest).

... A cette occasion nous vous expliquerons l'intention que nous avons eue quand nous vous avons priés de ne pas nous adresser vos lettres nominativement. C'est que par ce moyen nous aurions joui du port franc et il en a été ainsi de votre paquet du 29 que nous n'avons reçu qu'hier à midi avec celui du 16 de ce mois qui était taxé.

Mais nous regrettons beaucoup en ce moment d'avoir pris un biais qui ne tendait qu'à décharger pour l'avenir la communauté de ville d'un port onéreux, parce que les lettres qui doivent nous parvenir le dimanche, ne nous sont rendues que le lundi quand il n'y a pas eu de séance la veille. Il en est résulté que nous ne recevrons que demain les nouvelles affligeantes que M. Guilhem nous communique ce soir. Nous sommes alarmés du danger que nos braves compatriotes et vos dévoués commissaires ont couru et courent encore dans la marche qu'ils ont entreprise.

Nous tremblons que les campagnes soulevées ne s'arment pour soutenir la vile et cruelle canaille de Lannion, dont le chef mérite de subir une peine capitale; nous dénoncerons ces horreurs dès demain à l'Assemblée nationale et néanmoins nous tarderons à provoquer ses décrets jusqu'à ce que vous nous ayez instruits de la suite de cette redoutable entreprise. Jugez, Messieurs, par notre inquiétude extrême, combien nous sommes impatients d'apprendre le résultat. Si quelque chose pouvait diminuer nos alarmes, c'est l'espoir que la ville de Morlaix joindra ses forces à votre armée et deviendra peut-être médiatrice. Il est bien malheureux que nous n'ayons pas prévenu ces événements par une loi réglementaire dans l'organisation des municipalités. Ce travail nous occupera désormais sans relâche et sans interruption.

Autant que nous avons de satisfaction d'apprendre que vous ayez réprimé le procédé violent de M. de Menou, autant nous voyons

[1] Cette lettre fait suite au long récit des événements des 5, 6 et 7 octobre où naturellement tout le beau rôle est attribué à la populace parisienne et aux braves miliciens. Legendre relate cependant sans s'y arrêter le massacre de quelques gardes du corps quand le château fut forcé.

avec sollicitude que le peuple ait exigé de porter la réparation trop loin. Nous n'avons pas besoin de vous faire part de nos réflexions. Elles portent sur des raisons locales que vous avez très bien appréciées. *De la modération et de la prudence, nous vous en supplions,* le salut public en dépend et tous nos efforts doivent se diriger vers l'ordre.....

Adressez-nous nos lettres nominativement par la poste *rue Saint-Nicaise, n° 39.* Quant aux paquets, mémoires et commissions, vous pourrez continuer l'adresse en l'Assemblée nationale à Paris, sous la seule dénomination des députés de la sénéchaussée de Brest.

14 novembre. — Nous ajouterons par occasion qu'un nouvel orage a menacé de porter les derniers coups l'aristocratie. Il a été moins redouté par cela même qu'il avait été prévu, et quoique nous soyons encore à l'époque où il devra éclater, nous ne craignons pas de vous rassurer parfaitement. Quand enfin pourra-t-on parvenir à la découverte de ce foyer qui a trompé jusqu'ici la vigilance de toutes les informations.

12 décembre. — J'ai fait convoquer dans la séance du matin toute la députation de Bretagne à cinq heures, afin de nommer des commissaires qui porteraient au comité de constitution les difficultés sur les divisions de la province et la désignation des chefs-lieux... M. Moreau (le futur général) venu en poste de Rennes est arrivé à six heures...

2 janvier 1790. — Nous recevons avec la plus vive satisfaction le renouvellement du pacte fédératif avec les braves militaires tant de terre que de mer. Comment voudrait-on blâmer ou rompre les nœuds qui resserrent une union précieuse entre les citoyens? Nous veillerons au besoin à ce que le blâme soit blâmé si les ennemis de la paix essayaient de contrarier cet accord.

14 janvier 1790. — Le comité de la marine a fait le rapport des débats élevés contre l'exécution du marché des filles de la Sagesse (pour l'hôpital de Brest); plusieurs amendements ont été proposés: l'un de M. Fermont (*sic*) qui a demandé à insérer dans le décret la réserve de faire par l'Assemblée tel règlement qu'il appartiendra pour l'administration des ports, des hôpitaux, des entreprises et fournitures. Le second amendement a été présenté par M Bouche et tendait à ajouter à la responsabilité des ministres celle des agents qu'ils emploieraient. *Le troisième de M. Legendre* était ainsi conçu:

« Et, en faveur de la soumission des citoyens de Brest, de faire
procurer à l'administration un bénéfice de 50,000ᵘ en rabais du
marché promis aux sœurs de la Sagesse, la nouvelle entreprise de
la fourniture des hôpitaux de la marine, sera publiée et mise en
adjudication au rabais et le marché des sœurs résillié. » L'Assemblée décrète que « le pouvoir exécutif suprême résidant dans la
personne du roi, tout ordre émané de Sa Majesté et tout marché
conclu ou à conclure en son nom doivent être exécutés dans les
ports ou arsenaux, sans opposition quelconque, sauf la responsabilité du ministre. »

22 janvier. — Nous nous sommes engagés à vous donner un
précis de la discussion relative à la désignation du chef-lieu de
notre département. *M. Le Gendre* était encore avec M. Gossin hier
à onze heures de nuit et une grande partie de la députation de
Bretagne y était assemblée pour conférer sur les difficultés
respectives. La carte fut représentée et on raisonna uniquement
la position topographique, parce que M. Gossin n'avait encore pris
aucune connaissance des pièces qu'il devait voir dans la nuit, et
cependant il était résolu de rapporter l'affaire. Rendu à l'Assemblée,
il a fait son rapport... inexact en plusieurs points et sur tout dans
l'assertion que Landerneau et Quimper étaient également éloignés
du centre du département... *M. Le Guen*[1] a fait un discours en
faveur de Landerneau... *M. Legendre* était inscrit le second, mais
M. de Champeaux[2] a pris de droit la parole en faveur du Comité,
exaltant la population de Quimper et appelant l'attention de
l'Assemblée sur la longue possession où était cette ville d'attirer à
elle pour la partie de justicement les évêchés de Léon et deTréguier...
M. Legendre avait disposé ses moyens pour tous les cas à prévoir
et après avoir établi les principes généraux, il a annoncé que leur
application devait être précédée de quelques réflexions. En donnant
des éloges mérités à l'activité de M. Gossin, seul chargé du travail
des départements, il a mis sous les yeux de l'Assemblée une foule
d'inconvénients majeurs qui étaient la suite de l'insuffisance d'un
seul homme, pour prendre connaissance et rapporter avec exactitude les contestations intéressantes et multipliées sur la division
de tout le royaume. Après avoir donné quelque étendue à cette
réflexion, il a conclu que l'Assemblée s'exposait à faire de la France
un peuple de mécontents, quand le nombre prodigieux des députés

[1] Le Guen de Kerangal député de Lesneven, voy. ci-dessous.
[2] Palasne de Champeaux, député de Saint-Brieuc, voy. ci-dessous,

extraordinaires appelés par l'intérêt de cette division rapporteraient
dans leurs provinces et dans leurs villes que leurs réclamations
n'avaient pas pu être méditées avec maturité et discutées dans
le Comité ; que, malgré la bonne volonté de M. Gossin, il en était
ainsi des difficultés qu'il venait de soumettre à l'Assemblée, puisqu'il avouerait sans doute avec sa franchise ordinaire qu'hier, à
onze heures, il n'avait pas encore pu porter ses regards dans la
caderne commune de Quimper et Landerneau, chargée de pièces
intéressantes ; qu'après en avoir pris une légère connaissance dans
la nuit, il ne lui avait pas été possible d'en faire le rapport au
Comité. Enfin *M. Le Gendre* a ajouté qu'il trahirait les intérêts
de ses commettants en n'exigeant pas cette communication de
lumières et d'opinions établies par la sagesse des décrets de l'Assemblée nationale.

M. Gossin a interrompu en cet endroit *M. Le Gendre* pour déclarer qu'en effet il ne lui avait pas été possible de faire le rapport
au Comité, mais en même temps il a assuré qu'il avait donné trois
heures à l'examen des différentes difficultés de la Bretagne.

M. Le Gendre a repris pour déclarer se référer absolument à
l'Assemblée pour le renvoi de l'affaire au Comité... Il a ajouté que
Quimper n'offre aucune commodité actuelle, aucun établissement
propre à recevoir le siège de l'administration ; que l'Assemblée avait
déjà déclaré ne pas vouloir réunir dans la même ville le chef-lieu
du district et le chef-lieu d'un tribunal de justice, et a supplié l'Assemblée de déterminer et de placer le chef-lieu du département
dans le seul endroit indiqué par la carte et appelé par la conve-
nance, par la commodité la plus générale.

Le prieur de Redon[1] a fait observer que la ville de Quimper a plus
de population que celle de Landerneau et qu'en général l'évêché
de Cornouailles était le plus populeux.

M. Le Gendre a répondu qu'on ne devait considérer dans cette
affaire que l'ensemble de la population et que sous cette considération Landerneau était la ville du centre ; que du reste la population de l'évêché de Quimper avait été diminuée de trente-six paroisses, cinq villes ou gros bourgs...

M. Keraugon[2] a demandé la parole. *M. Expilly* se proposait de
la demander. On a crié aux voix et la clôture a été prononcée.

M. Tuault[3] sous forme d'amendement, a fait observer qu'il serait

[1] Dom Le Breton. Voy. ci-dessus.
[2] Prudhomme de Keraugon, député de Morlaix. Voy. ci-dessous.
[3] Tuault de la Bouvrie, député de Ploërmel. Voy. ci-dessous.

dangereux de laisser à décider en définitive par le département la désignation du chef-lieu... il a demandé que l'Assemblée prononçât une décision absolue. Il inclinait pour Landerneau.

M. *Moyot*[1] s'est levé pour s'opposer à l'amendement et une grande partie de l'Assemblée a secondé cette opposition, qui n'était pas dans mes principes, parce que j'étais fortement persuadé que l'Assemblée n'hésiterait pas à voter pour Landerneau, quand elle ne serait pas arrêtée par le non-préjudice qu'elle voyait dans cet avis du Comité borné au provisoire d'une première assemblée de département.

Le président a mis aux voix la question de savoir si l'Assemblée jugerait le provisoire ou la définitive. Il a été décrété pour le provisoire, alors il a repris la question principale et annoncé qu'il allait mettre aux voix l'avis du Comité. J'ai demandé et obtenu la parole sur la manière de poser la question. J'ai fait apercevoir à M. le président que l'objet de la délibération n'était pas suffisamment annoncé, en ce qu'il ne rappelait pas à l'Assemblée l'addition faite par M. Gossin à son avis. J'ai ajouté que cette addition elle-même laissait de l'équivoque en ce qu'on aurait pu croire qu'elle ne s'appliquait qu'aux villes de Quimper et de Landerneau, pendant qu'il y avait encore d'autres villes en prétention de la concurrence aux établissements qui seront décrétés par la Constitution, comme Brest, Morlaix, et Carhaix; que pour ces motifs on devait rendre l'addition du Comité en termes généraux.

Le projet de décret mieux posé et mis aux voix a passé à une très forte majorité[2].

30 janvier. — ..... On a donné lecture au long du serment renouvelé par les régiments de Normandie, de Beauce, et des cinq divisions du corps royal de la marine, successivement on a fait la lecture de l'adresse du conseil général de la ville et sénéchaussée de Brest. La salle a retenti par trois fois des applaudissements qui ont accueilli les dispositions patriotiques des garnisons et les expressions de l'adresse de cette ville, dont la diction a reçu les plus grands éloges que je suis chargé de transmettre à son auteur[3]. Voyez le procès-verbal du 21 de ce mois où je ne pus, par rapport aux embarras de l'Assemblée, obtenir que la mention ordinaire de cette

[1] Député de Brest avec Le Gendre. Voy. ci-dessous.
[2] La discussion ci-dessus est littéralement copiée. Il est à remarquer que Le Gendre dit de lui d'abord : « M. Le Gendre a .. » puis plus tard « j'ai ».
[3] Marec, plus tard député du Finistère à la Convention.

adresse et de celle de la garde nationale. Il a fallu attendre un moment opportun pour donner à la ville de Brest une satisfaction que l'Assemblée a bien partagée.

31 janvier. — Nous avons répondu par avance à la prière que vous nous faites par la lettre du 27 du présent de presser dans l'Assemblée un décret qui résolve vos difficultés dans l'organisation de votre municipalité. Nous remîmes hier matin votre adresse à cet égard au président pour en rendre compte à l'Assemblée. Il doit par lui-même en conférer avec le comité de constitution, mais nous doutons toujours qu'il se rende aucun décret, car la loi de l'exécution n'appartient pas au pouvoir constituant... Nous regrettons que vous soyez arrêtés, Messieurs, par des difficultés d'autant plus délicates qu'on ne peut les expliquer sans faire de mécontents. Car si vous pouvez marcher dans cette opération vous verrez bientôt les nobles se réunir à l'exemple de ceux de Rennes, où soixante et quelques ont fait individuellement le serment exigé par la Constitution. Alors le petit nombre de vos éligibles, qui nous a extrêmement surpris, prendra de l'accroissement...

Jeudi 4 février. — (Le roy est venu à la séance sans appareil). Le roy a parlé debout et découvert. Nous ne chercherons pas à peindre la douce émotion, les sentiments délicieux qu'il a fait naître et dont le roy lui-même était pénétré. Il faut pour en juger avoir eu le bonheur de l'entendre, de partager cette effusion de cœur avec laquelle il s'exprimait, cet attendrissement de Sa Majesté dans la partie du discours où elle nous a communiqué sa sollicitude, son amour pour le peuple français, son dévouement à la liberté publique et son association entière aux travaux et aux succès de la Révolution.

5 février. — Le compte que nous vous rendrons de la séance répond à l'empressement que vous avez de recevoir l'avis du Comité de constitution et un décret de l'Assemblée pour lever vos doutes sur l'organisation des nouvelles municipalités. Vous en êtes les juges et vous auriez déjà dû opérer suivant le mode qui vous eût paru le plus convenable,.. Il nous tarde que vous vous soyez déjà occupés des assemblées primaires et à cet égard nous vous faisons en avance notre observation de prévoir *à la nomination de deux suppléants à l'Assemblée nationale*[1] pour la présente session...

[1] Ceci nous prouve qu'on avait omis d'élire des suppléants en avril 1789.

Quand nous serions exempts de maladie, il est impossible que nous tenions encore longtemps à la fatigue du travail et des séances...

Ici nous rencontrons une lettre adressée à Messieurs de la municipalité et du comité provisoire de Rennes par M. le président du comité de Messieurs les Députés de Bretagne à l'Assemblée nationale, reçue le 5 février 1799 et *signée Le Gendre* : d'où il suit que notre avocat était, au moins en ce moment, président du comité des Députés bretons :

Messieurs et chers Concitoyens, la députation de Bretagne a entendu, dans son assemblée d'hier le récit des désordres qui viennent de se commettre dans quelques paroisses de la province aux environs de Plélan et de Ploërmel. Elle est, vous n'en doutez pas, Messieurs, vivement pénétrée des malheurs que cette insurrection de campagne a causés dans un moment où il ne reste plus qu'un dernier pas à faire vers la liberté.

Il est difficile de concevoir qu'une province qui dans toutes ses parties avait conservé une courageuse modération, un calme imposant, pendant que tout le reste du royaume était dans l'agitation, voit se produire dans son sein des actes de violence et de désespoir, quand on touche au terme de bonheur public ; il faut croire que les auteurs de ces insurrections inattendues ont été entraînés par la crainte d'une contre-révolution souvent annoncée et dont nous ne devons plus redouter les effets. Le scrupule et la défiance du peuple s'accroissent en proportion de ce que les espérances sont plus belles. Il s'effraie de l'idée qu'il peut en être déchu. Il ne faut donc que l'armer de la confiance générale pour le rappeler à l'ordre et à la tranquillité.

Dans le menu rapport d'hier le comité de la députation de Bretagne a été instruit des mesures sages et pacifiques que Messieurs du comité provisoire et de votre municipalité réunis ont prises contre le pillage exercé contre les châteaux et chartriers de ceux que nous appellions seigneurs. Il a applaudi au zèle infatigable, à cette activité éclairée que vous continuez, Messieurs et chers compatriotes, de montrer pour ramener les esprits à la paix, pour contenir les ennemis du bien public et pour jeter de concert avec tous les représentants de la nation les fondements d'une régénération entière et durable. Il a donné surtout des témoignages d'estime et d'admiration à la conduite des militaires citoyens de votre ville qui

se sont disputés à l'envi la gloire de braver tous les dangers, de se
sacrifier, s'il le faut, pour dissiper les attroupements dans les
campagnes.

Le comité a chargé son président d'avoir l'honneur de vous exprimer en son nom les sentiments de reconnaissance dont il est
pénétré et sa satisfaction pour tout ce que votre patriotisme a
fait et continue de faire dans les circonstances difficiles.

Il est flatteur pour moi en particulier d'avoir à remplir un devoir
aussi cher à mon cœur et je vous prie, Messieurs, de me permettre
d'y joindre mes remerciements respectueux et l'amour de mon
plus parfait attachement.

J'ai l'honneur d'être...   L. Le Gendre. »

Je m'arrête là, et constaterai seulement que le 5 mars on
donne avis qu'une commission de cinq députés bretons s'occupe de la suppression des domaines congéables pour
présenter un projet au comité de constitution, et que M. Le
Gendre se livre très particulièrement à ce travail : puis
dans le bulletin du 10 mai, on avertit le public que M. Le
Gendre, dont la santé est altérée par ses longs travaux, ne
pouvant plus continuer son bulletin, il « y supplée par le
Journal des Débats et des décrets de l'Assemblée nationale
qu'on pourra consulter à l'hôtel de ville, les jours de courrier et suivants, à commencer de 9 heures du matin. »

Le 14 juin, Le Gendre fut élu membre du comité de la
marine, et au mois d'octobre membre du tribunal du district
de Brest, malgré sa présence à l'Assemblée nationale. Puis
je perds absolument ses traces et je ne sais ni où ni quand
il est mort.

57. — Sébastien-Jean **Le Goaësbe de Bellée**,

Avocat, maire de Ploërmel,

député suppléant de la sénéchaussée de Ploërmel,

(n'a pas siégé).

(Bellée, en Saint-Congard, 1er février 1752 — Vannes, 28 octobre 1814).

La famille Le Goaësbe qui porte *d'or à trois épées d'azur en pal la pointe en bas, au croissant montant de gueules en chef sur la garde de l'épée du milieu*, appartenait à cette catégorie de la haute bourgeoisie qui a souvent compté dans la noblesse, quoique les titres lui manquassent pour prouver qu'elle avait droit de faire partie de la classe privilégiée. Bien qu'elle portât depuis longtemps les titres de *Bellée*, en Saint-Congard, de *Bahurel* en Sérent, de *la Grée Bernard* et *Boyac* en Ploërmel, etc., elle avait été déboutée de ses prétentions à la réformation de 1669[1] : et cependant un *Gilles Le Goaësbe* figurait, dès l'an 1280, au nombre des signataires de l'acte de fondation du couvent des Carmes de Ploërmel, et les armes que nous venons de décrire étaient peintes sur verre à l'une des fenêtres de l'église de ce couvent, détruite en 1793. L'inventaire des archives du Morbihan contient l'indication d'une foule de documents sur les *Le Goaësbe* de toutes les branches et permet de reconstituer leur tableau généalogique presque au complet, depuis le milieu du seizième siècle.

La branche de *Bellée* qui est encore aujourd'hui représentée par un peintre de mérite, arrière-petit-fils de notre député, descend de *Pierre Le Goaësbe, sieur de la Grée-Bernard et du Demaine* que l'on rencontre à Ploërmel en 1604,

[1] Nobiliaire de Bretagne de M. Pol de Courcy.

et dont le petit-fils, *Sébastien-Guy Le Goaësbe de Boyac*, né en 1654, fut procureur du roi à la sénéchaussée royale de cette ville et mourut en 1729, laissant d'Anne Naschebout plusieurs enfants dont l'un, *Pierre-François*, fut père d'un sénéchal et maire de Malestroit, plusieurs fois député aux Etats de Bretagne, et d'un capitaine de grenadiers royaux, chevalier de Saint-Louis ; et dont l'autre, *Jean de Bellée*, né en 1684, licencié en droit à Nantes, en 1710, et substitut de son père pendant dix ans, lui succéda comme procureur du roi en 1729 et ne mourut que quarante ans plus tard. Ce dernier est le père du futur député.

Fils de ce procureur du roi et de Mathurine Jeanne *de Préaudeau*, Sébastien-Jean voulut d'abord être militaire et entra en 1772 dans les gardes du corps du roi, compagnie de Luxembourg, où il servit jusqu'en 1778. Nommé à cette époque capitaine-garde-côtes dans la compagnie de Caudan, au bataillon d'Hennebont, après avoir épousé à Sérent en 1775, sa cousine Louise-Sébastienne *Le Goaësbe de Réron* fille du capitaine de grenadiers dont j'ai parlé plus haut, il passa ensuite dans la division de Matignon à la compagnie de Corseul, et quitta définitivement le service en 1780[1].

Il fit alors son droit, fut reçu *avocat* au Parlement en 1783 ; à l'âge de trente-et-un ans, et vint exercer au barreau de Ploërmel. *Maire* de cette ville de 1784 à 1788, il fut député à la session extraordinaire des Etats de Bretagne ouverte le 14 février 1789. Deux mois après, il était élu second *député suppléant* de la sénéchaussée aux Etats-Généraux. Le premier suppléant, Le Deist de Bolidoux, dût bientôt remplacer Robin de Morhéry démissionnaire, mais Le Goaësbe n'eut pas occasion d'aller siéger à l'Assemblée nationale.

Elu, le 21 février 1790, *lieutenant-colonel* de la garde nationale de Ploërmel, il fit partie au mois de mai des électeurs départementaux et fut nommé membre du directoire du dé-

[1] Notes communiquées par M. Fr. Saulnier.

partement du Morbihan. Depuis cette époque jusqu'à sa
mort, c'est-à-dire pendant vingt-quatre ans, il devait exercer
d'une façon presque continue des fonctions administratives
ou judiciaires dans ce département.

Comme membre du directoire, il prit une part active à la
tâche fort difficile de la nouvelle organisation départementale et en 1791, à celle de l'application des décrets sur la constitution civile du clergé, car je trouve son nom au bas de
toutes les proclamations et de tous les arrêtés lancés à pro-
fusion pour tâcher de persuader aux orthodoxes populations
morbihannaises qu'elles n'avaient rien à craindre du prétendu schisme. On sait que le club de Vannes fut fondé par
les clubistes lorientais en février 1791[1] à l'occasion de la première émeute causée par les troubles religieux. Le Goaësbe
fut l'un des premiers membres de ce qu'on appelait alors
la Société des amis de la constitution.

En 1792, il quitta le directoire départemental, devint officier
municipal de Vannes, membre du district et du comité de
surveillance en 1793. Il présidait même, au mois d'octobre,
le club de Vannes devenu la Société des amis de l'égalité et
de la liberté, lorsque le conventionnel Prieur de la Marne
arriva en mission pour régénérer les administrations et les
pouvoirs publics. La dernière séance du club, le 22 octobre,
a été fidèlement retracée par M. Philippe Muller dans ses
Clubs et Clubistes du Morbihan : je n'y reviendrai pas. Prieur
fut écouté dans un morne silence, précurseur de terribles
événements : et le club aussitôt dissous fut remplacé par
une *Société populaire* dont Bellée devint vice-président. Mais
cela ne le sauva pas des vengeances montagnardes que
Prieur venait exercer contre les gens à zèle tiède, et comme
tous les autres administrateurs du département ou du district, les membres des tribunaux et autres fonctionnaires
vannetais, il fut incarcéré au Petit-Couvent par le farouche

[1] Voy. *Clubs et Clubistes du Morbihan* par Philippe Muller.

missionnaire. J'ai dit, à propos de Boullé, ce que fut cette détention qui ne prit fin que longtemps après le 9 thermidor, car Le Goaësbe fut libéré seulement le 18 brumaire an III. À la fin de l'an III, je retrouve Bellée commissaire provisoire du directoire exécutif près le canton de Vannes : mais ce *provisoire* ne lui suffisait pas ; et pour obtenir un poste plus stable, il avait écrit le 29 vendémiaire an IV, au Ploër-melais Perret de la Lande, député aux Cinq Cents, ancien président du tribunal criminel du Morbihan et son compa-gnon de détention au Petit-Couvent, pour le prier de de-mander pour lui la place de conservateur des hypothèques à Vannes. Perret lui répondit que toutes les places de ce genre étaient déjà données, et Le Goaësbe lui adressait, le 7 frimaire, cette lettre inédite qui donnera une idée de son style et de ses sentiments, et nous apporte quelques détails précis sur le *chouannage* à cette époque :

« Citoyen, je vous remercie infiniment des soins que vous avez bien voulu vous donner relativement à la place de conservateur des hypothèques que je sollicitois lors pour la résidence de Vannes, quoique ce projet n'ait pas réussi. Je n'en suis pas fâché, car je ne désirois cette position qui, dans la réalité, ne me paraît pas fort avantageuse, que parce que je ne tenois à rien. Mais actuelle-ment, provisoirement chargé par l'administration centrale du Mor-bihan des fonctions de commissaire du directoire exécutif, je ne regrette nullement les premières, et je désire sincèrement être autorisé à conserver les secondes. Je vous prie donc, si vous croyez avoir quelque influence sur la ratification du directoire exécutif, du choix des administrateurs de notre département, de vouloir bien l'employer pour que la chose ait lieu...

Le chouannage continue tous les jours dans notre malheureux pays. Plus de soixante de ces brigands, se portèrent jusqu'à Trussac, tout dernièrement et y pillèrent sans assasiner. Heureusement, je fus averti *qu'ils avoient dû m'ajourner à trois jours* ; de bonnes patrouilles les surveillèrent et ils ne parurent pas. Cependant j'ai cru prudent de céder pour un temps à cet orage, et depuis deux jours je suis établi où demeurèrent nos représentants. Au reste, nos paysans se fatiguent des chouans. Les jeunes gens de toutes les

20

paroisses environnantes ont refusé de marcher il y a cinq ou six jours. Dans une des plus mauvaises même, ils ont délibéré et arrêté de fusiller les chefs qu'ils pourroient attraper, et déjà des renseignements précis donnent pour certain que *Bois-Berthelot* a été tué à Surzur. Il est non moins sûr que Berthelot a été manqué à Grand-Champ. Il en a été quitte cette fois pour un bras cassé : mais je doute que s'il y reparoit, il s'en tire à si bon marché. Si cette tournure prend un peu plus de consistance, adieu le *chouannage* dans nos cantons. Le paysan ne demande qu'à prendre confiance dans la troupe, mais il craint le pillage auquel elle n'est malheureusenent que trop exercée. Si nous avions seulement dans le département quatre bataillons bien disciplinés, commandés par des chefs bien disposés, je suis persuadé que nous serions bientôt en paix.

Rappelez-moi, je vous en prie, au souvenir de vos collègues mes anciennes connaissances. — Salut et fraternité. S.-J. Le Goaesbe[1]. »

Cinq mois après, nouvelle missive ; les dispositions ont changé :

« Vannes le 29 germinal an 4°, Rép. — Citoyen, mon cher compatriote. — Encore une porte ouverte pour placer votre concitoyen. Par votre lettre du 6 nivôse dernier, vous prévoyiez avec raison que le tribunal civil du département pourrait offrir du vuide, car déjà, depuis que tous les suppléants ont entré, deux juges se sont démis, l'un nommé *Paturel*, de la Roche-Sauveur, parce que ses facultés ne lui permettoient pas de s'écarter de sa famille; l'autre *Le Saint*, parce qu'il est devenu tout à fait caduc. Ces démissions ont été motivées au commissaire près le tribunal, lequel commissaire est spécialement chargé par le ministre de la justice de présenter des sujets en remplacement. Villaubry a bien voulu me communiquer son travail qui me porte en tête ; je vous prie donc encore, mon cher compatriote, de vouloir bien suivre le résultat et déterminer une décision aussi prompte que précise. Le tribunal délibère aujourd'hui s'il peut de son côté désigner des sujets au ministre ; et s'il présente une liste, je me tiens assuré d'y être compris.

Maintenant chargé des fonctions de procureur-syndic du district de Vannes, et de plus par l'administration du département, de celles de commissaire provisoire près le canton de Vannes, je désire sortir promptement de cette situation vraiment trop pénible pour un seul

[1] Cette lettre inédite et celles qui suivent sont extraites du cabinet de M. le baron de Goy.

homme, si elle se prolongeoit. Le 13 du mois dernier, j'en écrivis au ministre de l'intérieur, et je comptois sur une décision qui ne m'est point parvenue. Quoiqu'il en soit, si le Directoire m'accordoit sa confiance près le Canton de Vanhes, je m'en tiendrois content et satisfait, quoique je préférasse le tribunal.

Au reste, voyez ce que vous pourrez faire de votre concitoyen. Deux portes sont ouvertes, où logera-t-il ? Je remets le tout à votre prudence et le confie aux sentiments d'intérêt que vous avez bien voulu me témoigner. — Salut et fraternité. S.-J. Le Goaësbe. »

Le Goaësbe reçut sa commission de juge suppléant au tribunal civil le 6 thermidor, et fut installé le 29, surlendemain de la levée de l'état de siège à Vannes[1] : mais de nouvelles tribulations l'attendaient. Aux élections générales de l'an 5, il fut continué dans ce poste par l'assemblée électorale. « Me voilà donc rendu au terme de mon ambition politique, » écrivait-il le 6 floréal à Perret ; mais il comptait sans la loi de fructidor qui annula toutes les opérations des assemblées électorales d'un grand nombre de départements, comme ayant été entachées de manœuvres royalistes. Le département du Morbihan fut de ce nombre et voilà Le Goaësbe fort embarrassé, ne sachant s'il pouvait conserver ses fonctions de juge au tribunal civil, auxquelles s'étaient jointes celles de substitut de l'accusateur public près le tribunal criminel, bien qu'il eût été nommé directement aux premières par le gouvernement, avant les élections. Il écrivait à ce sujet le 26 fructidor une lettre fort curieuse à son ami Perret :

« ..... Cette loi qui annule l'effet des opérations de l'assemblée électorale, ne doit-elle pas remettre les choses en l'état qu'elles étoient auparavant... Mon ancienne commission du gouvernement reprend-elle toute sa valeur, et me croyez-vous par elle suffisamment autorisé à continuer mes fonctions de juge, du moins jusqu'à une nouvelle approbation du gouvernement ?... et c'est pour cette nouvelle approbation que j'invoque de nouveau vos bons offices. *Il ne faut pas me comprendre dans la catégorie de ceux que la loi entend reje-*

[1] Dans sa lettre de remerciements à Perret, il reprend sa signature Legoaësbe-Bellée

ter. Cette mauvaise fournée peut néanmoins donner quelques bons pains. D'ailleurs si le tribunal criminel du Morbihan, qu'on ne sauroit soupçonner d'incivisme, ne m'eût pas crû à la hauteur, il ne m'eût pas confié les fonctions d'accusateur public que j'exerce en ce moment, Bourgerel étant absent..... Je pense que le gouvernement avant de faire les choix consultera la députation, peut être son commissaire et même le tribunal : dans tous les cas, je vous prie de faire en sorte que je ne sois pas oublié, conséquemment relégué parmi les boucs. Je crois avoir rempli mes fonctions de juge et de directeur du jury pendant dix mois à Ploermel, et maintenant d'accusateur public à la satisfaction de tous les bons citoyens...... »

Le tribunal déclara qu'il devait s'abstenir, mais que s'il était consulté, il le porterait candidat en tête des listes. En effet, le 8 nivôse an VI, (28 décembre 1797), Le Goaësbe fut nommé juge titulaire au même siège.

Lors de la réorganisation des tribunaux en l'an VIII, il devint juge au tribunal de première instance de Ploërmel (12 floréal — 2 mai 1800) ; et à la suite d'une nouvelle organisation, juge à Vannes le 14 avril 1811. Il mourut dans cette ville le 28 octobre 1814, ayant été maintenu en fonctions par la Restauration et laissant un fils[1], *Mathurin-Pierre-Sébastien Le Goaësbe de Bellée*, né à Ploërmel le 28 avril 1782 qui fut d'abord soldat d'artillerie de marine au Port-Louis, en 1799, sous les ordres de son oncle M. de Bruix, puis fut reçu licencié en droit à Paris en 1810, s'établit avocat à Ploërmel et devint suppléant du juge de paix de cette ville en 1808, juge suppléant du tribunal civil en 1811, juge titulaire en 1818 et président en 1828.

Le président de Bellée se maria deux fois et eut deux fils : de Mlle Pringué des Fougerais, *Gustave-Isidore*, né à Ploërmel en 1812, mort inspecteur des contributions directes, père de M. *Léon de Bellée* peintre de paysage fort distingué,

[1] Il avait eu neuf enfants. Ce fils et quatre filles lui survécurent (notes de M. F. Saulnier). Sa femme ne mourut que le 21 août 1831, à Ploërmel. — Je ne connais aucune notice sur Le Goaësbe de Bellée.

aujourd'hui seul représentant du nom ; — et de Mlle Dollé, *Charles*, né en 1817, qui est devenu conseiller à la cour de Rennes et n'a laissé que des filles.

---

58. — AUGUSTIN-BERNARD **Le Goazre de Kervélégan,**

Sénéchal du président de Quimper,

Député de la sénéchaussée de Quimper,

plus tard député à la Convention.

(Quimper, 17 sept. **1748**. — Toulgoët, près Quimper, 24 février **1825**).

La famille *Le Goazre*, portant, d'après l'armorial de 1696, *d'argent à la croix pattée de sinople*, était une ancienne famille de robe de Cornouailles. Déboutée de ses prétentions à la noblesse à la réformation de 1669, bien qu'elle portât les titres de *Kermaonet* en Cuzon, de *Kervélégan* en Briec, de *Penesquen* en Plonéour, de *Toulgoët* en Penhars, et qu'elle comptât des conseillers et sénéchaux au présidial de Quimper, appelés à l'arrière-ban de Cornouailles depuis 1636[1], elle tenait l'un des premiers rangs parmi la bourgeoisie Quimpéroise. La branche de Kervélégan était la plus puissante. François Le Goazre de Kervélégan avait fourni en 1678 et 1680 de nombreuses déclarations, en particulier en Fouesnant et en Guengat, pour la réformation du domaine du roi[2]. Son petit-fils, conseiller au siège présidial de Quimper fut le père du futur député.

M. Th. de la Villemarqué qui a consacré dans la *Biographie bretonne*[3] une notice enthousiaste à l'ami des Girondins,

[1] Voy. le Nobiliaire breton de M. Pol de Courcy.
[2] Voy. *Archives de la Loire-Inférieure*, B. 576, 731 etc.
[3] Tirage à part en nouvelle édition, *Quimperlé*, Clairet, 1880, pet. in-18, 16 p.

a raconté d'une manière fort touchante la cérémonie de
son baptême. Le père et la mère, au lieu de donner,
comme ils l'eussent pu facilement, de grands seigneurs
pour protecteurs à leur fils, avaient voulu le confier à la
garde sublime de l'indigence et du malheur : « Parrain et
marraine ont été, dit l'acte de baptême, Guyon Féros et
Jeanne Fagon, pauvres de cette ville ». La Providence,
ajoute le narrateur, en le faisant tenir sur les fonds baptismaux par des mains plébéiennes, marquait ainsi du
sceau populaire, dès sa naissance, celui qui devait être un
jour l'ami et l'idole du peuple.

La première jeunesse de Kervélégan se passa au manoir
de Toulgoët en Penhars, au grand air des prairies et des
bois et en continuel contact avec les rudes campagnards
qui devaient plus tard arracher le Girondin proscrit aux
fureurs de la Montagne : puis on l'envoya au collège des
jésuites de Quimper, où ses études souffrirent passablement de la dispersion de 1763 et qu'il quitta à dix-sept ans,
en 1765, pour suivre à Rennes les cours de l'école de droit.

Reçu avocat au Parlement, le jeune Augustin était, dès
l'âge de vingt ans, reçu avocat du roi au présidial de
Quimper, et sept ans plus tard, en 1774, il était élevé, par
dispense d'âge, à la dignité de sénéchal et maire de Quimper, premier magistrat de Cornouailles.

La cérémonie de son installation fut une véritable fête
publique, dont on a même gardé le souvenir dans une
brochure de circonstance[1]. Les autorités civiles, suivies
par une grande foule de peuple, se rendirent au devant
de lui, à plusieurs lieues de Quimper pour le recevoir et
le haranguer : à l'entrée de la ville on avait élevé un arc
de triomphe en feuillage chargé de fleurs ; les maisons étaient
pavoisées et de toutes les fenêtres pleuvaient sur lui des

[1] Lettre de M. l'abbé P... sur l'arrivée de M. Le Goazre de Kervélégan à
Quimper, et sur son installation en la place de sénéchal au présidial de la
même ville, le 31 août 1774.

bouquets, pendant qu'il s'avançait au son de la musique
et au bruit des acclamations. Comme ses émules, les Le
Chapelier et les Lanjuinais, ce jeune triomphateur à peine
agé de vingt-sept ans devait goûter encore pendant près de
dix-sept années les joies éphémères d'une popularité sans
égale, pour s'abreuver ensuite aux amertumes les plus
cruelles de la proscription.

L'année même de son installation, il fut élu député aux
Etats de Bretagne, membre de la Commission intermédiaire
pour l'évêché de Quimper et de la grande députation des
Etats près du roi ; mais ce fut en 1788 que Kervélégan des-
sina le plus vigoureusement son attitude et prit la tête du
mouvement populaire en Cornouailles, non pas d'abord
contre la cour, mais contre le Parlement : ceci est à remarquer, car il s'agissait d'un changement notable dans la
constitution bretonne. Le ministère avait institué des grands
bailliages, cours supérieures permettant de faciliter les appels
des petits tribunaux. Quimper, qui devait être le siège d'un de
ces bailliages exulta de joie : mais le Parlement, qui
voyait sa situation détruite, résista énergiquement et en-
treprit d'organiser des manifestations contraires aux projets
ministériels : ayant réussi à Rennes, les protestataires crurent
qu'ils auraient facilement raison de certaines résistances
locales et comme ils savaient que la commission intermédiaire de Cornouailles était favorable à leur opinion et que
le sénéchal seul dirigeait l'oppostion, ils donnèrent mission
au procureur général syndic des Etats, M. de Botherel, d'aller
à Quimper pour obtenir l'adhésion générale. M. de Botherel
arriva à Quimper le 15 août 1788, mais Kervélégan était parti
la veille pour Versailles avec son greffier pour demander le
maintien des grands bailliages et laissant à ses affidés des
instructions pour recevoir selon son rang l'envoyé des Etats.
On sait le reste et les émeutes ont été assez souvent décrites[1],

[1] Voyez en particulier du Châtellier, *Hist. de la Révol. en Bret.*, I, 69 à
76 ; Pocquet, *Origines de la Révol. en Bret.*, I, 267 à 269, etc.

pour que je n'ai pas besoin de rappeler ici comment
M. de Botherel y fut bafoué aux cris de *Vivent les grands
bailliages, au diable le Parlement !* Le marquis de Kersalaun,
revenant de la Bastille, ne fut pas mieux reçu quelques semaines après lorsqu'il prétendit faire allumer des feux de
joie en son honneur à Quimper, comme on l'avait fait sur
d'autres points de la Bretagne pour fêter ses compagnons de
captivité. Le parlement décréta aussitôt contre les fauteurs
de ces troubles et en particulier contre Kervélégan qui les
traitait bientôt dans une lettre rendue publique, de « petites
espiègleries de Bas-Bretons. » Lorsque le roi rendit un arrêté
de non-lieu, l'enthousiasme populaire ne connut plus de
bornes.

Kervélégan, dit-on, en voyant la lutte établie entre la cour
et les corps privilégiés, s'était vite aperçu que de cette lutte
il ne pouvait résulter aucun avantage pour le tiers-état, et
que celui-ci en faisant cause commune, soit avec le parlement, soit avec la noblesse, ne récolterait que duperie. De
là son attitude franchement hostile au parlement dès le milieu
de l'année 1788. C'est voir les choses d'un point de vue élevé,
et je veux bien qu'il en ait été ainsi : mais dans les époques
troublées, les intérêts personnels ont malheureusement une
grande part d'influence et de même que le parlement résistait à la cour, autant parce qu'il se voyait détruit que parce
que la constitution bretonne était atteinte, de même Kervélégan résistait au parlement autant peut-être parce qu'il devait récolter les profits du grand bailliage que dans l'idée
préconçue de favoriser un mouvement révolutionnaire ! La
femme de César, dit un proverbe, ne doit jamais être soup-
çonnée. Il est fâcheux que Kervélégan, premier magistrat
de Cornouailles, ait suscité de pareilles émeutes pour soutenir des projets ministériels qui devaient grandir encore
sa propre situation.

Quoiqu'il en soit, le sénéchal fut, à partir de ce moment,
l'idole des Quimpérois, qui lui ménagèrent une nouvelle

entrée triomphale à son retour de Paris, justifiant dans une
certaine mesure ce passage d'une lettre de Gillart de Keran-
flec'h à Pic de la Mirandole, en date du 3 novembre 1788 : « Vous
qui étiez dans un pays déjà asservi par Kervélégan[1]. » Asservi est exagéré, mais il n'y a qu'une nuance. J'ai cité ailleurs
un échantillon des vers que lui adressait l'avocat Morvan
pour fêter son retour[2] : l'ode n'est certes pas un chef-d'œuvre
lyrique ; je dois cependant la mentionner à cause de l'intention.

Le 13 novembre, Kervélégan présenta à la communauté de
ville de Quimper, au nom des corporations, une requête
rédigée par lui et dans laquelle nous remarquons ces passages :

« On nous a dit que le Roi invite tous ses sujets à lui communiquer leurs idées sur le moyen de rendre son peuple plus heureux
et son royaume plus florissant. Le bon roi ! Le bon père ! qu'il vive.
Nous osons espérer de sa justice que la population de cette ville
et de ses campagnes excédant en nombre 60.000 hommes sera
autorisée à députer aux Etats généraux proportionnellement. Il
nous tarde de porter à ses pieds les témoignages de notre soumission et de notre reconnaissance. Nous vous prions, MM., de vouloir bien les exprimer pour nous et de trouver bon que nous con-
courrions avec vous pour porter au meilleur des Rois le tribut de
notre amour. »

Puis le sénéchal, se faisant l'interprète des vœux du peuple,
demandait, 1° que l'ordre du Tiers-Etat fût représenté aux
Etats Généraux dans la proportion d'un député sur 10,000
habitants ; 2° que les députés du Tiers fussent en nombre
égal à celui des députés des deux autres ordres réunis ; 3° que
les voix se comptassent par tête ; etc. Toutes ces revendications sont trop connues pour que je les détaille encore une
fois. Enfin il requérait l'enregistrement de la lettre suivante
que les corporations voulaient adresser au roi :

[1] Du Châtellier *Hist. de la Révol. en Bret.*, V, 197.
[2] René Kerviler. — *Olivier Morvan*, Saint-Brieuc, Prudhomme 1888, in-8.

« Sire,

Un orage affreux menaçoit nos têtes. Nous avons élevé nos mains suppliantes vers Votre Majesté; elle n'a pas été plutôt instruite des dangers dont nous étions environnés, que sa justice bienfaisante a commandé qu'ils cessassent. L'appareil qui les annonçoit dure encore, mais nous sommes sans crainte. V. M. saura bien se faire obéir.

Si c'est pour essayer notre sagesse, nous jurons, Sire, aux pieds de Votre Majesté qu'elle ne sera pas moins soutenue que notre fidélité : et rien ne peut l'égaler, si ce n'est notre reconnaissance. Nous sommes etc. »

En terminant, le sénéchal protestait de la fidélité des corporations au roi et déclarait qu'elles ne reconnaîtraient jamais qu'un Dieu, un roi, une loi ; puis il proposa en leur nom d'ouvrir une souscription volontaire chez M. de Kerourein sous le titre de *secours patriotique* et de faire part de leur projet à tous les Bretons.

La communauté adopta les propositions faites par le sénéchal et donna pouvoir au maire d'agir pour que les vœux exprimés fussent accueillis. De plus on décida que le procès-verbal de cette séance serait imprimé et adressé à toutes les communautés de Bretagne. C'est sur un des exemplaires parvenus jusqu'à nous[1] que nous avons relevé fidèlement les détails qui précèdent. Le procès-verbal est suivi des noms de tous les délégués de chacune des corporations, ce qui en fait un document fort précieux pour l'histoire des familles de Quimper.

Nommé député aux Etats de Bretagne à la suite de cette manifestation, Kervélégan fut choisi par les Etats ou plutôt par l'ordre du tiers qui se séparait des deux autres, pour un de ses six députés en cour entre les deux sessions[2] : le 16

---

[1] Extrait des registres des délibérations de la communauté de ville de Quimper (13, 14 et 16 novembre 1788) in-8º, 16 p. — Vers la même époque Kervélégan publia une brochure intitulée : *Réflexions d'un philosophe breton* sur les affaires présentes.

[2] Le *Héraut de la Nation*, I, 455.

février, il était élu membre de la commission intermédiaire pour l'évêché de Quimper.

Survinrent les élections de la sénéchaussée de Quimper aux Etats généraux. Kervélégan présida l'assemblée tenue, du 16 au 23 avril, dans la salle des actes publics du collège, et le procès-verbal imprimé, rédigé non par un secrétaire, mais par le sénéchal lui-même, qui écrit constamment : *nous* avons fait l'appel... *nous* avons fait proclamer les noms... *nous* avons donné acte, etc . est fort curieux. Le premier jour, 16 avril, une discussion très vive eut lieu entre le président et les six officiers du présidial qui avaient protesté contre la convocation des Etats généraux dans la forme de l'édit, comme attentatoire aux privilèges de la Bretagne ; les députés devant être, suivant eux, élus par les Etats de la province. On passa outre. Kervélégan fut élu *premier député* de Quimper le 22 avril et je remarque cette note fort inattendue à la fin du procès-verbal de cette journée : « notre élection nous rendant incompétent pour faire prêter le serment aux députés, notre lieutenant et plusieurs autres juges de la sénéchaussée s'étant eux-mêmes rendus incompétents par leurs protestations contre l'assemblée actuelle, et M. du Run, le seul des conseillers qui pût nous remplacer, se trouvant malade, nous avons levé la séance. » On dut requérir un des plus anciens avocats de siéger le lendemain, pour faire prêter le serment[1].

A Versailles, Kervélégan se trouva noyé dans la masse et se contenta de voter avec les chefs de file de la députation bretonne, les Le Chapelier, les Lanjuinais et les Glézen : aussi l'almanach de 1790 lui reprochait-il amèrement son silence. Il fut cependant élu secrétaire en avril 1790[2], puis membre de la Commission pour l'aliénation des domaines

---

[1] Extrait du procès-verbal des séances de la sénéchaussée de Quimper, etc. — suivi du cahier des charges etc, — *Quimper*, Yves-Jean-Louis Derrien 1789. in-4°. 40 p.

[2] *Journal des Etats généraux*, V, 311.

nationaux[1] ; et l'on prétend qu'il eut avec ses collègues
d'opinion différente de violentes altercations, en particulier
avec le vicomte de Mirabeau, contre qui il se serait battu au
pistolet[2]. Je regrette d'avoir à relever à son sujet, en 1791,
malgré le correctif de l'auteur lui-même, un passage des
mémoires de Pétion : c'était après l'arrestation de Louis XVI
à Varennes. Kervélégan avait fait partie de la délégation qui
devait ramener le roi : on s'était remis en route pour Paris,
Pétion accompagnant la famille royale dans la voiture même,
les autres suivant comme ils pouvaient. Ici je laisse la parole
au narrateur.

« En sortant de la Ferté-sous-Jouarre, dit Pétion, il y eut du mouvement et du bruit autour de la voiture. Les citoyens forçaient la garde
nationale, la garde nationale voulait empêcher d'approcher. Je
vis un de nos députés, Kervélégan, qui perçait la foule, qui s'é-
chauffait avec les gardes nationaux qui cherchaient à l'écarter et
qui approcha de la portière en jurant, et en disant : « *Pour une
brute comme celle-là, voilà bien du train !* » J'avançai ma tête hors
de la portière pour lui parler ; il était très échauffé, il me dit :
« *Sont-ils tous là ? Prenez garde, car on parle encore de les enlever ; vous êtes là environnés de gens bien insolents.* » Il se retira
et la reine me dit d'un air très piqué et un peu effrayé : « Voici
un homme bien malhonnête ! » Je lui répondis qu'il se fâchait
contre la garde qui avait agi brusquement à son égard. Elle me
parut craindre, et le jeune Prince jeta deux ou trois cris de
frayeur[3]. »

En vérité, l'on était en droit d'attendre mieux de l'ancien
sénéchal.

Après la dissolution de l'Assemblée constituante, il ne fit
pas grand bruit jusqu'aux élections de septembre 1792 :
mais il avait gardé son influence parmi les patriotes du
Finistère, car il fut alors élu député à la Convention.

L'arrestation du roi à Varennes, assure M. de la Ville-

[1] *Tables du Moniteur*, I, 691.
[2] *Biog. des hommes vivants*.
[3] *Mém. de Pétion*. Plon, in-8°, p. 199.

marqué, lui avait ouvert les yeux sur le péril que la Révolution faisait courir à la monarchie : il abandonna dès lors aux Jacobins le club breton et, mettant désormais toute son énergie au service du parti constitutionnel, il essaya, comme on disait alors, d'enrayer le char révolutionnaire... Ceci est un écho de la légende girondine. Que le député Quimpérois ait essayé d'enrayer contre la Montagne, de concert avec la Gironde, de janvier à juin 1793, j'en conviens volontiers ; mais il y avait déjà dix-huit mois que la fuite de Varennes avait eu lieu ; et pendant ces dix-huit mois Kervélégan n'avait certes pas enrayé le mouvement révolutionnaire. S'il l'avait osé, il n'eut pas été élu député à la Convention par des gens qui lui donnaient pour compagnons les fauteurs des mesures les plus liberticides qui aient été prises par des administrations départementales devançant les pouvoirs législatifs. En s'enrôlant ouvertement sous la bannière de la Gironde, il ne peut bénéficier davantage du prétendu modérantisme de ce groupe trop vanté, car la légende est aujourd'hui détruite ; et l'on sait assez que les Girondins furent aussi violents et aussi révolutionnaires que les Montagnards. S'ils réagirent, ce fut seulement contre les hommes de la Montagne qui leur disputaient le pouvoir, et non pas contre les progrès de la Révolution qu'ils ne prétendaient nullement enrayer, mais détourner à leur profit.

Kervélégan ayant toujours joui d'une grande réputation d'intégrité, réputation qu'il méritait incontestablement, je veux bien que ce dernier reproche d'ambition ne lui soit pas adressé, mais alors qu'on le sépare, comme Lanjuinais, de la Gironde ; qu'on lui en laisse les hommes comme amis, mais qu'on reconnaisse qu'il en répudia les principes. C'est ainsi qu'il se sépara des Girondins votant la mort de Louis XVI, en opinant pour la peine la plus douce, c'est-à-dire la détention provisoire et le bannissement à la paix.

Quelques semaines après, le 9 mars 1793, il aidait le ministre de la guerre Bournonville à préserver la Convention du complot qui devait se, réaliser à la fin de mai. Prévenu à temps du projet d'envahir l'assemblée, Bournonville s'échappa du conseil des ministres, escalada les murs de l'hôtel pour éviter une embuscade et courut à la caserne des fédérés Brestois qui n'étaient pas encore repartis pour le Finistère. Là, il fut rejoint par Kervélégan et tous les deux entraînant les volontaires qui avaient déjà dissipé les troubles de février et qui étaient fort redoutés des émeutiers parisiens, sauvèrent pour cette fois la représentation nationale[1]. A partir de ce jour, Kervélégan fut condamné sans rémission par la Montagne. Il aggrava, du reste, encore sa situation en dénonçant, comme Lanjuinais, du haut de la tribune, la feuille incendiaire de Marat, pour la mise en accusation de qui il crut devoir, en conséquence, se récuser dans l'appel nominal du 13 avril.

Un peu plus tard, membre de la Commission des Douze, instituée pour résister à la commune de Paris, il jouait bravement sa tête, le 27 mai 1793, en signant la lettre de la Commission au président de la Convention pendant qu'on votait sa cassation :

« Quand elle a accepté la mission périlleuse dont vous l'avez chargée, elle a résolu de la remplir, de veiller pour la fortune publique, pour vous et pour Paris, ou de mourir. On l'a menacée de venir l'attaquer au lieu de ses séances ; ses papiers sont en sûreté et ses ennemis seront trompés au moins à cet égard. Vous pouvez casser votre Commission : mais elle n'aura rien à se reprocher envers la patrie, et ce n'est pas votre Commission qu'il faudra plaindre. »

Aussi fut-il compris, le 2 juin, dans le décret d'arrestation de tous ceux qui avaient ouvertement résisté à la Montagne. Deux gendarmes avaient été chargés de le garder à vue dans son appartement de la rue des Saints-Pères. Il était doué d'une force herculéenne, et fatigué de leur surveillance ex-

[1] Mortimer Ternaux, *Hist. de la Terreur*, VI, 198.

cessive, il avait, un jour, suspendu l'un d'eux à la fenêtre de sa chambre, avec menace de le précipiter de ce troisième étage, s'il continuait ses vexations. Les gendarmes déconcertés lui promirent de se relâcher de leur rigueur s'il leur jurait de ne pas tenter de s'évader. — Foi de Kervélégan, leur dit-il, si je me sauve, je vous préviendrai.

Un matin que ses deux gardiens déjeûnaient : — Citoyens, leur dit-il, la main sur la clef de la porte et déjà un pied hors de la chambre, je vous ai promis de vous prévenir quand je me sauverais. Adieu. — Et donnant un double tour de clef à la serrure, il descendit l'escalier et sauta dans un cabriolet où sa fille l'attendait avec Couppé, des Côtes-du-Nord, qui venait aussi de s'évader. J'ai dit ailleurs comment il put continuer sa route tandis qu'une imprudence de Couppé le séparait de lui.

Mis hors la loi, à la suite de cette aventure, Kervélégan rejoignit les Girondins à Caen le 2 juillet, et se fit recevoir aussitôt dans leur comité : « Le citoyen Kervélégan, représentant du peuple paraît à la séance, lit-on dans les Mémoires de l'Assemblée de Caen : il exprime sa satisfaction d'être entré sur une terre hospitalière et d'y trouver des frères et des amis. Depuis quatre ans, a-t-il dit, je travaille pour affermir notre liberté et si elle périt, je périrai avec elle.[1] » Il en fut de ce serment comme de tant d'autres, car Kervélégan ne mourut qu'en 1825.

Quoiqu'il en soit, la tentative de résistance de l'assemblée de Caen ayant pitoyablement échoué à Vernon, il fallut d'abord songer à la fuite et Kervélégan partit pour le Finistère, quelques jours avant les autres Girondins, pour leur préparer à Quimper les moyens de trouver un navire. Duchatel, Salles, Cussy, Girey-Dupré et Bois-Guyon descendirent en effet chez l'ancien sénéchal : mais celui-ci fut bientôt obligé de

[1] *Mém. de Buzot, Pétion*, etc., p. 214. — On lit dans les notes de Wimpfen à Toulongeau (*ibid.* p. 228). « Le franc et loyal Kervélégan n'était d'aucun parti que de celui des *indignés* de tout ce qu'il avait vu faire. »

songer lui-même à sa propre sûreté. Ses amis voulaient l'entraîner avec eux pour quitter la France, mais il résista à toutes leurs instances en disant : « Tant qu'on a à la main un fusil à deux coups, des pistolets à sa ceinture et un sabre au côté, on ne quitte pas son pays. » Bien lui en prit, car tous les fugitifs ne purent arriver à bon port au milieu des odyssées les plus périlleuses, et de même que Lanjuinais réussit à se cacher à Rennes dans sa propre maison, de même Kervélégan, vêtu en paysan breton, échappa à toutes les recherches, en se confiant aux habitants de Penhars, sa paroisse, située à la porte même de Quimper : on le cherchait partout et les limiers de Guermeur qui avaient promis de rapporter sa tête fouillaient tout le pays entre Quimper et Concarneau, poussaient même leurs perquisitions jusqu'aux îles des Glénans. Lui, pendant ce temps, allait du moulin d'un de ses fermiers de Toulgoët à la chaumière du brave Lozach'meur en passant quelquefois par le presbytère de l'abbé Lebars curé constitutionnel de Plogonnec. Un dimanche qu'il était au presbytère, l'abbé Lebars monta en chaire pour déclarer à ses paroissiens que ceux qui arrêteraient les députés en fuite, auraient bien mérité de la patrie. Il n'y avait pas foule à la messe du schismatique, mais sa déclaration suffit pour détourner les soupçons[1].

Durant une année entière, Kervélégan parvint ainsi à dépister tous les aboyeurs de la Montagne : malgré la promesse faite par le représentant Tréhouart de 10,000 fr. à qui le saisirait vivant et 5,000 à qui le livrerait mort, personne ne dénonça celui que Belval, ancien procureur syndic du département, appelait dans une lettre de la même époque, destinée à se faire pardonner ses relations amicales avec les administrateurs incarcérés, le *Dieu révolutionnaire des cantons circonvoisins de Quimper*[2] ; « Je n'ai point de

[1] Voy. Du Chatellier, *Hist. de la Révol. en Bretagne* III, 7, 14, 24 etc; la *Biog. Bretonne*; Levot, *Brest sous la Terreur*; etc.
[2] Du Chatellier, *Brest et le Finistère sous la Terreur* p. 99, 158, 169.

nouvelles, écrivait Tréhouart le 27 frimaire an II (17 décembre 1793) de la chasse que j'ai fait appuyer au scélérat Kervélégan : il faut qu'il ait le diable au corps pour se soustraire à tous les moyens que j'ai mis en usage : celui de dix mille livres pour le capturer n'est pas le moins bon... » Mais l'argent de la trahison ne tenta point les braves paysans. En revanche, tous les biens de Kervélégan furent confisqués : un jugement fut publié le condamnant à mort pour fait d'émigration, et sa femme qui, comme celle de Lanjuinais, avait demandé le divorce en septembre, ne put éviter la prison. Elle fut arrêtée le 7 octobre, sur l'ordre de Perrin, membre de la commission administrative de Landerneau et tout son mobilier fut vendu aux enchères, sauf cinq lits et six paires de draps qui furent prélevés pour elle et ses cinq enfants. Enfermée avec eux dans les prisons de Carhaix puis au château de Brest, elle n'échappa à une ruine complète que grâce à l'obligeance de quelques amis[1].

Réintégré à la Convention, après la chûte de Robespierre, malgré une motion de Merlin qui voulait le tenir exclus de la représentation nationale, mais sans qu'il fut inquiété[2], Kervélégan entra au Comité de sûreté générale et devint l'un des trois commissaires délégués à la planche aux assignats. Ce fut lui qui, le 1er prairial an III, l'épée à la main, à la tête de neuf cents bretons mandés par ses ordres, fit lever aux factieux le siège de la Convention, au péril de sa vie, (car son sang rougit ce jour là le parquet du Corps législatif), et délivra Boisy d'Anglas. « Mes enfants, disait-il plus

---

[1] Levot, *Brest sous la Terreur*, p. 134 à 138. — Madame de Kervélégan était une demoiselle de Bézac, riche héritière de l'Ile-de-France. La confiscation lui enleva tout ce qu'elle avait en France et la *Biographie bretonne* assure qu'un ingrat qui n'avait sauvé sa tête de l'échafaud que grâce à un passeport obtenu par Kervélégan et s'était enfui à l'Ile-de-France, réussit à s'y approprier tout ce qui restait de sa fortune. — Levot dit à tort que Madame de Kervélégan épousa plus tard le général Pascal. Ce fut une de ses filles.

[2] *Tables du Moniteur*, I, 691.

tard en rappelant ce fait d'armes, le courage militaire est plus facile que le courage civil. »

Après la dissolution de la Convention, Kervélégan entra au *Conseil des Anciens* et ne cessa de représenter le département du Finistère aux diverses assemblées législatives qui se succédèrent jusqu'au 20 mars 1815 : *Conseil des Anciens* en 1795, *Corps Législatif* en 1799, et pendant toute la durée de l'Empire, et de la première Restauration. Bonaparte eut voulu se l'attacher par un riche traitement et le lui fit dire par Mme de Beauharnais : il n'y mettait qu'une condition, que le député lui fît une visite. Kervélégan s'y refusa toujours et Napoléon, devenu empereur, dit un jour : « Il n'aura jamais rien de moi : c'est un vieil entêté. »

Son désintéressement était en effet proverbial : il ne chercha jamais à refaire sa fortune ruinée en mettant à profit les influences politiques dont il pouvait disposer. La *Biographie bretonne* a raconté à ce propos une curieuse anecdote d'un demandeur en concession qui lui proposait un pot de vin de 300 000 francs et qu'il envoya, d'un formidable coup de pied, rouler du haut de son escalier en bas.

On cite aussi de lui des traits de grandeur d'âme à la Plutarque : celui-ci entre autres. La scène se passe dans l'antichambre du ministre de la police, Fouché, ancien député de la Loire-Inférieure à la Convention. Kervélégan venant lui demander la grâce d'un émigré rentré et condamné à mort, rencontre dans l'antichambre un autre personnage venant solliciter une grâce analogue pour lui-même, et qui à sa vue, s'efface dans une embrasure de fenêtre. Mais Kervélégan a reconnu un traître qui, lorsqu'il était désarmé et proscrit, lui avait envoyé un coup de fusil presque à bout portant. Il va droit à lui :— Garde-toi bien de parler à Fouché, lui dit-il à voix basse, tu te perdrais : il n'y a que moi qui puisse te sauver... — Ah ! c'est encore toi, s'écrie en le recevant Fouché ; tu viens m'importuner en faveur de ces chiens d'aristocrates dont tu t'es constitué l'avocat[1]. — Précisément. — Et qui honores-tu cette fois de ta protection ? — Un tel : je veux que tu le raies de la liste. — Impossible. — Tu le raieras pourtant. — Je t'assure que c'est de toute impossibilité. — Et moi, je te dis que tu le feras. — Si tu y tiens tant, c'est donc ton parent, un de tes amis ? — Non, mais il a voulu m'assassiner[2] !...

Ce mot désarma Fouché qui raya l'assassin de la liste fatale.

Le 20 mars 1815, à l'aurore des Cent-Jours, Kervélégan se retira de la vie publique et revint habiter, près Quimper le manoir de Toulgouët. Il avait été décoré de la croix de la Légion d'honneur par Louis XVIII, le 2 novembre 1814. Riche autrefois, et ruiné par cette Révolution qu'il avait contribué à déchaîner, sans pensions, sans traitement, il vécut alors avec 1500 francs de rente, au milieu de ses enfants et petits enfants, maire de sa commune, et ayant conservé tous ses amis dans les partis les plus divers. « Il n'y a pas, disait-il, de révolution en amitié. »

Il visitait les pauvres de sa paroisse dans leurs maladies et partageait son pain avec eux. On rapporte que lors de la famine de 1817, une bande de mendiants affamés se présenta à la porte du manoir de Toulgouët. La famille, réunie à table, n'avait pour tout repas qu'une bouillie d'avoine. « Mes amis, leur dit Kervélégan je n'ai pas autre chose à vous offrir, mais ce sera de bon cœur : voici des écuelles et des cuillers, prenez votre part[3] »... Il se rappelait sans doute, remarque son biographe, que deux pauvres l'avaient tenu sur les fonds du baptême. Les pauvres prièrent Dieu pour lui et Dieu les exauça, car la fin du vieux conventionnel fut

---

[1] Les deux frères de Guernisac qu'il avait sauvés de l'échafaud, entre bien d'autres, lui offrirent une tabatière sur laquelle ils avaient fait peindre un vieillard tendant la main à deux jeunes gens qui se noient.
[2] De la Villemarqué, p. 12.
[3] De la Villemarqué, p. 14.

aussi chrétienne que touchante et lorsqu'il expira, le 24 février 1825, au manoir de Toulgouët, à l'âge de soixante-dix-sept ans, tout le monde le pleura.

Sa tombe s'élève sous un grand if dans le cimetière de Penhars, au sommet du promontoire qui domine Quimper au couchant. On y lit ces mots de l'Ecriture : *Justicia ! Justicia ! in æternum lex tua veritas*[1].

Kervélégan n'a pas produit une œuvre législative à beaucoup près aussi importante que plusieurs de ses collègues de la députation bretonne, les Defermon, les Lanjuinais, les Le Chapelier : très ardent au début, il se perdit ensuite dans la masse : cependant sa notoriété est demeurée peut-être plus vivace : elle tient sans doute à son amitié avec les Girondins et à sa participation dans leur odyssée. Ce fut surtout un homme droit et franc par excellence, plein de cœur, de désintéressement et de probité. Ces éminentes qualités sont de nature à faire excuser plus d'une erreur.

---

59. — Jean-Marie Le Golias de Rosgrand

avocat à Châteaulin,

député de la sénéchaussée de Carhaix.

(Brasparts, 17 novembre **1738** — Châteaulin $\Big\{$ 29 frimaire an IX / 20 novembre 1800 $\Big\}$

—

Brasparts, dit l'ancien dictionnaire d'Ogée, est un bourg des montagnes d'Arès, situé près de la forêt de Guilliers, à sept lieues au Nord de Quimper, son évêché, et à 3 lieues de

---

[1] De la Villemarqué p. 16. — Voy. encore sur Kervélégan la *Biog. des hommes vivants*, notice par A. ; — la *Biog. nouv. des contemp.* d'Arnault ; — la *Biog. univ.*, notice par Beaulieu ; — la *Biog. univ. et port. des contemp.* de Rabbe et Boisjolin etc...

Châteaulin, sa délégation et son ressort. Né dans ce bourg sauvage, d'Yves Le Golias et de Louise-Rose *Cozic*, Jean-Marie Le Golias qui prenait le titre de Rosgrand vint exercer comme avocat à Châteaulin, fut élu député de la sénéchaussée de Carhaix aux Etats Généraux, et s'effaça tellement parmi tous ses collègues, qu'on entend nulle part parler de lui dans les documents contemporains. Elu premier juge au tribunal de district de Châteaulin, il donna sa démission en novembre 1791 et fut membre de l'administration du district de décembre 1792 à l'an V : mais le registre de cette administration conservé aux archives départementales de Quimper ne n'apprend pas grand chose sur les événements auxquels il put prendre part ; passablement tenu pour l'an II, ce registre ne contient les procès-verbaux que de quatre séances en l'an III et d'une seule en l'an IV, en quelques lignes. Le Golias n'a pas signé cette dernière et je perds alors sa trace jusqu'à l'époque du Consulat.

Après le 18 brumaire, Bonaparte le choisit pour premier *sous-préfet* de Châteaulin, et il mourut quelques mois après, dans ce poste, le 29 frimaire an IX, à l'âge de soixante deux ans, laissant d'Anne-Reine *Cosmao*, fille du général de ce nom, sept enfants, dont l'un Armand-Hippolyte-André-Marie, né à Châteaulin, le 3 mars 1783, aspirant de marine en l'an VII et chevalier de la Légion d'honneur en l'an XII, lieutenant de vaisseau en 1814, mourut fort jeune à Toulon le 12 décembre 1816[1]: parmi les autres, je trouve un receveur de l'enregistrement et un notaire à Châteaulin dont la petite fille, veuve de M. Gautier-Lecomte, habite Brest : ce notaire avait épousé Mlle Bois, sœur de Jean, père des deux députés de Châteaulin sous le second empire.

Le nom de Le Golias a aujourd'hui complètement disparu du pays de Châteaulin : mais on y garde encore son souvenir ;

---

[1] *Fastes de la Légion d'honneur*, IV, 192 ; — Le même recueil (591) m'apprend l'existence d'un autre Le Golias, capitaine de frégate et décoré en l'an XII. C'était sans doute un frère du constituant.

et la tradition me rapporte que le Constituant était d'une
santé si délicate, qu'il se nourrissait seul de viande dans la
famille : sa femme et ses enfants mangeaient de la bouillie
à la mode de la campagne, et ce contraste est resté légendaire.

----

60. — GUY-GABRIEL-FRANÇOIS-MARIE **Le Guen de Kerangal**,

négociant à Landivisiau,
député de la sénéchaussée de Lesneven.

(Landivisiau, 27 mars **1746**. — Landivisiau, 16 avril **1817**).

Guen est un adjectif breton qui signifie *Blanc*. Le Guen,
nom très répandu en Basse-Bretagne, correspond donc au
français de Leblanc. Fils de Guy Le Guen et d'Anne de
Kerangal, le futur député, négociant en vins et en toiles à
Landivisiau, en plein Léonais, avait réuni les deux noms de
famille de son père et de sa mère, pour se distinguer de ses
frères, suivant l'usage de certaines familles bourgeoises de
ce temps et ne prétendait pas tirer d'autres conséquences de
sa particule. Député à la session des États de Bretagne du
14 février 1789, et nommé, le 16, membre de la commission
intermédiaire pour l'évêché de Léon, il fut élu député par la
sénéchaussée de Lesneven aux États-Généraux. Il ne parut
qu'une seule fois à la tribune de l'Assemblée, mais ce fut
dans une séance solennelle et ce simple discours a suffi pour
transmettre son nom à la postérité. Tous les recueils biographiques, et la *Biographie bretonne* en particulier, répètent
avec une unanimité touchante que Le Guen, dans la nuit du
4 août, reprocha à l'Assemblée de n'avoir pas prévenu l'incendie des châteaux en détruisant elle-même les titres de

servitude, et demanda, *le premier*, l'abolition immédiate des titres féodaux. Ce fut, d'après eux, ce breton jusque-là taciturne qui donna l'élan, et noblesse et clergé le suivirent, sans délibération, dans la généreuse hécatombe de tous les privilèges. Je ne voudrais pas diminuer le mérite ni la gloire de Le Guen, mais je dois constater que les procès-verbaux de la séance ne rapportent pas les choses de cette façon et que les correspondances des députés bretons, Delaville-Leroux, Boullé, Legendre, etc., ne parlent même pas (est-ce jalousie ?) du discours de Le Guen, ce qu'ils n'eussent pas manqué de faire s'il avait été réellement le promoteur du mouvement.

La vérité est que le vicomte de Noailles se présenta le premier à la tribune pour indiquer l'abandon des privilèges comme le moyen le plus propre de rétablir la paix dans le royaume : qu'il fut suivi par le duc d'Aiguillon parlant au nom de la province du Dauphiné et que Le Guen de Kerangal prit la parole après eux, par conséquent, au moins en troisième rang. « Si la gloire doit être le digne prix des actions qui la méritent, écrivait le même jour le *Bulletin de la correspondance de Rennes*, c'est aux habitants des campagnes à élever à M. le vicomte de Noailles et à M. le duc d'Aiguillon, un monument éternel de leur reconnaissance.[1] » Il n'est pas question de monument pour Le Guen, dont on cite pourtant le discours. Le voici, dans son décousu textuel, et je crains, si l'on s'attend à de larges et saisissants mouvements oratoires, qu'on n'éprouve en le lisant quelque déception :

Messieurs, une grande question nous a agités aujourd'hui : la déclaration des droits de l'homme et du citoyen a été jugée nécessaire. L'abus que le peuple fait de ces mêmes droits vous presse de les répliquer et de poser d'une main habile les bornes qu'il ne doit pas franchir : il se tiendra sûrement en arrière.

Vous eussiez prévenu l'incendie des châteaux si vous aviez été plus prompts à déclarer que les armes terribles qu'ils contenoient

[1] *Bullet. de la corresp. de Rennes*, I, 370.

et qui tourmentent le peuple depuis des siècles alloient être anéanties par le rachat forcé que vous en eussiez ordonné.

Le peuple, impatient d'obtenir justice et las de l'oppression, s'empresse à détruire ces titres, monuments de la barbarie de nos pères.

Soyons justes, Messieurs ; qu'on nous apporte ici les titres qui outragent non-seulement la pudeur, mais l'humanité même.

Qu'on nous apporte ces titres qui humilient l'espèce humaine, en exigeant que les hommes soient attelés à une charrette comme les animaux du labourage.

Qu'on nous apporte ces titres qui obligent les hommes à passer les nuits à battre les étangs pour empêcher les grenouilles de troubler le sommeil de leurs voluptueux seigneurs.

Qui de nous, Messieurs, dans ce siècle de lumière, ne feroit un bûcher expiatoire de ces infâmes parchemins et ne porteroit pas le flambeau pour en faire un sacrifice sur l'autel du bien public ?

Vous ne ramènerez, Messieurs, le calme dans la France agitée, que quand vous aurez promis au peuple que vous allez convertir en prestation en argent, rachetable à volonté, tous les droits féodaux quelconques, que les lois que vous allez promulguer anéantiront jusqu'aux moindres traces dont il se plaint justement. Dites lui que vous reconnoissez l'injustice de ces droits, acquis dans des temps d'ignorance et de ténèbres.

Pour le bien de la paix, hâtez-vous de donner ces promesses à la France ; un cri général se fait entendre ; vous n'avez pas un moment à perdre. Un jour de délai occasionne de nouveaux embrasemens. La chute des empires s'est annoncée avec moins de fracas. Ne voulez-vous donner des lois qu'à la France dévastée ?

En établissant les droits de l'homme, il faut convenir de la liberté. Plusieurs membres de cette assemblée trouvent inutile de traiter des droits de l'homme, disent qu'ils existent dans le cœur, que le peuple le sent, mais qu'il ne faut les lui faire connaître que d'une manière simple et à la portée de tous. Les droits de l'homme ont été jugés être les préliminaires de la constitution : ils tendent à rendre les hommes libres ; pour qu'ils le soient, il faut convenir qu'il n'y a qu'un peuple et une nation libres et un souverain ; il faut convenir des sacrifices de la féodalité nécessaires à la liberté et à une bonne constitution. Autrement, s'il existe des droits de champarts, des chefs-rentes, des fiscalités, des greffiers, des droits de moûte, nous verrons toujours exercer la tyrannie de l'aristocratie et du despotisme: la société sera malheureuse : nous ne ferons enfin de bonnes lois que sur un code qui exile l'esclavage.

Il ne faut pas, Messieurs, remonter à l'origine des causes qui ont successivement produit l'avilissement de la nation française, ni démontrer que la force seule et la violence des grands nous ont soumis à un régime féodal. Suivons l'exemple de l'Amérique anglaise, uniquement composée de propriétaires qui ne connoissent aucune trace de la féodalité. Je frémissois, hier au soir, de voir adopter de sang-froid la motion qui tendoit à punir la malversation dans les châteaux. Pour moi, je pense que, malgré la justice de cet arrêté, on devoit en rendre inséparable la destruction du monstre dévorant de la féodalité, de l'assujettissement le plus fatal des vassaux pour les moulins, et la rapidité du fisc à répandre partout le désespoir, en saisissant féodalement, par des formes illicites et ruineuses, les propriétés des médiocres fortunes qui n'ont pour garant de l'existence de leur famille, qu'un triste hameau et un seul champ, sans que le seigneur du fief arrête le cours de l'agiotage auquel il donne lieu, en accordant sa confiance à des personnes avides de s'enrichir, par les séquestres des rentes et des propriétés, par des formalités outrées, par des exploits et autres suites de chicane dont les frais montent souvent à 300 livres pour une rente de 60 livres. Le fisc finit par surprendre les titres des vassaux, et pour fin de ses prétentions, se fait payer par le propriétaire et jouit d'un bien pour fin de paiement. Peu importe au fisc que le vassal doive ou ne doive pas, qu'il ait satisfait ou non au fief ; muni des archives de son seigneur, il regarde seulement les noms des vassaux, et dans deux heures de temps il forme cent exploits. S'il se trouve vingt personnes en solidité de chef rente, il forme autant d'exploits et de requêtes. Le seigneur consentant les charges à des prix excessifs à tous ses agens et officiers de fiefs, les force d'excéder le tarif de leurs vacations, pour entretenir le luxe aux dépens d'un vassal ignorant. Les meuniers sont dans le même cas ; le droit de moûte sera donc affranchi au seigneur du fief, à raison du denier 25, ou denier 30, en admettant la valeur du droit de moûte, par chaque année et pour chaque particulier à 3 livres, sauf d'en payer la rente de 3 livres jusqu'au remboursement et affranchissement d'icelle, et chaque particulier aura par ce moyen la liberté de faire moudre où il lui plaira.

C'est l'unique moyen d'arrêter le cours de l'oppression des sujets et de conserver les droits légitimes des seigneurs. C'est un de ceux que je présente à cette auguste assemblée pour le bonheur de la nation. Je finis par rendre hommage *aux vertus patriotiques des*

23

*deux respectables préopinans qui, quoique seigneurs distingués, ont
eu les premiers le courage de publier des vérités* jusqu'ici ensevelies
dans les ténèbres de la féodalité et qui sont si puissantes pour opérer
la félicité de la France [1]... »

Le Grand, du Berry, le duc du Châtelet, Cotin, l'évêque
de Chartres, succédèrent à Le Guen et tous les privilèges
furent bientôt anéantis. Il n'y a qu'un vœu de la part de la
noblesse, s'écria le duc de Mortemat, c'est de ne pas retarder
davantage le décret que vous voulez donner.

Mais après les privilèges des particuliers, venaient ceux
des provinces, et ici la situation devenait fort délicate, car
les cahiers des charges de beaucoup de sénéchaussées
bretonnes, celui de Lesneven, en particulier, qui avait
été remis à Le Guen de Kérangal, portait pour premier
article, que tous les *droits, privilèges, et immunités de la
province seraient conservés et maintenus.* C'était un véritable
mandat impératif, et l'une des conséquences de la motion de
Le Guen allait à le détruire. Les députés de Bretagne, fort
embarrassés pour la plupart de leur situation, se réunirent
autour du président qui « en leur nom, en observant que
leurs cahiers demandaient une Constitution suivant laquelle
la loi des impôts serait délibérée aux Etats généraux, mais
réservaient la ratification des Etats de Bretagne, dit qu'il
espérait que les Bretons s'empresseraient de renoncer aux
privilèges de leur province en conséquence des délibérations qui venaient d'être prises et de la constitution sage
qui ne pouvait manquer d'être arrêtée... »

Le rôle de Le Guen à l'Assemblée ne se borna pas, comme
les recueils biographiques le supposent ordinairement, à
cette seule manifestation, car le catalogue de la Bibliothèque
Nationale cite la plaquette suivante : « *Neuvième lettre* de
M. Guy Leguen, député à l'Assemblée Nationale à MM. les
administrateurs du Finistère, avec l'instruction sur la néces-

---

[1] *Bull. de la corresp. de Rennes*, I, 372 à 375.

sité de réunir les deux districts de Landerneau et de Lesneven[1]. » Ceci prouve qu'il y a au moins huit autres documents du même genre et que Le Guen se tenait en communication constante avec ses électeurs.

Et c'est ce patriote qui fut arrêté comme suspect, le 1er décembre 1793, par le juge de paix Hériez, bien qu'il exerçât les fonctions de procureur-syndic de la commune de Landivisiau, prouvant ainsi qu'il avait suivi le mouvement et adopté franchement le nouvel ordre de choses ! Il resta en prison pendant une année presque entière, car il ne fut élargi, sur l'ordre du comité de sûreté générale, que longtemps après le 9 thermidor, le 29 brumaire an III, c'est-à-dire le 18 novembre 1794[2].

Il reprit ensuite son commerce de vins et de toiles à Landivisiau, où il mourut en paix le 16 avril 1817, à soixante-neuf ans[3].

Le nom de Le Guen est si répandu dans le Finistère que je ne sais s'il est porté par quelqu'un de ses descendants.

---

61. — JOSEPH-JEAN-MARIE Le Guillou de Kerincuff,

échevin de Quimper,

député de la sénéchaussée de Quimper.

(Coray, 9 mars 1748 — Quimper, 2 juillet 1823).

Peu de noms ont été aussi estropiés par les recueils biographiques que celui du député de Quimper. Dans les fastes de la Légion d'honneur en particulier, on trouve sur lui deux

[1] Paris, 5 novembre 1790, in-4°. — Il avait signé le mois auparavant, avec Le Lay et Moyot, des *observations* à tous les citoyens des districts de Morlaix, Lesneven et Landerneau.

[2] Levot, *Brest sous la Terreur*, p. 142, 380.

[3] Il y a de courtes notices sur lui dans la *Biog. nouv. des contemp.* et dans la *Biog. Bret.* Et voy. Du Chatellier, I, 258, et Laurent, *Hist. de la Bret. républicaine.*

notices, l'une au nom de *Guillon Hermeuff* ou *Kerincoff*, l'autre au nom de *Le Guillou Kerineuff*. Ailleurs on le nomme *Kerinaff*. C'est à ne s'y plus reconnaître. Son nom patrony-mique était *Le Guillou*, nom fort répandu en Basse-Bretagne attendu que *Guillou* n'est autre chose que la traduction de *Guillaume* ; et les diverses branches de sa famille se distinguaient par les noms des terres de *Penanros* et de *Kerincuff* que chacune d'elles possédait.

Reçu avocat au Parlement, le jeune Kerincuff vint exercer au barreau de Quimper l'un des plus rapprochés de son lieu de naissance situé en pleine montagne d'Arrée, et s'y créa bientôt une situation assez honorable pour être élu échevin de Quimper en 1786. Il prit part en 1788 aux revendications du Tiers-Etat de la province ; non pas seulement en soldat obéissant au mot d'ordre, mais en se portant hardiment en tête des lutteurs et en offrant sa maison pour le service de la ligne.

Chez lui se tenait l'un des quatre comités réformistes qui se partageaient la ville de Quimper. Les ardents se rangèrent sous la bannière de Kervelégan, le sénéchal, mais la maison de Kerincuff était, nous apprennent les lettres de Laënnec publiées par M. du Chatellier, le rendez-vous des modérés ; les officiers de la milice et les jeunes volon-taires nationaux s'y essayèrent pendant longtemps aux projets sur l'avenir, et furent remplacés bientôt par la municipalité tout entière accompagnée d'ecclésiastiques parmi lesquels on remarquait le principal du collège, Le Coz, futur évêque constitutionnel de Rennes.

Assesseur du maire Legendre aux Etats de Bretagne en décembre 1788, Kerincuff fut élu le 22 avril 1789, troisième député de la sénéchaussée de Quimper aux Etats Généraux : mais les scènes de violence dont il fut témoin à Versailles et à Paris calmèrent son enthousiasme et il ne tarda pas à donner sa démission pour venir exercer les fonctions plus calmes de *maire de Quimper*. Le premier suppléant, Tréhot de Clermont, sénéchal de Pontcroix, alla le remplacer à l'Assemblée nationale.

En qualité de maire de Quimper, Kerincuff fut élu, par 240 voix, président de la grande assemblée électorale qui se tint du 7 au 25 juin 1790 pour élire les nouvelles administrations, en particulier celles du département. Il y prononça force discours : aux officiers municipaux, aux étudiants, aux gardes nationales, aux officiers des volontaires nationaux, aux officiers du présidial, etc. Voici son discours de clôture prononcé le 28 juin.

« Messieurs, vous voilà parvenus à la fin de vos travaux. L'esprit de sagesse, de paix et de fraternité qui les a dirigés pendant les élections est une preuve de la pureté de votre zèle.

Vous ne tarderez pas, Messieurs, à recueillir les fruits de vos soins et de vos peines.

L'administration que vous venez de former, imprimera bientôt à tout le département ce mouvement salutaire qui doit le vivifier et écarter à jamais les folles tentatives des ennemis du bien public. Vous en avez pour garant le mérite distingué des membres que vous avez honorés de vos suffrages.

Où est l'homme qui pourrait ne pas applaudir à votre choix, quand il n'a eu pour base que la justice, le discernement et le patriotisme le plus éclairé. Chacun de ceux que vous avez élevés à la dignité d'administrateur peut dire avec confiance qu'il a reçu de vos mains impartiales la récompense de ses vertus et le prix de ses talents.

Pour moi, Messieurs, qui ai eu l'honneur de présider votre assemblée, je ne vous dissimulerai pas que j'ai bien connu tout le poids des fonctions que vous m'avez confiées. Mon inexpérience m'a fait peut-être commettre beaucoup de fautes. Mais, messieurs, en me déférant l'honneur de vous présider, vous n'avez pas entendu sans doute m'exclure de tout droit à votre indulgence[1]. »

[1] Procès-verbal des séances de l'assemblée électorale du département du Finistère tenues à Quimper le 7 du mois de juin 1790 et jours suivants. — *Quimper*, Yves-Jean Derrien 1790 in-4º p. 70-71. — Et voy. pour les autres discours, p. 24, 28, 29, 31, 35. — M. du Chatellier dans son *Hist. de la Révol. en Bret.* (I, 284 à 293) a longuement analysé cette session électorale.

Cette allocution fut couverte d'applaudissements et le président, ayant déclaré l'assemblée dissoute, fut reconduit jusqu'à son hôtel par les électeurs et tous les citoyens qui avaient assisté à la séance, criant à l'envi : *vive la loi, vive la nation et le roi!* La veille, M. Pascal de Kerenveyer, alors maréchal de camp et plus tard vice-président de l'administration départementale, était monté à la tribune pour demander que le procureur-général-syndic fut chargé de faire exécuter par un artiste habile une gravure, dont il déposa l'esquisse, et dont le but était d'exprimer la reconnaissance de l'assemblée pour M. de Kerincuff qui avait dirigé les opérations avec prudence et sagesse. Cette propositition fut accueillie avec transport, mais on ne sait si la gravure a jamais été exécutée.

Le 10 août 1790, une grande fête avait lieu à Quimper pour la réception de la bannière fédérale qui revenait de Paris. Procession, feux de joie, musique, illuminations, rien n'y manqua, mais l'évêque, Mgr Conen de St-Luc, ayant refusé de chanter le *Te Deum*, les fédérés qui lui avaient été envoyés en députation, délibérant sur place avant de sortir, exprimèrent le vœu qu'il fut donné des ordres pour que les insignes de la féodalité qui figuraient encore aux portes de plusieurs hôtels, en particulier à l'évêché, fussent effacés. A quelques heures de là, une bannie du maire de Kerincuff traduisait ce désir en ordre formel[1]. Peu après il était élu juge au tribunal de district. Il devint *président du tribunal criminel* du Finistère, en janvier 1792 et depuis cette époque il ne quitta plus les fonctions judiciaires.

Au mois d'avril 1793, sur l'appel désespéré des pouvoirs administratifs de Brest, le tribunal criminel du département dut se transporter provisoirement dans cette ville : c'était après les émeutes de mars qui avaient nécessité un grand déploiement de forces militaires dans les campagnes envi-

[1] Du Châtellier. I, 839.

ronnantes. On avait ramené beaucoup de prisonniers et l'on craignait qu'ils ne fussent délivrés en route si on les expédiait à Quimper pour être jugés. On se prévalait du décret du 19 mars qui supprimait les formes ordinaires pour les flagrants délits de révolte et l'on écrivait au tribunal :

« Il existe dans la maison d'arrêt de cette ville plusieurs de ces prévenus. Le peuple demande justice à grands cris, et quand la loi en est portée, il faut bien qu'il l'obtienne. C'est à vous qu'il appartient de prononcer sur le sort des grands coupables, *non pas d'après l'opinion rassurante des jurés*, mais d'après les pièces de conviction seules ou deux dépositions orales. Dès lors, il n'y a plus de siège permanent parmi vous : vous formez *une commission militaire* qui doit juger partout où elle se trouve, les hommes mis hors la loi. Le repos de notre ville exige que vous veniez dans nos murs prononcer le jugement des grands prévenus qui ont perdu tout droit à la clémence du peuple. Leurs complots sont à découvert, un plus grand retard dans la décision de leur sort peut amener des troubles funestes. Le déplacement de ceux considérés comme les chefs de la trahison compromettrait la sûreté des innocents ; elle doit nous être bien chère la conservation de ceux-ci, autant que le châtiment des autres devient nécessaire.

Nous vous adjurons donc, au nom de la tranquillité publique, de ne pas exiger ce déplacement, si vous ne voulez pas qu'elle soit troublée. Quand vous serez au milieu de nous, la confiance des citoyens sera sans alarmes parce qu'ils verront que nous n'avons cherché qu'à provoquer la justice. Ils sont bien excusables, au sortir d'une crise de violence, de craindre de voir échapper les instigateurs des révoltes qui leur coûtèrent tant de peines et qui firent couler le sang de leurs frères[1]. »

Le tribunal se déplaça en effet, arriva à Brest le 9 avril, et le même jour, à six heures du soir, condamna à mort le notaire et maire de Ploudalmezeau, François Barbier. Le 23, eut lieu à Lesneven l'exécution de Jean Prigent, maire de Plouzévédé, et le tribunal ne revint à Quimper que lorsque la répression fut complète.

Il faut croire cependant qu'on trouva le président Kerincuff

[1] Levot, *Brest, sous la Terreur*, p. 78 à 81.

encore trop modéré vers la fin de 1793, car il fut incarcéré
sur l'ordre des représentants envoyés en mission pour
régénérer les pouvoirs publics[1] : mais il réussit à obtenir son
élargissement avant le 9 thermidor et remonta sur son siège,
car il présidait le tribunal, le 12 avril 1794, lors de la condamnation à mort du vicaire insermenté de Landudec, l'abbé
Raguenès qui avait été jadis précepteur de ses enfants et
qu'un piquet de soldats venait d'arrêter au village de
Gouandour près de Crozon. Le tribunal siégeait à l'hôpital
Sainte-Catherine : c'était le samedi des Rameaux : une foule
considérable avait suivi le prisonnier qui était considéré
comme un saint. Kerincuff désirant le sauver, l'engagea à
déclarer qu'il n'avait pas été fonctionnaire public, parcequ'il
n'y avait de peine de mort que contre les anciens fonctionnaires : ses efforts furent inutiles : l'abbé Raguenès répondit
qu'il l'avait été et fut condamné à mort pour être exécuté dans
les vingt-quatre heures. Le lendemain matin le président alla
le voir dans sa prison et le pria de lui pardonner sa mort.
L'abbé l'embrassa et lui dit : « Oui, je vous pardonne ma
mort et je souhaite que Dieu vous la pardonne aussi. » Son
exécution fut horrible. La guillotine fonctionnait mal et le
commandant des troupes se vit obligé d'achever de lui
trancher la tête d'un coup de sabre en disant : « C'est dommage
que ce soit un fanatique, il n'y a pas de républicain qui
meure avec tant de courage. » Le peuple trempa des
mouchoirs dans son sang et l'on va encore en pèlerinage sur
sa tombe au cimetière de Locmaria de Quimper[2].

De pareilles scènes sont de nature à faire impression sur
les cœurs les plus farouches, et Kerincuff qui ne l'était point
en garda longtemps le douloureux souvenir. J'en ai pour
preuve cette lettre inédite qu'il écrivait l'année suivante à
son collègue Perret de la Lande, président du tribunal

---

[1] Correspondance inédite de Perret de la Lande, président du tribunal
criminel du Morbihan.
[2] Téphany, *Hist. de la persécution relig. dans le Finistère*, p, 386 à 387.

criminel du Morbihan pour essayer de sauver le jeune
Flamant, l'un des prisonniers de Quibéron, âgé de dix-sept
ans à peine : elle est datée du 25 thermidor an III de la république une et indivisible :

Citoyen président et collègue,

La citoyenne Flamant qui vous remettra ma lettre est mère d'un
des jeunes gens pris à Quiberon et conduits dans votre ville, à
l'égard desquels la commission militaire a dû prononcer un sursis.
Elle va servir à ce tribunal, arbitre des destinées de son fils, des
preuves de la vérité de ses soutiens sur la déclaration de son âge
et les causes de son émigration.

Quoique je ne sois pas connu de vous et que je n'aie point
moi-même l'avantage de vous connoître, je me flatte, citoyen
collègue, que vous ne refuserez pas, à ma pressante sollicitation, de
vous rendre utile à la citoyenne Flamant en lui servant de guide
dans les démarches qu'elle aura à faire. Elle est digne, je vous
l'assure, par ses mœurs, sa probité, ses vertus et ses malheurs,
d'intéresser toutes les âmes honnêtes et sensibles. Aucune femme
plus qu'elle ne jouit à Quimper de l'estime publique.

Son fils, né avec les dispositions les plus heureuses, sortoit à peine
de dessus les bancs des premières classes, quand, en 1792, son père,
homme de loi distingué, se voiant contraint de fuir ses foyers,
l'appela pour lui servir de compagnon dans sa fuite. C'est avec lui,
c'est par obéissance pour son père que le jeune Flamant émigra à
cette époque dans un âge auquel on a peu de discernement.

Comptez, citoyen président sur ma reconnoissance, pour tout ce
que vous voudrez bien faire en faveur de la malheureuse mère de
famille que je vous recommande. Si en revanche je puis vous être
bon à quelque chose ne m'épargnez pas. — Salut et Fraternité. —
Le président du tribunal criminel du Finistère. — Le Guillou
Kerincuff[1]. »

Ce généreux effort fut inutile. Le président Perret n'avait
aucune action sur les commissions militaires, abandonnées
à la férocité du général Lemoine ; et le jeune Flamant fut
exécuté.

[1] Correspondance inédite de Perret de la Lande (Cabinet de M. le baron
de Goy).

24

Lors de la réorganisation des tribunaux, sous le Consulat, Le Guillou de Kerincuff fut nommé juge d'appel à la cour de Rennes et maintenu en cette qualité comme président de la cour de justice criminelle du Finistère. Membre de la Légion d'honneur le 25 prairial an XII, il devint président à la cour d'appel de Rennes en 1811, prit sa retraite le 3 janvier 1816 et mourut à Quimper, à soixante-quinze ans, le 2 juillet 1823[1].

Un de ses fils était président du tribunal de Vannes en 1818.

---

62. — L'abbé JEAN-MARIE **De Leissègues de Rosaven,**

prieur-recteur de Plogonnec,

député du clergé du diocèse de Quimper.

(Locronan, 1ᵉʳ juillet **1732**. — Autriche,... **1801**).

La famille Leissègues ou de Lesseigues, originaire d'Auvergne et portant « d'or à trois fasces ondées de gueules » existe encore à Quimper où elle s'était établie vers la fin du dix-septième siècle et où elle a produit plusieurs célébrités en divers genres, depuis le vice-amiral de Leissègues, héros du combat de Saint-Domingue en 1806, jusqu'au Père Rosaven, assistant du général des Jésuites, mort en odeur de sainteté, il y a quelque vingt ans. L'abbé de Leissègues n'eut pas toujours la même orthodoxie que son neveu, mais son erreur ne dura qu'un instant et il la répara au prix de l'exil.

D'abord jésuite, il était professeur de philosophie au collège de Caen, lorsque la suppression de l'ordre, en 1763, le ramena

[1] Je ne connais sur Le Guillou de Kerincuff qu'une notice très écourtée dans les *Fastes de la Légion d'honneur* V, 428 et 504. — Marguerite Le Guillou de Kerincuff, (je suppose que c'est une sœur du député) religieuse hospitalière à Quimper, figure sur l'état des réfractaires en l'an VII publié par M. du Chatellier, dans *La persée. relig. dans le Fin. après fructidor* p. 50.

en Cornouailles où il devint successivement recteur de Châteaulin, de Plouhinec et enfin prieur-recteur de Plogonnec[1].
C'est dans cette dernière situation qu'il fut élu député du
clergé du diocèse de Quimper aux Etats généraux. Il avait
alors cinquante-sept ans, et son portrait publié dans la collection de Dejabin lui donne la physionomie la plus bizarre qu'il
soit possible d'imaginer : heurtée, très irrégulière, mais vive
et empreinte d'une spirituelle bonhomie.

Le recteur de Plogonnec, suivant le mouvement généreux
qui portait tout le clergé du second ordre, au début de la
Révolution, vers les revendications des communes, fut un
des premiers de son ordre qui proposèrent de se réunir au
Tiers ; et lorsque les Etats-Généraux se furent transformés
en Assemblée Constituante, il vota plus d'une fois avec les
membres de la gauche. Comme pour bien d'autres, sa pierre
d'achoppement fut cette inopportune Consitution civile du
clergé qui devait amener tant de désastres. Il prêta à la
tribune, le 3 janvier 1791, le serment exigé par la nouvelle
Constitution, sans apercevoir l'abîme du schisme ouvert sous
ses pas : mais il le vit béant dès le lendemain, lorsque, à la
séance du 4, le protestant Bamave et l'incrédule Mirabeau
prétendirent imposer le serment par la force à ceux qui ne
l'avaient pas prêté, en les mettant dans l'alternative, ou
d'être privés de leur traitement de curé et par conséquent de
mourir de faim, ou de renier leur foi. Vainement Mirabeau,
avec son effronterie habituelle, affirma-t-il que l'Assemblée
n'attentait pas au spirituel. Il en était bien juge ! Un seul curé
prêta serment dans cette séance du 4 qui vit consommer
l'une des plus grandes iniquités du siècle. Cette intolérance
absolument révoltante ouvrit les yeux à bien des aveugles :
et un grand nombre des assermentés de la veille demanda la
parole pour rétracter ou restreindre le serment. On ne voulut
pas les écouter... Le 5, plusieurs d'entre eux résolurent d'envoyer leur protestation par écrit : et le 6, l'abbé de Leissègues

---

[1] Et non curé de Plougoule, comme dit la *Biog. nouv. des Contemp.*, XI, 289.

parvint, malgré le tumulte, à faire entendre sa rétractation. Mais quand il revint dans sa paroisse, à la fin de la session, l'évêque intrus, Expilly, son ancien collègue à l'Assemblée, lui en fit fermer les portes.

Il fut bientôt obligé de s'expatrier pour fuir la persécution. Le 2 juin 1792, il quitta Quimper avec celui de ses neveux qui devait être plus tard le Père Rosaven, et il réussit, après mille dangers, à gagner l'île de Jersey, d'où les deux fugitifs se rendirent à Londres, puis en Allemagne.

Ils se fixèrent d'abord pendant quelque temps à Paderborn, en Westphalie ; mais quelques ecclésiastiques s'étant réunis près de Vienne, en Autriche, pour y entreprendre un essai de rétablissement de la Compagnie de Jésus, le jeune abbé de Rosaven, qui avait adhéré à ce projet, détermina son oncle à venir habiter la maison de la communauté naissante. L'abbé de Leissègues quitta cet établissement, pour aller demeurer chez un habitant du voisinage, lorsque son neveu partit pour recruter des adhérents en Angleterre et n'eut pas la consolation de revoir son pays. Il mourut en pays Autrichien, vers la fin de l'année 1801, à l'âge de soixante-neuf ans, au moment où la signature du concordat allait lui permettre de rentrer en France[1].

63. — GUILLAUME **Le Lay de Grautugen**,
cultivateur à Plovigneau,
député des sénéchaussées réunies de Morlaix et Lannion.
(Lannéanou, 22 avril **1742**. — N...)

Les nobiliaires et armoriaux bretons citent plusieurs familles du nom de Le Lay : mais le député de Morlaix ne leur appartient pas, et il est resté tellement obscur, malgré

[1] On trouve des notices sur l'abbé de Leissègues dans la *Biog. nouv. des Contemp.* et dans les ouvrages des abbés Tresvaux et Téphany sur la persécution religieuse en Bretagne.

la publication de son portrait dans la collection Dejabin qui la représente avec une véritable tête de bois que je n'ai pu réunir sur lui assez de renseignements pour reconstituer sa biographie.

Je sais seulement, par les listes de la députation, qu'il se qualifiait en 1789 de cultivateur et de premier lieutenant du guet de Plovigneau. Et c'est tout. L'Almanach des députés pour 1790 dit à propos de lui et de son collègue : « M. Couppé, sénéchal de Lannion : — C'est un homme respectable. — Guillaume Le Lay, laboureur : — Celui-ci mérite d'être respecté[1]. » Je ne suis pas plus avancé.

Ce ne fut cependant pas un personnage absolument muet, car les annexes du catalogue de la Bibliothèque de Nantes, citant une plaquette intitulée : *Motion présentée à l'Assemblée Nationale par M. Le Lay député du bailliage de Morlaix*[2]. mais elles n'indiquent pas quelle fut cette motion, et je n'ai pu retrouver la brochure. J'y remarque encore : *Dernières observations* à tous les citoyens des districts de Brest, Morlaix. Lesneven et Landernau (*sic*) département du Finistère, par leurs représentants à l'Assemblée Nationale, datées de Paris le 10 octobre 1790 et signées : *Les amis de la Constitution* Guillaume Le Lay, Moyot et Guy Le Guen[3]. Ce titre suppose qu'il y avait eu des observations antérieures.

Je ne sais ce que devint Le Lay après la clôture de l'Assemblée, et n'ai pu découvrir ni où ni quand il est mort.

[1] *Almanach des députés*, pour 1790, p. 71.
[2] S. l. n. d., in-8° 14 p.
[3] Paris, Pougin, s. d., in-8°, 8 p.

64. — Denis-Jean-Marie **Lemoine de la Giraudais**,

avocat et maire de Fougères,
député de la sénéchaussée de Fougères.

(Saint-Brice, 10 mars **1739**. — Fougères, 22 janvier **1814**).

———

Le nom de famille Lemoine est très répandu sur les
marches de la Bretagne et du Maine, où l'on cite depuis plusieurs siècles des Lemoine *des Forges, de la Borderie*, etc. Je
ne sais au juste à quelle branche appartenait Lemoine de la
Giraudais[1] qui, né à Saint-Brice, dans les environs de Fougères, exerçait depuis longues années comme avocat au
barreau de cette ville lorsque survinrent les événements de
1788. Le 15 septembre, la communauté de ville ayant choisi
son maire Le Mercier pour la représenter aux Etats de Bretagne, on lui donna pour instructions spéciales et formelles
de demander l'augmentation du nombre des députés du
Tiers, une formation de cet ordre plus régulière et qui lui
donnât plus de consistance, l'admission du clergé inférieur
en nombre au moins égal à celui des évêques, des abbés et
des députés des chapitres, l'abolition de la corvée en nature,
etc... Le 27 décembre, Le Mercier souscrivit en effet, aux
différents vœux émis par des députés du tiers conformément
à ces instructions, mais le lendemain il s'unit à quelques-uns
de ses collègues qui firent scission et soutint le vote par
ordre et non par tête en matière d'impôt. Aussitôt que la
communauté de Fougères eut connaissance de cette espèce
de rétractation, elle révoqua Le Mercier de ses fonctions de
maire et nomma par acclamation, à sa place, Lemoine de la
Giraudais, *maire de Fougères* : puis elle lui adjoignit MM. Bo-
chin et Biard de la Gilaudais comme co-députés et Pichon de

---

[1] Fils de Joseph *Lemoine* et de Marie *Budecoq* (acte de décès).

Vaulevier comme agrégé à la nouvelle session des Etats qui allait s'ouvrir¹. Le 17 février, les Etats le choisirent pour l'un des membres de la commission intermédiaire de l'évêché de Rennes.

Ces événements déterminèrent l'élection de Lemoine aux Etats généraux par la sénéchaussée de Fougères. Il ne se fit remarquer à l'assemblée par aucune motion spéciale et j'ai lieu de croire que, comme son collègue Fournier de la Pommeraye, il se rapprocha plutôt de la droite que de la gauche. Je ne crois pas qu'il ait occupé de fonctions administratives après la dissolution de l'Assemblée. En l'an XIII, il figure comme jurisconsulte, c'est-à-dire comme simple avocat, près le tribunal civil de Fougères, sur les Annuaires du département d'Ille-et-Vilaine : et son acte de décès, le 22 juin 1814, ne porte non plus que la qualification d'avocat. Il avait épousé Marguerite Bertin.

On a son portrait gravé par Courbe, d'après Perrin, pour la collection Dejabin. Figure fine : d'un délicat et d'un lettré. Un Lemoine de La Giraudais était en 1811, conseiller auditeur à la cour d'appel de Rennes. Je suppose que c'est son fils².

---

* **Leroulx** — Voy. ci-dessus **Delaville-Leroulx**.

---

65. — JOSEPH **Lestrohan**,
notaire au Port-Louis,
député suppléant de la sénéchaussée d'Hennebont,
(n'a pas siégé).

(N..., 18 août **1749**. — Le Port-Louis, 12 mai **1810**.)

Les existences de notaires dans les petites villes sont en général peu accidentées. Celle de Lestrohan, malgré les péripéties révolutionnaires, n'échappe point à la règle.

¹ Bertin et Maupillé, *Hist. de Fougères*, p. 126 et 190.
² Je ne connais pas de notice sur le député à la Constituante.

Porteur d'un nom assez répandu en Basse-Bretagne et né aux environs de Riantec, il se fit recevoir avocat au Parlement, se fixa au Port-Louis, et y acheta une charge de notaire royal, en 1780, à trente-et-un ans. Il y acquit assez de considération pour être élu neuf ans après député suppléant de la sénéchaussée d'Hennebont aux Etats généraux, mais il n'eut pas occasion d'y siéger. Electeur du Port-Louis en mai 1790 aux grandes élections départementales, et commissaire à la vérification des pouvoirs, il sortit de l'assemblée membre du conseil général du département. Elu quatrième juge du district de Lorient au moins d'octobre 1790, il n'accepta point cet honneur et l'ancien sénéchal Maujouan dut le remplacer : mais sa carrière politique ne fut point terminée là. Lestrohan s'occupa vers cette époque de la création d'un club ou Société des amis de la constitution au Port-Louis, et voici quels en furent les principaux statuts, conservés jusqu'à nous dans une plaquette imprimée au commencement de 1791[1].

Section I. — *Du but de l'institution de la Société.*

« Le but de l'institution de la Société est :

« 1° De se bien pénétrer des décrets de l'assemblée nationale et de les faire connaitre aux citoyens qui ne peuvent se les procurer.

« 2° De répandre les lumières et l'instruction en mettant la plus grande publicité dans ses travaux ;

« 3° De discuter toutes les questions relatives à l'intérêt public ;

« 4° De correspondre avec toutes les Sociétés patriotiques ;

« 5° De travailler sans relâche au maintien et à l'affermissement de la constitution.

Section II. — *Des candidats.*

« Art. I. — Les titres indispensables pour être reçu membre de la Société, sont : 1° l'amour de la liberté, de la patrie, de l'égalité et de l'ordre ; 2° le respect pour la dignité et les droits de l'homme, et le courage de les défendre chacun selon son pouvoir dans tous les temps et dans tous les lieux ; 3° l'attachement le plus inviolable à la

[1] Lorient, Feutray, 1791, in-8°, 24 p.

constitution décrétée par l'Assemblée nationale ; 4° l'obéissance aux lois ; 5° enfin la profession ouverte et la pratique constante de toutes les vertus qui caractérisent une nation libre... »

L'article 9 exigeait de plus le serment suivant :

« D'après le serment que j'ai prêté d'être fidèle à la nation, à la loi et au Roi, de maintenir de tout mon pouvoir la constitution décrétée par l'Assemblée nationale et acceptée par le Roi, je promets et m'engage de remplir avec zèle et exactitude les fonctions qui me seront confiées par la Société, d'en observer scrupuleusement les règlements, *de dénoncer* avec courage tous les délinquants à la loi, et de ne jamais contribuer directement, ni indirectement, à aucune sorte *de duel.* »

En 1792, Lestrohan était juge de paix au Port-Louis et je le retrouve au mois de septembre à l'assemblée électorale d'Auray, vérificateur des pouvoirs du district d'Hennebont pour les élections des députés du département du Morbihan à la Convention nationale : puis au mois d'octobre 1793 je remarque son nom au bas de « l'adresse de la société populaire du Port-de-la-liberté aux citoyens marins de l'armée navale du 14 octobre 1793 l'an second de la république française une et indivisible. »[1] Voici cette adresse :

« Marins, la mer est votre champ de bataille, et vous n'avez pu la quitter sans compromettre la sûreté de nos côtes, et sans faciliter à nos ennemis le passage des convois que votre présence devoit arrêter, détruire ou disperser.

« Votre indiscipline a rendu nulle une portion des forces que la république opposoit à la coalisation des despotes qui menacent sa liberté.

« Et tandis que chacun de nous sacrifie à l'intérêt commun son sang et sa fortune, vous semblez vous excepter du concours général à défendre notre cause, à maintenir notre constitution, et affermir les bases d'un gouvernement fondé sur les droits imprescriptibles de la nature et sur la dignité de l'homme.

« Vous êtes français ; ce titre nous laisse croire encore que vous êtes plus égarés que séditieux, plus trompés que rebelles, et plus zélés que mécontens.

[1] Placard in-folio à 2 colonnes français et breton. Lorient Veuve Baudoin.

« Nous n'appellerons point sur vos têtes le glaive de la loi qui venge le crime et le parjure ; nous ne repousserons point de notre sein des parents ou des amis que nous désirons conserver ; nous parlerons à vos cœurs et les accents du patriotisme, de l'amitié et de la fraternité seront entendus et accueillis.

« Dénoncez donc, nos braves frères et amis, les scélérats qui, par des impressions insidieuses, tendent à nous remettre dans les fers du despotisme et de l'esclavage ; dites à ceux que la liberté contrarie, qu'ils sont indignes de respirer l'air de notre sol et d'habiter la terre de l'égalité.

« Rappelez-vous les sacrifices que la nation prodigue à vos besoins, et à l'existence des parens dont vous vous trouvez éloignés.

« Ne craignez point d'exposer à vos chefs et aux dignes représentans du peuple ce que vous croirez juste d'obtenir.

« Combattez pour la plus sainte des causes, et sachez mourir en républicains, ou vivre dignes du nom français.

« Tous vos sentiments doivent exclusivement se diriger vers la patrie, et des récompenses *civiques et pécuniaires* sont destinées à vos mémoires, et au soutien de ceux qui survivront à votre gloire. — Signé : Granchamp, président, Sainte-Croix, Sainton, Delpèche, *Lestrohan*, membres de la Commission. »

Il reprit ensuite ses fonctions de notaire et ne mourut que le 12 mai 1810 à soixante ans, laissant un fils Augustin Lestrohan, né au Port-Louis le 19 décembre 1792 qui exerça la médecine à Lorient[1]. Ses descendants, encore aujourd'hui vivants, sont des officiers distingués et on remarque en particulier parmi eux un colonel d'artillerie de marine.

66. — L'abbé GABRIEL-MATHURIN-JOSEPH[2] **Loaisel**.
vicaire perpétuel de Redon,
député du clergé du diocèse de Vannes.
(Sérent, 2 décembre **1747.** — Redon, 8 mai **1825**).

———

C'est par erreur que presque toutes les biographies appellent l'abbé Loaisel *recteur de Redon*. M. l'abbé Luco a

---

[1] Sa mère, femme du député suppléant, se nommait Marie *Faugeroux*, et sa femme Augustine-Marie-Adélaïde *Bebel du Tertre*. Il est mort à Lorient le 12 décembre 1849. — Je ne connais aucune notice sur Lestrohan.

[2] Ou *Gobrien* comme l'appellent plusieurs biographes, en particulier l'abbé Tresvaux.

démontré, dans ses savantes monographies des paroisses
de l'ancien évêché de Vannes que les moines de l'abbaye de
Saint-Sauveur se réservèrent toujours le titre et les droits
de recteur primitif. Il n'y avait en dehors d'eux à Redon,
comme bénéficier, qu'un *vicaire perpétuel* à la présentation
de l'abbé et à la collation de l'ordinaire. L'abbé Loaisel, fils
d'un sénéchal de plusieurs juridictions exerçant à Malestroit, était vicaire de la paroisse de Saint-Gilles dans cette
localité, lorsqu'un de ses oncles, l'abbé Alexandre Loaisel,
vicaire perpétuel de Redon, donna procuration pour résigner
en Cour de Rome en faveur de son neveu qui prit possession le 12 mars 1777. Le vieux curé vécut longtemps encore,
contre son attente, car il passa la tourmente révolutionnaire caché dans le pays et ne mourut qu'en 1799.

De graves événements se passèrent pendant le vicariat de
notre abbé. Un immense incendie, dû à l'imprudence de l'or-
ganiste qui avait laissé du feu dans l'orgue, détruisit, le
27 juin 1780, la plus grande partie de l'église abbatiale. On
pensait que les moines ne pourraient pas réparer le désastre ;
et l'abbé Loaisel, croyant l'occasion favorable pour anéantir
une bonne fois les coutumes qui le soumettaient à leur
primauté, se fit autoriser par ses paroissiens à leur intenter
un procès pour les obliger, ou bien à reconstruire immédiatement leur église, ou bien à laisser s'accomplir désormais
dans l'église Notre-Dame, (celle du vicariat,) toutes les céré-
monies qui devaient obligatoirement se faire, pour les
grandes fêtes, dans l'église Saint-Sauveur. Le factum du
curé contre les moines est fort acerbe et fut répandu à pro-
fusion dans la ville, mais ceux-ci trompèrent son attente en
reconstruisant leur église[1].

Elu député aux Etats-Généraux le 20 avril 1789 avec Gabriel
et Guégan, l'abbé Loaisel qui partagea leur logement à
Versailles, partagea aussi leurs premiers entraînements.

[1] *Hist. abrégée de la ville et du port de Redon*, p. 235 à 238.

Dès le 12 juin il abandonnait son ordre pour faire vérifier ses pouvoirs par le Tiers :

« Nous nous étions assemblés en petit comité dimanche, dit la correspondance du clergé de Rennes, pour concerter entre *nous tous, curés Bretons.* Notre parti fut bientôt pris : toutefois il fut convenu que dans le cas où notre avis serait celui de la minorité nous nous contenterions de manifester avec le zèle dont nous avons toujours fait preuve ; un de nous, *le recteur de Rhedon,* dit que quoiqu'il n'eût aucun mandat à ce sujet, pour satisfaire au cri de sa conscience, quelle que fut notre convention, il n'attendrait point le résultat de la délibération, et protesta que, ne suivant d'autre guide que sa conscience, il se rendroit dans la salle des communes sans plus de délai. Il a tenu parole, et il fut accompagné du recteur de Pontivy : et ils complétèrent le nombre de treize curés inscrits dans la chambre générale[1]. »

L'abbé Loaisel ne se borna pas à cette démarche importante et crut devoir publier sur la situation un petit écrit qui détermina quelques défections parmi les autres membres du clergé. Mais il n'alla pas plus loin. Eclairé par les sinistres événements d'octobre, il revint dans sa paroisse au commencement de 1790 et fut remplacé à l'Assemblée par dom Le Breton, prieur claustral de l'abbaye, de triste mémoire.... Mais il paraît que le premier mouvement ne persista point, car je constate à propos de l'abbé Loaisel, une curieuse particularité qui fut peut-être un cas unique dans les fastes de l'Assemblée. En 1790, l'abbé écrivit au bureau pour demander s'il pouvait revenir sur sa démission et reprendre son siège. Peut-être avait-il eu connaissance de l'attitude peu orthodoxe de dom Le Breton au comité ecclésiastique et espérait-il, en lui faisant quitter la place, apporter quelque obstacle aux projets schismatiques du comité : mais on lui répondit qu'une démission donnée

[1] *Journal des Etats-Généraux* édité par le bureau de correspondance de *Rennes,* II, p. 136.

était définitive lorsque le suppléant avait pris possession du
poste de l'ancien titulaire et qu'il ne serait pas admis à
reprendre rang dans l'Assemblée.

L'abbé Loaisel n'insista pas davantage. — L'année suivante il refusa de prêter le serment schismatique et dut
passer en Angleterre. Il revint à Redon en 1799, fut maintenu
après le Concordat à la tête de son troupeau, donna sa
démission en 1806 à la suite d'une maladie et reprit ses
fonctions au bout de quelques mois, à la mort de son successeur. Il s'en démit définitivement en 1816 et vécut dans la
retraite à Redon même, où il ne mourut qu'en 1828, à
soixante-seize ans.

On rapporte que peu après son retour d'Angleterre, étant
allé confesser une vieille dame, il reçut une réplique assez
vive : N'étiez-vous pas, Monsieur, de l'Assemblée qui a fait
mourir le Roi? — Moi, madame ! Quelle horreur! J'étais de
la Constituante. — Bien, reprit la dame, vous avez seulement
dressé l'échafaud.

Accusation fort injuste ici, mais qui donne la note exacte
des impressions conservées par bien des gens en Bretagne
au commencement de ce siècle.

67. - L'abbé NICOLAS **Loëdon de Keromen**
recteur de Gourin,
Député du clergé de Quimper
(a siégé)
(Quimper, **1736**. — Espagne **1794**)

La paroisse de Gourin qui fait aujourd'hui partie du département du Morbihan, dépendait avant la Révolution de l'évêché de Quimper. C'est ainsi que l'abbé de Keromen, fils d'un
ancien miseur de la communauté de la ville de Quimper[1] et

[1] Ce miseur s'appelait *Nicolas* comme son fils l'abbé; et sa femme Marie-
Joseph *Morice*. Un autre fils, *Hiérome*, né à Quimper le 17 janvier 1737, fut
Jésuite.

recteur de Gourin depuis 1772, fut élu en 1789 député suppléant du clergé de ce diocèse aux Etats-Généraux. L'un des titulaires, l'abbé Hervé, ayant refusé de siéger, il le remplaça dès l'origine et quitta l'un des premiers son ordre pour se joindre aux communes ; mais il signa la protestation des évêques en avril 1790, lors du décret qui enlevait au clergé l'administration de ses biens et l'*Exposition des principes* de l'Eglise catholique sur la constitution civile du clergé, rédigée en octobre 1790 par l'archevêque d'Aix, Mᵍʳ de Boisgelin. S'il signait, il parlait peu, car l'*Almanach des députés* de l'Assemblée nationale disait des trois députés du clergé de Quimper : « Ce triumvirat de recteurs semble avoir fait une ligue de silence. »[1]

L'époque critique de sa carrière fut la première semaine de janvier 1791 : malgré son adhésion à l'exposition des principes, trois mois auparavant, il se laissa entraîner par les sophistes de la gauche, probablement par ceux de Corroller du Moustoir qui avait épousé sa sœur, et prêta, le 3 janvier, le serment schismatique à la constitution civile du clergé : mais il reconnut aussitôt son erreur et la mémorable séance du 4 janvier qui fut témoin de la fermeté dans la foi de la très grande majorité des députés du clergé, pendant qu'une foule de sectaires avinés criait autour de la salle et dans les tribunes « A la lanterne les évêques et les prêtres qui ne jureront pas ! », lui ouvrit les yeux sur les entraînements de la veille. On décida le 4, au milieu du tumulte, que les prêtres non assermentés ne seraient plus fonctionnaires publics et seraient privés de leur traitement. « Nous avons leur argent, dit Mirabeau en sortant de la séance, mais ils ont conservé leur honneur ! » L'abbé de Keromen, s'il n'entendit pas cette parole du tribun, se la dit à lui-même, car, le 5, il se présenta pour rétracter son serment et ne pouvant obtenir de se faire entendre à la tribune, il signa de concert avec ses collègues Ruello

[1] *Almanach*, etc. p. 98.

et Symon la lettre courageuse que Méchin écrivait au président de l'Assemblée et qui fut insérée dans le *Journal ecclésiastique* pour que la réparation de leur scandale fût plus éclatante. Déporté en Espagne en 1792, à la suite de sa persistance dans son refus de retomber dans le schisme, l'abbé de Keromen se retira d'abord à Bilbao; puis à Gones, au diocèse de Tolède, d'où il écrivait, le 8 septembre 1793, à son confrère l'abbé Rivoal, réfugié à San-Cibrian de Campos, une intéressante lettre qui nous a été conservée par l'abbé Téphany. J'en citerai quelques fragments :

« ... Vous êtes aujourd'hui en lieu de repos; et suivant ce que vous marquez, la Providence ne vous a pas mal traité.... Tout le monde n'a pas le même bonheur ; j'entends dire que plusieurs de ces messieurs se plaignent de leur place ; pour moi, mon cher ami, je ne suis pas bien, je souffre beaucoup de l'estomac, j'ai peine à me faire à l'huile, et depuis ma sortie de Bilbao j'ai beaucoup perdu de mon embonpoint ; je n'en avais pas trop auparavant. Je suis et je vivote à Gones, grâce aux faveurs de M. Coatpont, depuis trois mois. J'y ai peu d'agrément et beaucoup d'incommodités. J'y dis la messe à ma dévotion, et c'est une grande satisfaction pour moi.

« Les Messieurs prêtres du pays nous plaignent, mais voilà où se borne leur charité. Nous n'en avons reçu aucune politesse. Cependant nous vivons très-familièrement avec eux ; ils nous communiquent les nouvelles qu'ils reçoivent et nous leur communiquons les nôtres. Ils y prennent beaucoup d'intérêt, quand elles sont bonnes. Nous sommes cinq dans ce bourg, et commensaux : un Saintongeois, belle âme et saint garçon ; MM. de Bodivit, Perguet[1], et Le Normant, directeur du Calvaire. Celui-ci est le grand ami des prêtres ; comme il parle bien l'espagnol ils l'estiment davantage ; aussi ne lui manque-t-il pas de messes, tandis que les autres n'ont point de rétribution. Il chante toutes les grandes messes; il est le *cura parocho*. Le pays est assez riant, quoiqu'au milieu des montagnes. Mais d'un autre côté nos désagréments sont sans nombre, nous habitons une auberge, c'est tout dire, nous y sommes fort mal nourris et nous y payons trente sous par jour.

« Je ne compte pas y demeurer longtemps et avant que vous ayez reçu ma lettre, je serai probablement de retour à Bilbao, où

[1] C'est-à-dire les recteurs de ces deux paroisses.

j'aurai ma pension chez mon ancienne hôtesse, à vingt-cinq sous. Les fonds baissent, cher ami, la bourse se vide, il n'y entre rien, et les dépenses sont journalières. Je cours à l'hôpital et, malgré les richesses dont on m'a fait possesseur, je crois que je me verrai obligé, avant peu d'entreprendre le voyage de Tolède, quelque pénible et fatiguant qu'il puisse être. Il en arrivera ce qu'il plaira au bon Dieu : *primo vivere, deinde philosophari*.

« Les nouvelles, il est vrai, sont très bonnes, très flamboyantes ; mais je n'y ajoute pas grand foi ; comme vous le savez : chat échaudé craint l'eau froide, et nous avons été si souvent bernés à Bilbao que j'ai tout lieu de me défier de tout ce qui s'y débite. Rien de plus beau sans doute, rien de plus consolant que toutes ces belles espérances. Je crois toujours bien fermement notre retour en France bien éloigné, et je désire bien sincèrement me tromper. Le temps est un grand maitre, il nous apprendra si j'ai raison ou non. Du pays nous ne recevons aucune nouvelle. Si le bon Dieu nous rappelait en France quel changement n'y trouverions-nous pas ; cette idée est effrayante ; elle me revient souvent. N'ayant rien à faire ici, si mon dictionnaire espagnol ne venait me distraire, je périrais bientôt, et je me perdrais dans les idées noires. Mais Dieu merci ce petit travail qui m'occupe donne du relâche à ces ténèbres dont nous sommes environnés. Abandonnons-nous à la providence, *Cujus bonitati non est finis*. Adieu, mes chers amis, prions les uns pour les autres. Bonne santé je suis de tout mon cœur.

LOËDON DE KEROMEN
Recteur de Gourin. »[1]

Ce dictionnaire espagnol ne fut point terminé, car l'abbé Loëdon mourut peu après en exil, en sorte qu'il doit être compté parmi les martyrs de la foi.

Pendant ce temps, son beau-frère, Corroller du Moustoir, demandait à Carrier un modèle de bateaux à soupape pour la rade de Lorient : et un autre Loëdon était curé constitutionnel du Grand-Ergué. En l'an 7, le citoyen Loëdon, commissaire du pouvoir exécutif près le canton de Plœmeur, rédigeait, à la gloire de Bonaparte, une inscription latine pour un obélisque monumental que les habitants de Trolimon élevaient

[1] Téphany, *Hist. de la persée. relig. dans le Fin.*, p. 642 à 644.

au général en chef de l'armée d'Italie.[1] C'est ainsi que dans
les temps de révolution, on rencontre les partis les plus
opposés au sein des mêmes familles.

On a un bon portrait de l'abbé de Keromen, gravé par
Courbe, d'après un dessin de Moreau pour la collection Dé-
jabin[2].

---

68. — L'abbé JEAN OU JULIEN **Lucas**,
recteur du Minihy-Tréguier,
député du clergé du diocèse de Tréguier.
(Saint-Fiacre, 17.. — Angleterre, (?) **179.**)

Né à Saint-Fiacre, petite paroisse du canton de Plouagat,
près Guingamp, l'abbé Lucas, qui a laissé la réputation d'un
prêtre fort savant, fut d'abord, en 1778, principal du collège
de Tréguier où l'on rencontre comme élèves à la fin du dix-
huitième siècle, les Buhot de Kersers, les Hersart de la
Villemarqué et le célèbre celtiste Le Gonidec. Mais les travaux de la direction du collège ayant altéré sa santé, il donna
bientôt sa démission pour devenir prêtre de chœur, puis
chanoine de la cathédrale. De là date sa liaison intime avec
l'abbé Siéyès qui avait été amené à Tréguier et nommé chanoine par Mgr de Lubersac. Cette liaison le jeta dans le mouvement politique aux approches de la Révolution; et comme il
était devenu recteur du Minihy-Tréguier en 1785, ce fut lui
qui présida l'assemblée diocésaine en avril 1789, pour les
élections du clergé du diocèse aux Etats-Généraux. Le discours qu'il y prononça et dont la tradition locale a gardé le

[1] *Décade philosophique*, an VII, I, 242.
[2] Les abbés Tresvaux et Téphany lui ont consacré chacun une notice, et
le font naître en 1738, mais il était l'aîné de son frère Jérôme, dont
M. Téphany a récemment retrouvé l'acte de naissance du 17 janvier 1737.

26

souvenir, prouve que l'élève de Siéyès avait goûté les leçons de son maître, et il fut élu député : mais ses illusions ne tardèrent pas à tomber l'une après l'autre. S'il fut l'un des premiers à abandonner son ordre le 16 juin, pour se réunir aux communes, il n'alla pas plus loin dans la voie révolutionnaire, et adhéra à l'*Exposition des principes* publiée par les évêques orthodoxes : puis, lorsque Barnave présenta le 4 janvier 1791, le projet de loi tendant à soumettre les ecclésiastiques au serment à la constitution civile du clergé, il demanda l'appel nominal et souscrivit à la formule restrictive proposée par l'évêque de Clermont.

Il avait été élu maire du Minihy en 1790 par ses paroissiens qui avaient la plus grande confiance en lui, et il ne donna sa démission de cette charge que le 20 mars 1791, en la motivant sur la faiblesse de sa santé et la multiplicité des affaires.

Que devint-il après la dissolution de l'Assemblée constituante ? Je n'ai pu le découvrir exactement et les avis sont partagés. Comme la paroisse du Minihy avait été enclavée constitutionnellement dans celle de Tréguier, il n'eut pas le chagrin de se voir élire un successeur schismatique ; mais étant lui-même insermenté, et bien que n'étant plus *fonctionnaire*, il dut songer bientôt à sa sûreté personnelle. L'abbé Tresvaux dit qu'il passa en Angleterre où il mourut peu après : mais la tradition locale que j'ai récemment consultée dans le pays veut qu'il soit mort dans sa famille, consumé par un véritable marasme au spectacle des tristes événements qui se déroulaient sous ses yeux[1].

[1] Je ne connais sur l'abbé Lucas que de très courtes notices en quelques lignes dans la *Biog. moderne*, dans la *Biog. nouv. des Contemp.* d'Arnault et dans le recueil de l'abbé Tresvaux. Aucune n'indique le lieu de sa naissance ni celui de sa mort.

69. — JEAN-JOSEPH **Lucas de Bourgerel**

avocat à Vannes,
député de la sénéchaussée de Vannes.

(Béganne, 20 novembre **1732**. — Vannes, 6 juin **1806**).

———

Il y a depuis plusieurs siècles dans le pays de Vannes un grand nombre de familles *Lucas* qui ne s'apparentent plus et qui se distinguent par différents noms de terres : tels les *Lucas de Peslouan*, les *Lucas de la Pommerais*, les *Lucas de la Championnais et de Bourgerel*, ayant acquis droit de haute bourgeoisie au dix-huitième siècle par le barreau et les offices de juridictions seigneuriales ; sans compter les *Lucas du Cosquer et de Kersallo*, en Cléguer, qui figurent au *Nobiliaire de Bretagne* comme ayant paru aux réformes et montres de 1448 à 1536, mais disparurent vers la fin du dix-septième siècle.

Celle qui nous occupe était originaire des environs de Noyal et de Questembert. Fils de *Joseph-Pierre Lucas de la Championnais* et de Vincente-Renée *Michelot*, Jean-Joseph né en 1732, se fit recevoir avocat au Parlement et prit le nom de *Bourgerel* d'une petite ferme située au village de la Grée-Bourgerel en Noyal-Muzillac. Il exerça d'abord comme avocat à la Roche-Bernard où naquit en 1762 son fils aîné, de Jeanne *Chaignard* appartenant à une nombreuse famille des environs de Malestroit, qui a fourni des maires de cette ville et un député du Morbihan à la Convention. Il vint ensuite s'établir à Vannes où il prit bientôt une place prépondérante au barreau de cette ville. Député aux Etats de Bretagne en 1772, avocat et procureur de la communauté dès 1778[1], il était de plus en 1788, procureur fiscal de la juridiction du comté de Largouët, lieutenant de la maîtrise de l'amirauté, sénéchal

———

[1] *Arch. d'Ille-et-Vilaine*, B, 2610 et 2613, *Inventaire*, p. 374.

de la juridiction de l'Ile-d'Arz[1], et doyen des avocats du barreau de Vannes. Ses deux fils : *Joseph-Marie-Prudent*, plus tard député aux Cinq-Cents, que les notices biographiques ont souvent confondu avec son père, et *Félix-Théodore* qui devait périr en 1793 dans l'émeute de Rochefort, étaient à la même époque avocats au même barreau, en sorte que les Bourgerel désignés dans les documents contemporains par les appellations de Bourgerel père, Bourgerel aîné et Bourgerel jeune, formaient un triumvirat possédant sur la population vannetaise une influence considérable.

Tous les trois se jetèrent résolûment en 1788 dans le mouvement réformiste et suivirent, sans hésiter, avec Dusers et Bachelot, le maire, Le Menez de Kerdelleau, dans la scission de l'Assemblée municipale qui eut lieu le 23 janvier 1789, l'un des partis soutenant exclusivement les intérêts du Tiers, l'autre, conduit par le sénéchal Legros, ceux du clergé et de la noblesse. Or, au mois de décembre, Bourgerel père avait été agrégé avec Poussin à la députation de Vannes aux Etats de Bretagne qui comprenait le maire Le Menez. Dans le procès-verbal de la fraction dissidente de l'Assemblée du 23 janvier, je constate qu'on remercie spécialement Bourgerel et Le Menez « du zèle qu'ils ont jusqu'ici témoigné pour les vrais intérêts du Tiers-Etat »; puis on les prie de continuer à défendre, avec toute l'énergie dont ils sont capables, les droits du peuple et de la nation et on les charge de se rendre à Rennes à la nouvelle session des Etats du 3 février.

La session ne s'ouvrit que le 14, et Bourgerel fut élu, le 16, membre de la commission intermédiaire pour l'évêché de Vannes, mais on reconnut le lendemain qu'il y avait incompatibilité entre ce titre et ses fonctions d'après les exclusions formulées par l'arrêté du Tiers du mois de

[1] Mon bisaïeul, Vincent *Pocard du Cosquer*, était son greffier devant cette juridiction et je possède beaucoup d'actes revêtus de leurs deux signatures.

décembre précédent. Deux mois après, en avril, Bourgerel
père et son fils aîné prenaient part à la rédaction du *Cahier
des plaintes, doléances et demandes du Tiers-Etat de la sénéchaussée de Vannes* qui débutait par ces mots « Un bon roi
n'est véritablement heureux que du bonheur de ses peuples ;
Louis XVI, pénétré de cette vérité, s'environne de la nation,
la rassemble pour la consulter elle-même sur ce qui convient
le plus à sa félicité, et s'assure à jamais le cœur de ses sujets.
Remercions-le d'avoir brisé les fers de la Nation : qu'on lui
décerne le nom de *Père du Peuple* ?... » Puis Bourgerel
père était élu premier électeur et bientôt après premier
député aux Etats-Généraux. Il avait cinquante-six ans.

A l'Assemblée, il vota avec la gauche et ne se fit remarquer
par aucune motion spéciale. Avec son collègue Dusers il
écrivait fréquemment aux électeurs morbihannais. Les
extraits de cette correspondance publiées par M. Albert
Macé à propos de l'élection de l'évêque constitutionnel en
1791 prouvent qu'il avait fort à cœur la réussite de la
constitution civile du clergé ; considérant Mgr Amelot comme
démissionnaire, parce qu'il avait refusé le serment à cette
constitution, les deux députés ne pouvaient comprendre
les scrupules de leur collègue l'abbé Guégan de ne pas
accepter son élection d'évêque avant l'approbation du
pape : ils insistaient de toutes leurs forces auprès de lui pour
vaincre ses résistances, et quand ils eurent reconnu que
Guégan n'accepterait pas tant que la démission de Mgr Amelot
n'aurait pas été canoniquement confirmée, ils pressèrent les
administrateurs de recommencer l'élection et cherchèrent en
dehors de la province des candidats *épiscopables* puisqu'on
n'en trouvait pas dans le pays vannetais. Ils indiquèrent
successivement plusieurs députés du clergé, le père Latyl,
oratorien, député de Nantes, et l'abbé Charrier de la Roche,
curé et député de Lyon. Mais Latyl avait accepté la cure Saint-
Thomas-d'Aquin à Paris qui suffisait à son ambition : l'abbé

Charrier fut élu, le 20 mars, évêque de la Seine-Inférieure...
Tous les candidats leur échappaient. Le 23 mars, Bourgerel
et Dusers écrivaient :

« M. l'abbé Audrein, vice gérant du collège des Grassins à Paris,
natif de Basse-Bretagne, sachant l'idiôme celtique, serait bien notre
affaire[1]. Ce prêtre citoyen vient de donner au public un excellent
ouvrage sur l'éducation nationale. Au surplus, nous serions bien
malheureux si, dans tout notre département, il ne se trouvait pas
un prêtre instruit, vertueux et bon citoyen. A Saint-Brieuc, le
corps électoral vient de choisir, sans aucune difficulté, un pontife
recommandable sous tous les rapports[2].... »

Audrein était né à Gouarec et s'était aveuglement lancé
dans le mouvement révolutionnaire ; ardent clubiste, il
étonna la société des amis de la coustitution à Vannes par
ses motions et ses discours, fut élu député à la Convention pour le Morbihan, vota la mort du roi, devint évêque
constitutionnel après Expilly, et l'on connaît assez sa fin
tragique sous les balles des chouans. Le 25, Bourgerel écrivait seul une autre lettre pour le recommander personnellement :

« L'Assemblée nationale à la séance du 2 décembre 1790, disait-il,
donna des éloges à ses vues patriotiques et ordonna que le premier
volume de son *Recueil de discours civiques* serait déposé aux
archives de la Nation. Suivant les différents rapports que nous
avons reçus de sa personne, on ne peut pas, sous tous les aspects,
avoir un sujet plus convenable... »

C'est ainsi que des gens, dont le caractère était incontestablement très religieux faisaient tous les efforts imagi-
nables pour implanter le schisme dans leur pays. La sophis-
tique des gallicans, des jansénistes et des philosophes les
avait absolument aveuglés. Je dis incontestablement religieux : car j'ai recueilli d'une de mes vieilles tantes, morte

[1] C'est l'expression consacrée, dans les lettres des députés pour recommander les divers candidats au siège épiscopal.
[2] A. Macé. *Une élection d'évêque constitutionnel*, etc. p. 17.

il y a quelques années à Vannes, ce propos caractéristique
au sujet de Bourgerel ; elle le tenait de mon grand père,
contemporain des événements. Lorsqu'on voulut exiger de
M. Bourgerel qu'il fit abattre les croix, il répondit, me
disait-elle : « Je n'abats pas les croix : quand je ne peux
les porter, je les traîne... » Voilà une réplique fort honorable.
Pourquoi faut-il qu'elle soit gâtée par un pareil acharnement
à l'établissement du schisme !

Après la dissolution de l'Assemblée constituante, Bourgerel revint à Vannes, où son fils aîné qui avait été député
à la fédération de Pontivy en 1790 venait d'être élu administrateur du département. Lui-même fut élu en 1791 juge
au tribunal du district de Rochefort, et peu après, le 29
décembre il fut désigné par délibération du directoire du
département, comme juge au tribunal criminel de Vannes
pendant le premier semestre de 1792. Après ce trimestre
il retourna à Rochefort où son second fils était administrateur
du district, et il y siégea jusqu'aux émeutes de 1793.

Le 16 mars, le tocsin sonnant dans toutes les paroisses
voisines, les insurgés couronnaient les hauteurs de Saint-
Fiacre au moment où les administrateurs, faisant mettre
dans des sacs l'argenterie et les poudres du district, se
repliaient sur le château avec quelques hommes armés ;
mais ils n'étaient pas assez nombreux pour résister sérieusement et le procureur-syndic Duperron, député vers les
rebelles qui assaillaient la ville de toutes parts, obtint du
principal groupe qui touchait déjà la claire-voie du château,
l'assurance qu'aucun dégât ne serait commis si on livrait
les poudres. Malheureusement d'autres bandes survinrent,
plus nombreuses et plus farouches, qui débordèrent la première, envahirent le château, et se livrèrent à toutes sortes
d'excès. L'administrateur Lucas de Bourgerel fils, le chirurgien Denoual et le citoyen Duquéro furent massacrés et
leurs cadavres promenés dans les rues de la ville. Les
autres administrateurs, 40 soldats et Bourgerel père, res-
tèrent prisonniers.

Un gendarme échappé au massacre apporta aussitôt à Vannes la nouvelle de l'insurrection ; et le général du Petit-Bois, ancien député d'Ille-et-Vilaine à l'Assemblée législative, fut chargé d'aller avec un millier d'hommes et de l'artillerie, délivrer les prisonniers et réduire les rebelles ; il était accompagné des commissaires civils Chaignart et Bourgerel aîné, administrateurs du département, qui avaient à venger leur propre famille, puisque l'un était le cousin et l'autre le frère de l'une des trois victimes. L'expédition fut rapide. Le 26, le château était repris, les prisonniers délivrés et la ville mise au pillage. Un décret remplaça le nom de Rochefort, par celui de *Roche des Trois.*

Ramené à Vannes par son fils qui prit peu après une part active au mouvement insurrectionnel de la Bretagne en faveur des Girondins et fut même secrétaire, puis président du comité fédéraliste de Rennes, Bourgerel père s'abstint de toute fonction publique pendant le milieu de l'année 1793 et ce ne fut qu'à la fin de l'année, lorsque Prieur de la Marne fit incarcérer au Petit-Couvent tous les membres des administrations vannetaises et Bourgerel fils en particulier, qu'il accepta de faire partie du comité révolutionnaire du district de Vannes, espérant bien rendre, en cette qualité, quelques services aux détenus. Il réussit en effet à les préserver de dangers plus sérieux et c'est en qualité de président du comité révolutionnaire qu'il signa, le 2 fructidor an III, l'expédition de l'arrêté du 18 brumaire qui délivrait, après les événements de thermidor, son fils et les administrateurs incarcérés. Touchante réciprocité ! Dix-huit mois auparavant son fils l'avait arraché de la prison du château de Rochefort ; cette fois, il l'arrachait lui-même de celle du Petit-Couvent.

Peu après, Bourgerel était élu accusateur public près le tribunal criminel du Morbihan et, le 26 germinal an VI, député aux Cinq-Cents. Bourgerel père reprit alors les fonctions publiques. En l'an VII, il était président de l'administration municipale de Vannes[1]. A l'époque du Consulat, il fut nommé juge suppléant au tribunal civil de l'arrondissement, puis élu membre du conseil général du Morbihan, dont il était président à l'époque de sa mort, qui survint à Vannes le 8 juin 1806.

Son fils, qui prenait le titre, en l'an XI, de commissaire du gouvernement près le tribunal criminel du département du Morbihan[2], était alors procureur général impérial à Vannes, et devint, lors de la reconstitution des tribunaux, en 1811, substitut à la cour d'appel de Rennes, où il resta jusqu'à son élection, comme député du Morbihan, à la chambre des représentants de 1815. Il figure avec les titres de membre du collège électoral du département et de chevalier de la Légion d'honneur, sur la liste des officiers dignitaires et membres de la *R∴ L∴ de la Philanthropie et des arts* de Vannes, publiée à la suite du règlement arrêté dans la séance du 22 ∶∴ jour du 12 ∶ ∴ mois de l'an de la V∴ L∴ 5815 (en français 22 février 1816). Ses descendants existent encore[3].

Maisonblanche (de la). — Voy. **Beaudoin.**

---

70. — L'abbé François **Maisonneuve,**
recteur de Saint-Etienne-de-Montluc,
député du clergé du diocèse de Nantes.
(Saint-Etienne-de-Montluc, 9 sept. **1744.** — Nantes, 29 sept. **1813**).

La famille Maisonneuve qui occupe de nos jours à Nantes une situation considérable est originaire du petit bourg de Vigneux. Au commencement du XVIIIᵉ siècle, un de ses

[1] C'est en cette qualité qu'il signa le 12 vendémiaire an VII, l'acte de naissance de sa petite fille, Marie-Adelaïde-Elisabeth, fille du député aux Cinq-Cents qui avait épousé, le 8 frimaire an V, à la Roche-Bernard, Marie-Julienne *Lévêque.*

[2] Acte de naissance de sa fille Thérèse-Monique-Louise, qui épousa le président *Caradec.*

[3] La *Biographie moderne* (Breslau, 1806) l'a confondu avec son père : mais la *Biog. nouvelle des contemp.* a donné deux notices exactes et fort courtes sur chacun d'eux, t. XII, p. 166, 167.

membres, François, fils de Pierre et de Michelle *Gourdon*, s'était établi comme marchand à Saint-Etienne-de-Montluc, à mi-distance entre Nantes et Savenay ; et de Gilette *Maignan*, il eut neuf enfants de 1737 à 1759, puis il mourut en 1762. Deux de ces enfants furent prêtres et le sixième Jacques-Gilles, né en 1749, qui épousa Marie-Sébastienne *Turpin*, morte à Saint-Etienne en 1848 à quatre-vingt-quatorze ans, est l'auteur des Maisonneuve de Nantes.[1]

Né en 1744, et quatrième fils de ce François Maisonneuve dont le premier fils, né en 1737, s'était aussi appelé François et mourut jeune, le futur député était déjà clerc tonsuré à quinze ans, en 1759, car il figure en cette qualité comme parrain à l'acte de baptême de sa sœur Agathe. Son père mourut prématurément, en 1762, pendant qu'il poursuivait ses études de théologie à l'Université de Nantes.

Docteur en théologie de cette Université, il fut d'abord nommé curé de Trans, et, vers la fin de l'année 1788, recteur de sa paroisse natale Saint-Etienne-de-Montluc, où il ne prit possession du presbytère que dans les premiers jours de l'année 1789.[2] Il n'y fit pas un long séjour, car, à peine installé, il dut se rendre à l'assemblée diocésaine de Nantes, pour les élections du clergé aux Etats-Généraux, et il y fut élu député avec les abbés Chevallier et Moyon. Comme la plupart des ecclésiastiques bretons, il quitta son ordre pour se réunir aux communes, sans prévoir les conséquences de cette union, et dès qu'il s'aperçut qu'elle n'allait à rien moins qu'à briser l'unité catholique, il imita ses deux collègues, et donna en même temps qu'eux sa démission dès le mois d'août. Il fut remplacé aux élections complémentaires d'octobre par l'abbé Méchin.

Insermenté en 1791, l'abbé Maisonneuve dut subir la déportation en Espagne, laissant à ses deux vicaires, les

---

[1] Actes communiqués par M. Dubois de la Patellière.

[2] Cela résulte d'une lettre qu'il adressait de Trans, en décembre 1788, à M. Morin du Porteau, au sujet des réparations à effectuer.

abbés Camaret et Auffray le soin de sa paroisse. Sa sœur et filleule, Agathe Maisonneuve, femme du maire Perchais, acheta nationalement le presbytère, promettant aux habitants, dit la tradition locale, qu'elle le remettrait à son frère quand il reviendrait. Mais l'abbé Maisonneuve, à son retour d'Espagne, en 1803, ne fut pas maintenu à Saint-Etienne et fut nommé recteur de la paroisse de Sainte-Croix à Nantes : la promesse fut oubliée et le presbytère ne fut ni réclamé ni rendu.

L'abbé Maisonneuve mourut à Nantes, à l'âge de soixante-neuf ans, laissant la réputation d'un prêtre fort instruit et zélé pour le bien des âmes.[1] L'un de ses petits neveux est le célèbre chirurgien de l'Hôtel-Dieu de Paris, dont le mémoire sur la désarticulation totale de la mâchoire inférieure a fait tant de bruit en 1859.

---

71. — LOUIS-CÉSAR **Maupassant**
grand agriculteur à Nort,
député suppléant de la sénéchaussée de Nantes
(a siégé)

(Saumur, 25 avril 1750. — Machecoul, 11 mars 1793).

Grand agriculteur et industriel à Nort, sur les bords de l'Erdre entre Nantes et Châteaubriant, et non pas curé de Nort, comme le dit quelque part Mellinet en donnant la liste des députés de cette région, Maupassant prit une grande part aux agitations réformistes en 1788 et fut élu en avril 1789 *député suppléant* de la sénéchaussée de Nantes aux Etats-Généraux : puis, scrutateur en mars 1790 de l'assemblée électorale réunie pour nommer l'administration départementale de la Loire-Inférieure, il devint administrateur lui-même, et fut appelé peu après, le 30 août, à siéger à

---

[1] Il n'y a sur lui qu'une notice en quelques lignes dans la *Biog. Nat. des Contemp.*

l'Assemblée nationale, lorsque l'un des députés titulaires, l'avocat Pellerin, donna sa démission.

On a peu de traces de ses votes à l'Assemblée et je ne trouve de lui, vers cette époque, qu'une lettre datée du ?2 janvier 1791, qu'il adressait aux membres du directoire départemental à Nantes et que l'on conserve aux archives de la Loire-Inférieure comme un témoin des susceptibilités de l'époque. La voici :

« Messieurs et chers collègues. J'ai reçu la très obligeante lettre que vous m'avez fait l'honneur de m'écrire le 18 courant : elle a failli causer un moment de jalousie chez un de mes confrères parcequ'elle contenait des remerciemens particuliers relativement au décret pour le local de la chambre des Comptes[1]. Je lui ai prouvé que je vous avais écrit particulièrement et non pas au nom de la députation et que c'est par erreur que vous me répondiez isolément.

Pour parer à ce petit inconvénient, vous voudrez bien recommander à M. Grelier, lorsque vous m'écrirez particulièrement, de cacheter cette première enveloppe à mon adresse particulière et de la recouvrir ensuite de celle collective à MM. les députés de la sénéchaussée de Nantes, hôtel d'Angleterre, rue Traversière Saint-Honoré à Paris. Comme votre collègue, Messieurs, j'ai des droits à vous prier de continuer à m'employer, soit collectivement, soit encore mieux individuellement. Rien au monde ne me fera plus de plaisir que de vous être utile : ne m'épargnez pas de grâce. Je suis avec le plus fraternel attachement, Messieurs et chers collègues, votre très humble et très obéissant serviteur.

L⁵.—CÉSAR MAUPASSANT. »

Après la dissolution de l'Assemblée, Maupassant reprit sa place au directoire départemental et fut élu *député suppléant à la Convention* dans l'assemblée électorale réunie le 10 septembre 1792 à Ancenis : mais il mourut avant d'avoir occasion d'y siéger. Au commencement de mars 1793, la municipalité de Machecoul ayant adressé une pétition à l'administration départementale à Nantes pour exprimer ses craintes d'une insurrection prochaine et demander des artilleurs avec une pièce de canon, le directoire répondit que

[1] Aujourd'hui la préfecture de Nantes.

Machecoul devait se défendre avec ses gardes nationaux et sa gendarmerie, mais décida que le citoyen Maupassant, l'un de ses membres, se rendrait sur le lieu menacé pour prendre la direction de la défense. On sait la suite : et M. Lallié a trop bien raconté et discuté l'affaire de Machecoul pour qu'il y ait désormais matière à équivoque sur les rôles respectifs des deux partis. Le 11 mars les paysans du district envahirent Machecoul en criant : *la paix ! la paix*. La garde nationale au nombre d'une centaine d'hommes les attendait au faubourg Sainte-Croix. Elle marcha sur eux appuyée par la gendarmerie à cheval et ayant à sa tête le commissaire Maupassant qui fit aux révoltés des représentations sur l'illégalité de leur attroupement, les invita à rentrer dans le devoir et leur demanda ce qu'ils voulaient.— *Nos bons prêtres*, dirent-ils, *et pas de tirage*. Mais la garde nationale étant débordée par le nombre se débanda : une de ses compagnies fit feu : il s'en suivit une panique ; les paysans ripostèrent, le lieutenant de la compagnie fut tué à la première décharge avec plusieurs gardes, puis Maupassant reçut dans la poitrine un coup de pique ou de couteau de pressoir qui l'étendit sur la place ; le commandant de la gendarmerie ainsi que le commandant de la garde nationale périrent à ses côtés[1].

Le mois suivant Machecoul fut repris par Beysser malgré les efforts de Charette qui avait été mis dans l'intervalle à la tête de l'insurrection. Une des sections de Nantes prit le nom de Maupassant, pour perpétuer le souvenir de sa mort exemplaire au poste que la loi lui avait assigné ; et elle le portait encore en 1804.

On a de Maupassant un curieux portrait de profil dans la collection Dejabin. A sa mise altière, on dirait presque qu'il veut justifier son prénom de César. C'est la raideur personnifiée.

[1] Voy. Lallié, le *District de Machecoul*, p. 277, 300, 301.

72. — Pierre-Louis **Mazurié de Pennanech**,

négociant, ancien maire de Morlaix,
député des sénéchaussées de Morlaix et Lannion

(Landerneau, 9 avril **1732**, — N......)

—

Mazurié appartenait à une famille qui a fourni des maires de Morlaix et de Landerneau et un subdélégué de l'intendance. *Négociant* à Morlaix, il fut lui-même *maire* de Morlaix en 1782, premier consul de la juridiction consulaire en 1788, député de Morlaix à la session des Etats de Bretagne de février 1789 et membre de la commission intermédiaire des Etats pour l'évêché de Tréguier. Elu *député des sénéchaussées réunies de Morlaix et de Lannion* aux Etats-Généraux, il y fit très peu parler de lui. Je ne trouve mention de sa personne que dans l'*Almanach des députés*, en 1790, qui, le mettant en parallèle de Baudouin de la Maison blanche, très expert en Digeste, en Pandectes et en ordonnances, ajoute : « M. Mazurié ne sait pas tout cela et prétend n'en être pas moins instruit. » Je ne trouve plus trace de lui après la Constituante, et je ne sais ni où ni quand il est mort. Son nom a complètement disparu du pays.[1]

—

73. — L'abbé Antoine-Alexandre **Méchin**,

recteur de Brains près Machecoul,
député du clergé de Nantes, aux élections de septembre.

(Ile de Bouin, 13 janvier **1746**. — Machecoul, 11 mars **1793**).

Né dans l'île de Bouin, l'abbé Méchin était par conséquent plus Vendéen que Breton. Il appartenait cependant comme prêtre au diocèse de Nantes, fut nommé en 1786 curé de

---

[1] On a un beau portrait de Mazurié gravé par Masquelier, d'après Perrin mais je ne connais sur lui aucune notice biographique.

Brains, près Machecoul au pays de Retz, (et non pas à Brains près Redon comme l'ont dit quelques biographes) et devint recteur au concours en 1787. Lors de l'assemblée diocésaine d'avril 1789 pour les élections aux États-Généraux, il fut choisi comme *électeur* parmi les curés et ne fut pas élu député suppléant comme le répètent tous les biographes. Les deux seuls suppléants furent l'abbé Le Breton de Gaubert et le P. Etienne. Mais tous les deux refusèrent de siéger lors des démissions des abbés Moyon, Maisonneuve et Chevallier en septembre 1789 et il fallut procéder à de nouvelles élections. La nouvelle assemblée diocésaine se tint le 25 septembre chez Le Breton de Gaubert, et Méchin en fut élu secrétaire : elle se composait de trente-et-un électeurs. Le premier député à remplacer était Maisonneuve. L'abbé Pronzat fut élu le premier et l'abbé Méchin son suppléant : mais Pronzat ayant aussitôt décliné cet honneur, Méchin, se trouva ainsi député titulaire. Latyl et Binot furent élus après lui[1].

La conduite de l'abbé Méchin à l'Assemblée fut assez équivoque. C'était un indécis et l'on peut difficilement se rendre compte au premier abord de ses vrais sentiments. Il s'isolait même volontiers de ses collègues, si l'on s'en rapporte à cette lettre de Maupassant, datée du 4 décembre 1790 et conservée aux archives de la Loire-Inférieure :

« Mon cher compatriote, M. l'abbé *Méchin* me remit à l'instant l'incluse à votre adresse qu'il reçut hier et qu'il aurait bien pu vous faire tenir d'icy avant votre départ que M. Coutet m'annonça hier devoir être pour cette nuit : mais ce co-député fréquente peu avec nous et nous joue souvent le tour malin de nous remettre nos lettres vingt-quatre heures après les avoir reçues et cela depuis que M. Giraud est absent. J'ai l'honneur d'être etc.

Lᵉ.-César Maupassant. »

Le 3 janvier 1791, l'abbé Méchin, qui n'avait pas signé la protestation du 29 avril 1790, prêta sans restriction, à la

[1] Procès-verbal de l'assemblée du 26 septembre aux archives de la Loire-Inférieure.

tribune, serment à la constitution civile du clergé : mais fortement ému par les scènes violentes qui eurent lieu le lendemain, il se rétracta, le 5, par une lettre officielle adressée au président de l'Assemblée. Celle-ci, par une intolérance fort injustifiable chez des gens qui criaient partout *vive la liberté*, n'ayant consenti ni à l'entendre, ni même à la recevoir, Méchin eut le courage de la faire publier dans le *Journal ecclésiastique*, signée de trois autres de ses collègues, les abbés Ruello, Symon et Loëdon, qui voulurent ainsi faire une rétraction publique du scandale qu'ils avaient causé aux fidèles. Voici cette lettre :

« Messieurs, je croirais indigne d'un français, d'un représentant de la nation, d'un ministre de l'Eglise, de chercher à conserver son état par des restrictions qui pourraient induire en erreur sur ses vrais sentiments. Avant-hier je montai à la tribune avec plusieurs de mes collègues pour y prêter le serment civique ; nous le prêtâmes en effet, et le renfermant dans les bornes des objets *civils et temporels*, ainsi que nous le déclarâmes formellement dans le préambule prononcé par l'un de nous, nous crûmes agir conformément aux vues que l'Assemblée nationale avait plusieurs fois manifestées qu'elle ne voulait toucher en rien au *spirituel*. Mais, d'après ce qui s'est passé dans la séance d'hier, je crois, Messieurs, pour ne pas vous tromper, ou plutôt pour ne pas me tromper moi-même, je crois, dis-je, devoir vous déclarer de la manière la plus positive et la moins équivoque, que je n'ai entendu prêter mon serment que sous la réserve expresse des objets spirituels et de l'autorité spirituelle de l'Eglise. Si ce n'est donc pas votre intention de l'admettre ainsi, je vous prie, Messieurs, de le regarder comme nul, et de me mettre au rang de ceux à qui la conscience n'a pas permis de le prêter purement et simplement ; j'aime mieux perdre ma fortune et ma vie même, s'il le faut, que de les conserver aux dépens du bien le plus cher et le plus précieux à tout honnête homme, le repos de ma conscience... »

Le refus de l'Assemblée de recevoir une déclaration aussi correcte, prouvait bien son intention formelle d'empiéter sur le spirituel et d'établir un schisme. Malheureusement Méchin ne persévéra point dans ces sentiments de respec-

¹ *Journal ecclésiastique*, I, 171 à 173.

tueuse déférence à l'autorité spirituelle de l'Eglise. Rentré
dans sa paroisse après la dissolution de l'Assemblée, il eut
peur de cet éclat et il prêta de nouveau serment pour devenir
curé constitutionnel de sa paroisse. Il écrivait le 13 février
1791 au département de la Loire-Inférieure en envoyant la
notification de son serment :

« Je n'ajouterai rien, Messieurs, à ce que je vous ai marqué dans
ma dernière lettre où j'ai tâché de vous faire connaître mes vrais
sentiments. Le désir de la paix, mon attachement inviolable à la
religion catholique, mon amour pour la patrie, aux nouvelles lois
de laquelle je viens pour la troisième fois (les 1 février, 14 juillet
1790 et 3 janvier 1791), je viens, dis-je, solennellement me soumettre,
doivent vous répondre de ma fidélité[1]... »

Le 12 janvier 1792, il réclamait ses appointements et le 21
octobre de la même année il se faisait remettre un certificat
de civisme : puis on perd ses traces et il cesse d'émarger la
feuille des prêtres assermentés en mars 1793. A cette époque,
rapporte l'abbé Tresvaux, trois habitants du pays qui l'avaient
eu pour bienfaiteur et dont l'un était son paroissien, tombèrent à Machecoul entre les mains des insurgés qui les
prirent pour des espions. On allait les fusiller, quand ils
promirent, pour sauver leur vie, de livrer le recteur de
Brains, si l'on consentait à les épargner. Le pacte conclu, on
les rendit à la liberté et peu après ils réussirent à attirer à
Machecoul le malheureux abbé Méchin qui y fut massacré.
M. Lallié, qui rapporte longuement et minutieusement, dans
son ouvrage sur le *District de Machecoul*, l'histoire de l'insurrection locale, ne mentionne pas cet événement; et la liste
qu'il a publiée de toutes les victimes connues ne contient pas
le nom de l'abbé Méchin. Il paraît donc difficile de contrôler
par des actes officiels le récit de l'abbé Tresvaux : mais je
dois constater qu'une tradition constante fait mourir Méchin
à Machecoul, pendant les émeutes de mars. M. l'abbé

[1] Archives de la Loire-Inférieure

Sauvaget, ancien aumônier des religieuses du Calvaire de Machecoul, mort en 1881, affirmait souvent que sa grand'mère avait été témoin de la mort du recteur de Brains, massacré malgré ses cris et ses supplications, dans une rue de Machecoul, en face de l'hôpital actuel. Ceux qui le frappaient lui reprochaient d'avoir prêté le serment schismatique. Il ne me paraît donc pas douteux qu'il faille ajouter son nom à la liste des victimes.[1]

On a son portrait gravé par Courbe, d'après Isabey, pour la collection de Dejabin. OEil presque hagard, physionomie de l'indécision, nouvelle preuve que les traits du visage réflètent souvent ceux du caractère.

74. — MAURICE-EMMANUEL **Millon de Villeroy**

Maire du Croisic
député suppléant des sénéchaussées de Nantes et Guérande
(n'a pas siégé).

(Le Croisic, 1er mars **1743**. — Le Croisic, 20 juin **1831**).

Millon de Villeroy, appartenait à une ancienne famille de Bretagne que le *Nobiliaire universel* de Saint-Allais rattache à celle des Millon de Villemorel et des Salles. Cette famille remonte au XIIIe siècle, a produit un trésorier général de Bretagne en 1484, fut maintenue de noblesse d'extraction à la réformation de 1669 et portait *d'azur à trois têtes de levrier coupées d'argent, colletées chacune d'un collier de gueules bouclé d'or*. Il faut donc admettre que la branche du Croisic, issue d'avocats de Quimperlé, avait dérogé et perdu ses droits à la noblesse, ou bien qu'on admit en sa faveur une exception fort honorable, car le Tiers-Etat de Bretagne avait déclaré formellement qu'il exclurait les nobles de sa députation aux Etats-Généraux ; et Millon de Villeroy, ancien

---

[1] On a une courte notice sur Méchin dans la *Biog. nouvelle des Contemporains*. Elle ne mentionne pas sa mort. — Et voy., Tresvaux, *Hist. de la persée. rel.*, etc., I, 20, 66, 160, 166 ; II, 495, etc.

capitaine de navires, *maire du Croisic*, député de cette communauté aux Etats de Bretagne de février 1789, et bientôt membre de la commission intermédiaire pour l'évêché de Nantes, fut élu, en avril, *député suppléant de la sénéchaussée de Nantes*. Il ne siégea pas; n'occupa point de fonctions pendant la Révolution, et mourut le 20 juin 1831, au Croisic, à quatre-vingt-huit ans.

Ses descendants existent encore à Guérande : il avait épousé en premières noces à Guérande, le 7 octobre 1771, Marie-Catherine-Emilie *Larragon des Buttes*, qui lui donna deux fils; et en secondes noces à Redon, le 1er juin 1782, Jeanne-Louise *Rado du Matz*, élève de la maison de Saint-Cyr, dont il eut quatre enfants, Emile-Marie qui fit partie, équipé à ses frais, de la première compagnie des volontaires royaux en 1815, et trois filles.

*. — **Morhéry** (de). — Voy. **Robin**.

75. — CHRISTOPHE-LOUIS-PIERRE **Morineau**.
négociant à Concarneau,
député suppléant de la Sénéchaussée de Quimper
(n'a pas siégé).

(Concarneau, **1753**. — Concarneau, 29 décembre **1822**).

Le nom de Morineau se rencontre depuis deux siècles en plusieurs parties de la Basse-Bretagne, notamment à Guémené-sur-Scorff où vivait en 1680 un notaire de la juridiction de Coatanfao dont la postérité s'est continuée jusqu'à nos jours. Je ne sais si la famille qui portait ce nom à Concarneau lui était alliée, mais elle y florissait au moins depuis le milieu du dix-huitième siècle, car le père de Christophe-Louis, nommé Yves-Marie, époux de Jeanne *Le Beau*, était maire de la ville et fut député aux Etats de Bretagne en 1764.

Négociant et armateur, Christophe-Louis était miseur de Concarneau au moment des débuts de la Révolution et habitait la maison où se trouve aujourd'hui l'hôtel Le Clinche. La municipalité avait alors pour maire un de Malherbe et pour adjoint un Le Diraison. Tous les trois furent députés par la ville de Concarneau à la dernière assemblée des Etats de Bretagne en février 1789 ; et peu après, le 22 avril, Morineau ballotté avec Souché de la Brémaudière pour l'élection de premier député suppléant de la sénéchaussée de Quimper aux Etats-Généraux, se trouvait élu par le refus d'acceptation de son concurrent. En reconnaissance il offrit son argenterie comme don patriotique.

Morineau eut pu siéger à l'Assemblée nationale, car Le Guillou de Kerincuff ayant bientôt donné sa démission de député titulaire, il fallut le remplacer et le premier suppléant était naturellement indiqué pour partir : mais les affaires commerciales marchaient assez mal en ce moment et Morineau laissa la place au second suppléant, le sénéchal de Pont-Croix, Tréhot de Clermont.

Elu *maire* de Concarneau le 16 décembre 1792, Morineau se trouvait à Paris lors du procès de Louis XVI et y occupait la même chambre que le futur général Moreau. On assure qu'il contribua, vers cette époque, à sauver la vie à plusieurs personnes, notamment au comte de Ménorval en lui procurant un sauf-conduit de pharmacien : c'est une tradition locale et je suis heureux de la rencontrer sur mon chemin car elle vient faire contrepoids à une grave accusation de M. du Châtellier qui, dans son *Histoire de la Révolution en Bretagne*, indique Mor... comme l'agent du terrible Guermeur dans ce pays. Pourtant M. G. Pouchet, dans son opuscule intitulé : *La loi du 29 frimaire an II sur l'instruction publique*, fait un tableau assez paisible des événements qui se passaient à Concarneau d'après les registres de la municipalité.

L'impression qu'on éprouve en les lisant, dit-il, est celle

d'une époque difficile mais pleine d'enthousiasme. On manque de tout : le pain, le beurre, le vin, le sucre, l'eau-de-vie, le grain, font défaut : la mer ne donne plus rien par suite de la levée des pêcheurs : cependant les cœurs ne faiblissent pas : mais on fait peu de politique à la maison commune où le Conseil tient chaque jour une longue séance. La grosse affaire est celle des subsistances et des réquisitions de chevaux pour l'armée. On reçoit par paquets les décrets de la Convention, certains jours cinquante et plus à la fois. Ils n'arrivaient point de Paris : ils ont été réimprimés à Landerneau, souvent dans les deux langues, français et breton. Tous les décades on les lit et on les affiche... Le maire est le citoyen Morineau qui avait, depuis le commencement de la Révolution, perdu une belle fortune dont il n'était parvenu à sauver que les débris... »

Ce fut seulement le 21 germinal an II, c'est-à-dire après trois mois, que les lois de frimaire sur l'organisation de l'instruction publique arrivèrent à la connaissance du conseil. On arrêta aussitôt, vu l'urgence, que sans attendre le décadi, on publierait aussitôt à son de corne la loi du 29 frimaire avec invitation à tous ceux qui voudraient se charger de l'instruction publique dans la commune de venir s'inscrire à la municipalité : en même temps, on interdisait aux instituteurs des deux sexes qui n'auraient pas satisfait à la loi de continuer leurs écoles.

Les premiers inscrits sur le registre furent l'agent national Droalin et le maire Morineau ; et la société populaire, ou club, fort active à Concarneau les désigna aussitôt comme instituteurs. Sur ces entrefaites, arrivèrent trois délégués des représentants en mission dans le département et leur premier acte fut de réorganiser la municipalité en déclarant que Droalin et Morineau ne pouvaient plus en faire partie par le fait même de leur présentation par la société populaire pour les fonctions d'instituteurs publics. En conséquence, ils cons-

tituèrent révolutionnairement la commune avec le citoyen
Catala pour maire.

Voilà donc Morineau échangeant, comme par un coup de
théâtre, l'écharpe municipale contre la férule du maître
d'école ; mais les surprises succèdent aux surprises à cette
époque de la grande Terreur. Un mois ne s'était pas écoulé
qu'il quittait Concarneau : le 16 floréal, il devenait *instituteur
à Fouesnant* et son collègue Droalin, instituteur à Trégunc. Je
n'ai pas découvert quel fut le motif de ces deux déplacements.
Combien durèrent ces nouvelles fonctions, je ne le sais pas
davantage. Ce qui est sûr c'est que Morineau ne tarda guère
à revenir dans sa ville natale, où il fut pendant plusieurs
années, adjoint principal délégué, jusqu'au 18 brumaire
an VIII.

Ruiné, au moment du blocus continental, par des spécu-
lations sur les blés qui se perdirent par la fermentation, il
vit l'une de ses filles obligée de prendre un petit commerce
d'épicerie, et il mourut chez elle, à soixante-neuf ans, le
29 décembre 1822[1].

---

* — **Moustoir** (du). — Voy. **Corroller**.

---

76. — L'abbé Joseph **Moyon**,
recteur de Saint-André-des-Eaux,
député du clergé de Nantes.

(Le Pin-en-Montoir, 11 mars **1739**. — Saint-André-des-Eaux,
13 octobre **1813**).

C'était un saint homme que l'abbé Moyon. Sa mémoire est
encore vénérée par toutes les populations de l'ouest de la
Grande-Brière, et les paroissiens de Saint-André-des-Eaux se
rendent en pèlerinage sur sa tombe. Né comme Chaillon, son

---

[1] Je ne connais aucune notice sur Morineau avant celle que j'ai donnée
dans la *Revue illustrée de Bretagne et d'Anjou.*

aîné de trois ans, au village du Pin, en Montoir, qui dépend aujourd'hui de la paroisse de Saint-Malo-de-Guersac, il portait un nom tellement répandu dans toute cette région de la Basse-Loire, qu'on ne peut le comparer qu'à ceux des clans écossais. Son père, Luc Moyon, et sa mère, Perrine *Olivaud*, étaient de simples cultivateurs. Ordonné prêtre en 1764, à vingt-cinq ans, il fut d'abord vicaire à Saint-Nazaire et l'on conserve encore au presbytère de Saint-André une instruction sur le travail qu'il dit, en note, avoir prêchée dans cette paroisse, en 1765. Dix ans après, en 1774, il devint recteur de Saint-André-des-Eaux où il succéda à un bachelier de l'Université de Nantes, l'abbé Allain de la Brière.

L'abbé Moyon ne tarda pas à devenir très populaire dans sa paroisse : il se mit au service absolu de tous les habitants et devint leur conseiller, leur guide et leur bienfaiteur. Il jugeait les différends et arrangeait les procès. On s'adressait à lui comme à un tribunal et tous acceptaient sans appel ses décisions. Aussi la réputation de père du peuple qu'il s'acquit bientôt dans tout le diocèse, assura-t-elle, en avril 1789, son élection de député du clergé de Nantes aux Etats-Généraux.

Il ne resta pas longtemps à Versailles. Dès qu'il eut constaté que les projets ouvertement avoués contre l'orthodoxie religieuse seraient votés par une majorité contre laquelle tous les efforts de la minorité seraient impuissants, il donna sa démission et quitta Versailles afin de prémunir ses paroissiens contre le schisme. De retour à Saint-André, il signa la protestation du clergé de Nantes, en date du 19 avril 1790, contre la constitution civile et il rédigea un grand nombre d'instructions dont on conserve encore quelques-unes, pour exposer à ses ouailles la vraie doctrine catholique. Insermenté en 1791 et atteint par la loi de déportation il dépista d'abord les recherches et dut s'embarquer secrètement pour l'Espagne, à Saint-Nazaire, en 1792. Son exil dura près de douze ans, car il ne recommença à signer les registres de décès et de baptêmes de Saint-André-des-Eaux qu'en juillet 1805 : ces registres mentionnent que la joie fut grande dans la paroisse à ce retour, car il y était l'objet de la vénération universelle.

Il continua d'y être l'arbitre et le bienfaiteur de ses paroissiens. En 1811, année de famine où l'on n'attendit pas la maturité du blé pour faire du pain et où l'on coupait le grain tout vert, tellement on était à bout de ressources, il fut une véritable providence pour un grand nombre : il vendit une partie de ce qu'il possédait, chercha partout des secours pour les malheureux, et fit chaque semaine des distributions de vivres à ceux qui mouraient de faim.

Il ne borna pas là son zèle. L'Eglise avait perdu une grande partie de ses prêtres pendant la Révolution et le recrutement du clergé était devenu difficile. Il rassembla tous les jeunes gens qui lui parurent avoir des dispositions pour la vie sacerdotale et forma chez lui tout un séminaire dont il devint le supérieur et le seul professeur, enseignant tout à la fois le français, le latin, la philosophie et la théologie. Chaque matin l'oraison était régulièrement faite devant tous les élèves, et malgré un ministère des plus laborieux, car les prêtres étaient rares, les exercices des classes n'étaient presque jamais manqués.

L'abbé Moyon mourut à Saint-André, le 1er novembre 1813, fête de tous les Saints. Les habitants de cette paroisse et ceux des environs l'ont invoqué comme tel et des guérisons extraordinaires opérées sur sa tombe ont contribué à confirmer cette béatification populaire. Sa mémoire est toujours vivante à Saint-André, bien que tous ceux qui ont pu le connaître étant jeunes aient disparu depuis longtemps : mais les pères et les mères ont raconté à leurs enfants ce qu'ils ont vu et entendu de ce prêtre dévoué. Ceux qui vivent se souviennent que leurs parents les faisaient s'agenouiller toutes les fois qu'ils passaient devant la tombe de l'abbé Moyon, et beaucoup jouissent actuellement des bienfaits qu'ils croient tenir de lui[1].

[1] Il n'y a sur l'abbé Moyon qu'une courte notice dans le livre de l'abbé Tresvaux. Je tiens la plupart des détails qui précèdent de M. l'abbé Plissonneau, recteur actuel de Saint-André.

77. — Ildut **Moyot**.

négociant à Lanildut,
député de la sénéchaussée de Brest.

(Lanildut, 10 août **1749**. — Lanildut, 17 avril **1813**).

Fils d'honorables gens *Tanguy Moyot* et Anne-Gabrielle
Léostic, marchands à Lanildut, Ildut Moyot naquit au manoir
de Rumorvan en cette paroisse; il fut lui-même capitaine marchand, armateur et cultivateur à Lanildut. C'était, dit M. Levot
dans son *Histoire de Brest*, un homme probe, mais d'une telle
simplicité, qu'on peut mettre en doute qu'il ait toujours compris les problèmes législatifs qu'il devait concourir à résoudre.
Il est certain que son portrait gravé par Courbe d'après un
dessin de Labadye, pour la collection Dejabin, lui donne
une physionnomie triste, inquiète, presque grimaçante, qui
ne respire pas grande intelligence. Sa probité à toute épreuve
fut donc sa principale recommandation près des électeurs,
car ce fut lui qui réunit le plus de suffrages, le 7 avril 1789,
dans l'assemblée de la sénéchaussée de Brest, réunie pour
élire deux députés aux Etats-Généraux. Il obtint 71 voix et
Legendre n'en réunit que 69. Investis de pouvoirs illimités,
ces deux députés durent néanmoins puiser leur règle de
conduite dans les cahiers qu'avaient rédigés les commissaires
nommés à cet effet et au nombre desquels se trouvait
Legendre. Celui-ci fut sans doute son mentor à l'Assemblée;
et nous avons vu par ses lettres publiées dans le *Bulletin de
la correspondance du Tiers-Etat de la sénéchaussée de Brest*,
que Legendre était capable de remplir ce rôle. Assurément
le rédacteur de l'*Almanach des députés*, pour 1790, ne connaissait pas cette correspondance presque toujours signée
des deux représentants de Brest, lorsqu'il disait d'eux :
« Nous ne perdons rien pour les passer sous silence et eux y
gagnent plus qu'ils n'y perdent... »

29

J'ai cité aussi à propos de Le Guen et de Lelay plusieurs mémoires politiques qui prouvent que si Moyot ne publia pas de pièces isolées, il en signa beaucoup en collaboration. La rédaction n'était pas précisément son fait.

A l'expiration de son mandat, Moyot revint demeurer à Lanildut, dans la propriété occupée actuellement par son petit-neveu, M. Vincent, contrôleur des contributions directes, et il s'occupa de remplir les fonctions de *juge de paix* du canton de Brelès, auxquelles il avait été élu le 20 décembre 1790, pendant son séjour à l'Assemblée.

Un peu plus tard, à la fin de 1792, je le rencontre à Brest, élu administrateur du Conseil général du district, en même temps qu'un de ses frères ou de ses cousins, nommé Marie-Anne Moyot. On remarque aussi un Moyot dans la commission administrative, de triste mémoire, qui fut instituée à Landerneau par les commissaires de la Convention, au mois d'août 1793, après la mise en accusation en masse des administrateurs du Finistère, mais je ne sais s'il s'agit de l'un des deux précédents. Ce qu'il y a de sûr, c'est qu'Ildut, le constituant, fut nommé *maire de Lanildut* par arrêté préfectoral du 19 vendémiaire an XII et qu'il exerça ces fonctions jusqu'à sa mort en 1813[1].

Il avait épousé Marie-Françoise *Rioualen* qui mourut vers 1840, sans postérité. Son neveu et filleul Ildut *Bazil,* fils d'une de ses sœurs, hérita de sa maison et de son portrait peint à Versailles en miniature et incrusté sur le couvercle d'une élégante tabatière ronde. Ildut Bazil a légué à son tour maison et portrait à son petit-fils et filleul, M. Adolphe-Ildut *Vincent,* qui en est aujourd'hui propriétaire.

Des parents éloignés qui habitent Lannilis portent encore le nom de *Moyot.*

[1] Je ne connais aucune notice sur Moyot dont personne n'a jusqu'ici donné le prénom ni la date de la mort.

78. — GABRIEL-HENRI-RENÉ **de Neuville**,
sénéchal de Jugon,
député de la sénéchaussée de Saint-Brieuc,

$$\left(\text{Broons, 9 juillet, } \textbf{1744.} \; — \; \text{Saint-Brieuc} \begin{cases} \text{10 nivôse an IX,} \\ \text{31 décembre } \textbf{1800} \end{cases}\right)$$

—

Le Nobiliaire de Bretagne, de M. de Courcy, cite plusieurs familles de Neuville : l'une seigneur dudit lieu en Domagné, évêché de Rennes, paraissant aux réformes de 1427 à 1513 ; une autre, seigneur de La Grée en Augan, évêché de Saint-Malo, portant d'après l'armorial de Guy Le Borgne, *d'argent à trois chevrons de sable* et déboutée de ses prétentions à la noblesse lors de la réformation de 1668. Je ne serais pas étonné que le député de Saint-Brieuc appartînt à cette dernière. Ce qui est sûr c'est que l'orthographe de son nom a fort varié. Dans son acte de baptême il est dit simplement fils de noble maître Gabriel-Julien *Neuville*, (sans aucune particule) avocat au Parlement, procureur fiscal de la juridiction de Broons, et de Louise *Tavet*. Tous les membres de la famille présents au baptême signent *Neuville* sans *de*[1]. Devenu lui-même avocat au Parlement, et sénéchal de Jugon en 1778, Gabriel-Henri prit le *de* et signa *de Neuville*, puis il le retrancha plus tard ; et je possède des lettres et quittances de lui, datées de l'an VI, et simplement signées *Neuville*.

Quoiqu'il en soit, le sénéchal de Jugon, dont on conserve encore les registres d'audience aux archives d'Ille-et-Vilaine[2], sut acquérir pendant ses dix-huit ans d'exercice, une influence considérable dans toute la région orientale du pays de Saint-Brieuc et son portrait gravé dans la collection De-

---

[1] Acte communiqué par M. le recteur de Broons. Le parrain fut N.H. Henri-Louis *Tirel de la Martinière*, et la marraine Rose *Mahé de Tavet*.

[2] Voy. C, 1136, et *Arch. de la Loire-Inférieure* B, 2778.

jabin nous représente bien le type d'un magistrat. Elu député aux Etats-Généraux, il apporta dans les commissions les fruits de son expérience; mais il garda si bien le silence en public, que l'*Almanach des députés* pour 1790, parlait ainsi de lui et de ses deux co-députés de Saint-Brieuc : « Nous n'en dirons rien de peur qu'ils ne prennent nos éloges pour une satire. »

Elu membre du Conseil général du département des Côtes-du-Nord le 1ᵉʳ juillet 1790, scrutateur aux élections de septembre 1792 à Dinan pour la Convention, il signa la lettre adressée le 18 brumaire an II, par le département des Côtes-du-Nord, aux administrateurs du Finistère, et devint en mars 1797 *juge de paix* du canton de Saint-Brieuc. Peu après, au mois de novembre de la même année, il était élu capitaine de la nouvelle garde nationale. Il mourut à Saint-Brieuc toujours exerçant ses fonctions de juge de paix, le 31 décembre 1800.

Deux de ses sœurs sont mortes à Broons vers 1816, et la famille n'a plus aucun représentant dans le pays[1].

*. — **Noual** (de). — Voy. **Denoual**.

79. — JULIEN-FRANÇOIS **Palasne de Champeaux**,
Sénéchal de Saint-Brieuc,
Député de la sénéchaussée de Saint-Brieuc,
plus tard député à la Convention.
(Saint-Brieuc, 21 mars **1736**. — Brest, 2 novembre **1795**.)

Les Palasne de Champeaux, du Rumain, de la Ménardière etc., portaient, d'après l'Armorial de 1696, *d'azur à la fasce d'argent, chargée de trois fers de mulets de gueules et*

[1] La première notice qui ait été publiée sur Gabriel de Neuville est celle que j'ai donnée récemment dans la *Revue illustrée de Bretagne et d'Anjou.*

accompagnée de trois feuilles de chardon d'or. Ils figurent dans l'histoire de Bretagne, depuis Jean, sergent général et d'armes à Rennes en 1674.[1].

Fils de Julien-Jean-Sébastien Palasne, sieur de Champeaux, marchand à Saint-Brieuc, référendaire de la chancellerie près le Parlement de Bretagne et receveur des fouages ordinaires de Saint-Brieuc[2], Julien-François naquit en 1736 et fut destiné dès sa jeunesse à la magistrature. Reçu avocat au Parlement, il devint sénéchal de Saint-Brieuc et, malgré sa situation officielle, il prit en 1788 la direction du mouvement réformiste dans ce pays, demandant formellement, le 17 novembre, l'entrée au conseil de la commune, et déposant une requête pour réclamer un plus grand nombre de députés du Tiers, le vote par tête, et une répartition des impôts proportionnelle à la fortune. Ne perdant aucune occasion de se prononcer contre les classes privilégiées, il devint le chef incontesté du parti révolutionnaire[3], et fut élu tout d'abord député aux Etats de Rennes, où l'ordre du Tiers le nomma, le 19 février 1789, unde ses six délégués pour le représenter en cour jusqu'aux Etats-Généraux[4]. Le 14 avril, les électeurs de la sénéchaussée de Saint-Brieuc l'y envoyèrent siéger à leur tour.

Le parti de la cour redoutait tellement son influence, rapportent les chroniques de l'époque, qu'on lui avait proposé mille louis avant l'élection, s'il voulait renoncer au choix de son pays : — Mille louis en balance avec l'honneur, aurait répondu le sénéchal, on n'a besoin de rien quand on a la patrie dans le cœur et quand elle nous porte dans le sien[5].

Il avait alors cinquante-trois ans et la plupart des députés bretons étaient plus jeunes. C'est sans doute ce qui explique

[1] Nob. de Courcy — Michel Palasne, sᵣ de la Ménardière fournit déclaration en 1680 pour des terres en Rheu (*Arch. de la Loire-Inf.*, B. 752)

[2] *Arch. d'I-et-V.* C. 2063.

[3] Lamare, *Hist. de Saint-Brieuc.* p. 163-164.

[4] *Le Héraut de la nation*, I, 455.

[5] *Le Héraut de la nation*, II. 733, 734.

pourquoi, pendant l'organisation provisoire qui précéda la constitution en Assemblée nationale, il fut nommé *adjoint au doyen*, du 22 au 31 mai, pour la province de Bretagne.

Plus tard, il occupa dans les commissions des fonctions considérables. Président du comité des recherches dès juillet 1789, commissaire pour l'organisation de la France en départements, membre et rapporteur du comité des pensions en janvier 1790, plusieurs fois secrétaire de l'assemblée[1], il ne se fit pas remarquer par des motions particulières, mais il absorba une grande part du travail général. Son rapport sur les pensions, en mai 1790, a servi de base à tout ce qui s'est fait depuis sur cette matière. En 1791, envoyé en mission à Douai pour rétablir l'ordre, il reçut de cette ville une adresse de remerciements.

Pendant ce temps, il était élu par ses compatriotes, colonel d'honneur des volontaires nationaux de Saint-Brieuc ; et son fils était délégué à la fédération de Pontivy.

A leur retour de l'Assemblée constituante, les députés de Saint-Brieuc furent reçus avec de grands honneurs : il y eut force harangues. Champeaux fut élu en novembre 1791 notable à la municipalité, puis peu après, président du tribunal de district de Saint-Brieuc, enfin président du tribunal criminel du département des Côtes-du-Nord. L'inauguration de ce tribunal eut lieu le 2 janvier 1792, avec nouvel accompagnement de harangues et de *Te Deum* constitutionnels[2]

Le 2 septembre 1792, les électeurs des Côtes-du-Nord se réunirent à Dinan pour choisir les députés à la Convention. Elu d'abord commissaire à la vérification des pouvoirs par le district de Saint-Brieuc, puis commissaire

---

[1] *Journal des Etats-Gén*. IV, 108, 339; V, 434, 439, 8?3 ; VI, 430, etc. — Et voy. Sciout, (*Hist, de la Const. civile*, I, 90), qui n'est pas tendre pour le président du comité des recherches, trop enclin à pardonner aux incendiaires et aux pillards.

[2] Le Maout, *Annales armoricaines* p. 311.

pour l'examen des procès-verbaux attaqués des assemblées primaires, Champeaux devint président de l'Assemblée, le 4 septembre, par 207 voix sur 510, et prêta serment de maintenir la liberté et l'égalité, ou de mourir en les défendant. Les procès-verbaux ont conservé les discours qu'il prononça, en cette qualité, aux diverses personnalités dinannaises qui vinrent protester, devant l'Assemblée, de leur patriotisme : au président du tribunal du district, au président du conseil général du district, au maire, au commandant de la garde nationale, etc. Voici sa réponse au tribunal du district :

« Messieurs, l'assemblée électorale voit avec satisfaction dans son sein des magistrats que les suffrages de leurs concitoyens ont établis les organes de la loi. Les talents qu'ils déploient, le patriotisme dont ils sont animés, l'impartialité qui préside à leurs jugements, sont autant de preuves que le peuple ne pouvait faire un choix plus heureux. L'assemblée prendra les objets importants que vous lui mettez sous les yeux dans toute la considération qu'ils méritent ; elle fera ses efforts pour justifier la confiance dont elle est honorée, et pour ne nommer à la Convention nationale que des représentants animés des principes éternels de la liberté et de l'égalité. Elle vous invite aux honneurs de la séance[1]... »

Les élections ne commencèrent en réalité que le 5 septembre : mais toute la journée fut consacrée à des ballotages entre Champeaux et Couppé, de Lannion, ancien constituant comme lui. Le 6 seulement, Couppé fut élu premier député des Côtes-du-Nord par 292 voix sur 517 ; et le 7, Champeaux second député par 320 voix sur 499. Les autres élections demandèrent plusieurs jours encore.

Champeaux partit pour Paris avec son collègue Honoré Fleury et tous les deux apprirent en route, avec stupéfaction, la proclamation de la République. Fleury assure, dans les mémoires inédits dont j'ai cité plus haut quelques extraits, que l'un et l'autre étaient loin de s'attendre à un

[1] *Procès verbal*, etc., p. 35, 36.

pareil dénouement. On doit préjuger d'après cela quelle fut l'attitude de Champeaux lors du procès de Louis XVI. Il vota la détention, comme otage, jusqu'à la paix générale et l'appel au peuple ; et le 21 janvier 1793 il adressa à ses électeurs à Saint-Brieuc une lettre qui faillit le faire traduire plus tard devant le tribunal révolutionnaire : « Au moment où je vous écris, y disait-il, le malheureux Louis XVI porte sa tête innocente sur l'échafaud du crime. »

Lorsque la Montagne fut triomphante, ses ennemis voulurent profiter de cette circonstance et des sentiments qu'il avait plusieurs fois témoignés dans sa correspondance avec le Conseil général de la commune, pour le faire comprendre parmi les suspects, bien qu'il n'eût pas signé les protestations du 2 juin contre l'invasion de l'Assemblée. Au mois d'octobre 1793, il fut obligé, pour se disculper, de demander à Saint-Brieuc deux certificats que je vais transcrire textuellement. Ils peignent les mœurs du temps :

I. - Coppie des délibérations du Conseil général de la Commune de Saint-Brieuc du 12ᵉ jour du second mois de l'an 2ᵉ de la république française une et indivisible.

Il a été aussi donné lecture d'une lettre du citoyen Champeaux député à la Convention nationale en datte du 26 octobre (vieux stile) et d'un mémoire qu'il annonce avoir présenté au Comité de sûreté générale pour la justification du département des Côtes-du-Nord relativement à la part qu'il a pu prendre au sujet des événements du trente-et-un mai et jours suivants, et par laquelle ce député stimule le conseil général de la commune de le justifier par une déclaration authentique des inculpations et dénonciations portées contre lui en raison de sa correspondance avec la ditte commune relativement aux arrêts quelle a pris en raison des susdicts événements. Le Conseil général, lecture prise de ladite lettre et mémoire y joint, considérant que la municipalité n'a pris dans cette affaire aucune part active ; qu'elle a seulement assemblé les sections sur la demande pressante de la société populaire dans un moment où l'opinion publique et la loi ne lui permettoit guerre de s'opposer à cette assemblée dont le but ne tendoit qu'à sauver la patrie des

dangers dont on la croyoit alors menacée d'après des rapports
évidemment trompeurs ; — ouï et le consentant le procureur de la
commune, arrête de renvoyer coppie de la ditte lettre et du mémoire
au président des sections pour, en raison de leur permanence en
donner connoissance à l'assemblée et être par elle envoyé telle réponse au citoyen Champeaux qu'elle croira devoir faire comme ayant
pu être influencée par sa correspondance. Le registre ducment
signé.

II. — Autre coppie de la délibération du Conseil général de la Commune de Saint-Brieuc du 13° jour du 2° mois de l'an second de la
république une et indivisible.

Il a été remis sur le bureau une lettre du citoyen Barnier en datte
de ce jour par laquelle ce citoyen, répondant à celle lui inscritte le
jour d'hier par la municipalité, prévient qu'il ne fera pas annoncer
d'assemblée de section pour répondre au citoyen Champeaux, ce
député demandant positivement un certificat au Conseil général
et non aux sections de Saint-Brieuc. En conséquence considérant
que la lettre du citoyen Julien-François Palasne Champeaux, du 5°
jour du 2° mois de l'an second de la république française, fait au
Conseil, dont il a stimulé l'assemblée, ces deux questions: la première:
N'ai-je pas dans ma correspondance, toujours prêché la paix,
l'union et la tranquilité, l'atachement à la république une et indivisible,
à la convention nationale, comme le seul centre de l'unité, la soumission aux décrets et le respect pour les personnes et les propriétés ? La 2° : Ma correspondance vous a-t-elle annoncé avant la
nuit du 6 au 7 juin les événements des 31 mai, 1er et 2 juin ? N'est-il
pas vrai au contraire que dès le 3 du dit mois de juin la société
populaire, à l'invitation de Daniel commissaire envoyé par le département du Finistère, avoit présenté une pétition à la municipalité,
pour demander l'assemblée des sections ; que le 5, l'arrêté qui fut
présenté aux sections le 7 et adopté par elles avoit été discutté et
convenu dans cette société..... ?

Sur ces deux questions le conseil général, ouï le procureur de la
commune, considérant que la vérité est une et quelle ne doit jamais
rester captive sur des lèvres républicaines, a déclaré sur la première
à l'unanimité, oui, le mot *toujours* excepté.

Sur la seconde le conseil déclare aussi à l'unanimité que dès avant
les événements des 31 mai, 1er et 2 juin, le citoyen Palasne avoit par
sa lettre du 5 dudit mois de mai adressé à ses concitoyens les réflexions de Jean-Baptiste Louvet à la Convention et à ses commettants,

en leur disant entr'autres choses, lisez cet ouvrage avec attention et
vous pourrez prononcer avec connoissance de cause ; et que relativement aux mêmes événements le même député Palasne a depuis
écrit, ce qui est à la connoissance de presque tous les habitants de
cette ville, que la convention nationale n'étoit pas libre, que l'invio-
labilité de ses membres avoit été méprisée, qu'elle discutoit sous la
hache des factieux de Paris et rendoit ses decrets la bayonnette sur
la poitrine et sous l'appareil des canons des anarchistes; que le décret
postérieur à cette correspondance qui déclaroit que les parisiens
avoient bien mérité de la patrie étoit mensonger et avoit été, ainsi
que le décret d'accusation contre les 22 membres, arraché de la
même manière en quelque sorte le pistolet sur la gorge ; d'ailleurs
que la patrie étoit perdue, qu'il falloit un miracle pour la sauver,
qu'enfin dans la nuit du 6 au 7 juin le citoyen Rabi, de Brest, parent
de ce député, remit au corps de garde placé à la porte de Lamballe
une lettre du Cⁿ Palasne, où il disoit que craignant que ses lettres
ne parvinsent point, et de ne pouvoir instruire de la cruelle position des representants du peuple et des dangers de la chose publique,
son parent qui en avoit été thémoin occulaire envoyé par les députés
du Finistère à Brest, en instruiroit de vive voix la municipalité et
qu'elle pouvait avoir toute confiance à son récit ; que cependant le
citoyen Rabi ne parla à aucun membre des authorités constituées
quoiqu'elles fussent en permanence ; mais que la lettre remise au
corps de garde fut demandée et lue à l'assemblée des sections le dit
jour 7ᵉ juin ainsi que celle du 3 annonçant le décret d'accusation
dont est ci-devant parlé. Qu'il est cependant vrai que le 3 juin, la société populaire de cette ville, après avoir entendu, dans sa séance,
Daniel commissaire envoyé du Finistère et Botidoux ex-constituant
qui l'un à l'envi de l'autre déblatérèrent contre la commune de Paris et
la faction prétendue de la montagne, en exagérant les malheurs de la
république, avoit par une pétition demandé et obtenu de la municipalité, l'assemblée des sections ; et que l'arrêté qui y fut adopté le 7
dudit mois avoit été présenté et discuté en la même société des le cinq.

Le Conseil, après avoir entendu le procureur de la commune arrête,
qu'expédition de la presente sera envoyée au citoyen Palasne pour
en faire tel usage qu'il verra bon être... » ¹

Malgré ces certificats, qui ne le couvraient pas du côté
de la montagne, et dont il ne fit pas usage, Champeaux put

¹ Extrait d'après l'original, communiqué par M. Du Bois-Saint-Sevrin.

échapper aux proscriptions et préserver son département des
commissaires de la Convention : mais il avait hâte de sortir
d'une situation qui pouvait d'un moment à l'autre lui devenir funeste, et dans le courant de l'année 1794, il s'unit avec
Boissy d'Anglas et Durand-Maillane pour résister ouvertement à Robespierre. La journée du 9 thermidor fut la conséquence d'une entente à laquelle il eut une grande part[1] ; et
lorsque la nouvelle révolution fut accomplie, il fut envoyé
au mois de mars 1795 en mission à Brest pour achever,
après Faure et Tréhouart, d'étancher le sang qu'avaient fait
couler Laignelot, Bréart, Jean-Bon Saint-André, et les précédents *missionnaires*.

M. Levot a longuement raconté, dans son histoire de *Brest
sous la Terreur*, les travaux sans relâche de Champeaux
et de son collègue Topsent pour arriver à la pacification :
les prisons ouvertes, le tribunal révolutionnaire dissous, les
pouvoirs exorbitants que s'était arrogée la société populaire
sur le port et sur la ville définitivement abrogés, les terroristes désarmés, les administrations reconstituées, le désordre
réparé dans tous les services, les approvisionnements de
l'arsenal assurés[2], au moins pour le présent, sinon pour
l'avenir.... Topsent s'était effacé devant Champeaux dont il
avait reconnu l'influence personnelle à cause de ses attaches
de famille dans le pays; et lui avait laissé la direction complète
de la mission. Champeaux avait en effet épousé au mois de
mai 1768, Thérèse *Raby*, fille d'un maire de Brest resté populaire. Il se fit donc écouter d'autant mieux qu'on le considérait à peu près comme brestois et qu'il marchait sur un
terrain connu, pour la réorganisation des administrations
locales. Voici, pour donner une idée des difficultés rencon-
trées dans cette tâche, un fragment d'une lettre adressée
par Champeaux à la Convention après le désarmement des
terroristes en prairial an III, (mai 1795) :

[1] Voy. Thiers, *Hist. de la rév. fr.* VI, 202, etc.
[2] *Brest sous la Terreur*, p. 400 à 422.

« Nous avions jusqu'à présent, citoyens collègues, différé de vous instruire de l'espèce d'empire que la Société populaire de Brest s'arroge sur tous les objets d'administration, dans l'espoir que nos représentations fraternelles ramèneraient ses membres aux véritables principes de son institution. Mais, nos efforts paraissant inutiles, et convaincus par ce qui se passe journellement sous nos yeux qu'en détruisant les Jacobins, la tyrannie des quelques autres sociétés n'a fait que changer d'objet, nous devons vous dire avec franchise que l'esprit public de la société populaire de Brest est telle que l'autorité des corps constitués de cette commune est presque nulle, et que, sans le contrepoids de la représentation nationale qu'on n'ose pas encore attaquer de front, elle seule ferait mouvoir à son gré la machine politique. La sûreté de la ville, sa garde intérieure et extérieure, sa police, les subsistances de la marine, ses approvisionnements, tout est de son ressort ; du moins elle le croit, car on discute publiquement sur ces matières à la tribune. On prend des arrêtés, on nomme des commissaires ; un président ordonne à un fonctionnaire public de lui rendre compte de l'état des magasins, et le public est imbu de la connaissance des choses qu'il devrait ignorer. La cabale et l'intrigue dominent dans cette société, et vous n'en serez pas surpris, citoyen collègue, quand vous saurez qu'elle est pour la majeure partie composée d'étrangers à la ville de Brest qui y sont appelés par leur service soit dans le militaire soit dans le civil. Ces individus, qui ne se voient qu'avec regret soumis à des chefs dont ils convoitent les places et surtout les appointements, ne cessent de déblatérer contre eux et parviendront, par ce moyen, à leur faire perdre la confiance qui leur est nécessaire pour faire le bien si le bon esprit des honnêtes habitants de Brest, qui malheureusement sont en petit nombre dans cette société, ne leur rendait plus de justice.... »

. On lira la suite de cette dépêche dans l'ouvrage de M. Levot : ce passage suffit pour en caractériser l'intérêt. Malheureusement la santé de Champeaux ne put résister à tant de travail et il mourut presque subitement à Brest, le 11 brumaire an IV, sept jours après la clôture de la Convention[1].

Il avait eu six enfants dont l'un, sous-commissaire de la marine en retraite, vivait encore en 1870, âgé de 83 ans.

---

[1] On a sur lui une notice par Levot dans la *Biog. Bret.* à l'article Champeaux, — et un bon portrait dessiné par Godefroy et gravé par Massard pour la collection Dejabin. Figure aristocratique.

L'aîné, Antoine, né à Saint-Brieuc en 1769, capitaine en 1793 et chargé de l'armement du littoral des Côtes-du-Nord, était adjudant général dans l'armée de Tribout en 1794 ; et chef de brigade au 15ᵉ chasseurs à cheval, commandant le 87ᵉ arrondissement maritime et président du conseil de guerre de la 13ᵉ division militaire en 1798. Le livre de M. de Kerigant sur la chouannerie dans les Côtes-du-Nord contient à son sujet d'assez étranges assertions sur les procédés à l'aide desquels on obtint de sa part l'élargissement de plusieurs détenus en messidor an VI[1]. Il fut créé chevalier de l'Empire en 1808.

De nos jours le nom de Palasne de Champeaux est porté par un percepteur des contributions directes à Vannes et par le lieutenant de vaisseau, résident de France en Annam, qui a joué un rôle considérable dans les affaires du Tonkin, durant ces dernières années.

---

80. — JACQUES-GABRIEL **Pathelin,**
officier des vaisseaux de la compagnie des Indes,
député suppléant de la sénéchaussée d'Hennebont

(Port-Louis, **17..** — Hennebont, **17..**)

Ce législateur *in partibus* figure avec la qualification d'officier des vaisseaux de la compagnie des Indes, comme *député suppléant de la sénéchaussée d'Hennebont*, sur une liste des députés de Bretagne aux États-Généraux qui fut imprimée à Brest, au mois d'avril 1789, dès que le résultat des élections fut connu[2]. Son nom n'a jamais reparu depuis sur aucune

---

[1] Kerigant, *Les chouans,* p. 61, 76; et Lamare, *Hist. de Saint-Brieuc,* p. 228.
[2] Cette liste ne m'a été communiquée que tout récemment ; c'est ce qui explique pourquoi Pathelin ne figure pas sur le tableau que j'ai donné dans l'introduction du 1ᵉʳ volume.

liste, et comme il n'eût pas occasion de siéger, l'obscurité la plus complète règne sur sa personne. Il y avait au Port-Louis, en 1695, un *Benoit Pathelin*, sieur *de Brunet*, dont la fille épousa Nicolas Audran, l'un des fils de l'imprimeur vannetais. J'imagine que c'est le grand'père du futur député. D'autre part, je relève un premier enseigne de vaisseau, du nom de Pathelin, sur les listes de la compagnie des Indes en 1756 : mais je ne le rencontre, ni sur la liste de 1785, ni sur celle des nombreux officiers licenciés en 1770 qui furent pourvus de brevets d'officiers provisoires pour la guerre d'Amérique. Enfin la liste des jurés du Morbihan pour l'an VI signale un *Gabriel-Louis Pathelin*, rentier, demeurant à Hennebont. Ne serait-ce pas notre député ? Je livre ces renseignements aux amateurs de problèmes biographiques.

<hr>

81. — Joseph-Marie **Pellerin**,

Avocat à Nantes,
député des sénéchaussées réunies de Nantes et Guérande.

(Nantes, 27 septembre **1751**, — Nantes, 29 novembre **1794**.)

<hr>

Pellerin me semble réaliser le type du constituant sage et vraiment patriote : enthousiaste pour les réformes au début, mais s'arrêtant tout net dans la voie destructive, dès qu'il s'aperçut que les réformes allaient à saper les bases de l'édifice social et de l'édifice religieux. Si l'Assemblée n'avait été composée que de députés modestes, prévoyants et désintéressés comme lui, la France eût accompli son inévitable évolution à coup sûr et sans secousse : elle eut été privée, il est vrai, des gloires chèrement achetées de l'Empire : mais du moins elle n'eut pas connu les violentes infamies de la Terreur.

Issu d'une famille originaire de la Basse-Loire, qui

comptait un procureur devant la juridiction de la vicomté
de Donges au moment de sa naissance, Pellerin fit de bonnes
études au collège de l'Oratoire de Nantes, fut reçu maître ès-
arts en l'Université de cette ville, à dix-huit ans, en 1769, puis
s'étant fait recevoir avocat au Parlement en 1772, il exerça
d'abord devant le présidial de Rennes, et vint s'établir à
Nantes, où il éprouva quelques difficultés au début, puisqu'il
fut obligé de plaider en 1777 et d'obtenir un arrêt de la cour
en 1778 pour être inscrit sur le tableau des avocats de ce
présidial[1]. Mais une fois entré dans la place il ne tarda pas à
s'y créer une situation prépondérante, car la Bibliothèque de
Nantes conserve un grand nombre de mémoires judiciaires
publiés par lui pendant dix ans : ces mémoires témoignent
en même temps de sa science de jurisconsulte et de l'empressement du public à y recourir.

En 1788, préoccupé, comme tous ses contemporains, des
idées de réformes mises par le ministère et par le roi
lui-même à l'ordre du jour, il publia coup sur coup plusieurs
brochures inspirées tout à la fois par son attachement
sincère à la vieille constitution de la province de Bretagne
et par cette conviction non moins arrêtée que la réforme
des abus ne pouvait être opérée d'une manière sage et
régulière qu'en respectant les principes fondamentaux et
traditionnels de la monarchie. La première, intitulée : *Idées
d'un citoyen sur la réforme de l'administration de la justice
en France*, parut en septembre 1788. Il y proposait de supprimer les justices seigneuriales trop souvent abusives ; et de les
remplacer par des tribunaux qui relèveraient immédiatement des présidiaux relevant eux-mêmes des Parlements,
juges en dernier ressort. La seconde, publiée en octobre
avait pour titre : *Suite des idées d'un citoyen* etc. et *Réflexions
sur les Etats-Généraux prochains, sur quelques objets de*

[1] Voir les mémoires pour et contre publiés à cette occasion à la Bibl. de
Nantes, nos 7552 à 7555.

leurs délibérations et sur leur composition. Il y insistait sur
la nécessité de simplifier les formes de la procédure ; demandait l'admissibilité de tous les citoyens à tous les
emplois civils et militaires : la contribution du clergé et
de la noblesse aux charges de l'Etat ; la résidence plus
régulière des évêques dans leurs diocèses avec droit d'éxamen
sur l'impression des livres dangereux pour la morale et
la religion ; et il émettait le vœu que les trois ordres s'enten-
dissent et s'unissent réciproquement pour le bonheur de l'Etat.

Au mois de novembre, il choisit un sujet plus spécial
et publia un *Mémoire historique sur la constitution des Etats
de Bretagne, adressé aux gentilshommes bretons, à l'occasion
de la question de droit public actuellement agitée en cette
province : Si la noblesse a, par droit constitutionnel de la province, celui d'assister en corps et par individus aux Assemblées des gens des trois Etats du pays et duché de Bretagne.*
Il concluait pour la négative et démontrait que chacun des
trois ordres n'était jadis admis aux Etats que par des
représentants spécialement délégués ; et que la noblesse
n'y était entrée, en corps et par droit de naissance, qu'à
la faveur des troubles du seizième siècle. En conséquence
il demandait que la représentation du Tiers et du clergé
fût augmentée, et celle de la noblesse réduite dans une
proportion légitime. Cette brochure fit sensation et l'on
en publia à Paris une réimpression à l'insu de l'auteur.

Chaque mois, nouvel écrit. Après le *Mémoire historique,*
Pellerin donna le *Discours d'un citoyen, pour être prononcé
à l'Assemblée de la commune le 15 décembre,* dans lequel
il réclamait de nouveau une représentation du Tiers aux
Etats de la province et aux Etats-Généraux suffisante
pour défendre utilement ses intérêts légitimes. Puis ce furent
des *Observations sur un mémoire imprimé ayant pour titre :
Réponse à un ouvrage intitulé : Mémoire historique sur la
constitution des Etats de Bretagne ;* et enfin, au commencement de 1789, un opuscule sur le *Droit public de la pro-*

vince de Bretagne, avec des observations relatives aux circonstances actuelles. Dans ce dernier livre, Pellerin démontrait que la Bretagne était en France un pays d'Etats seul de son espèce : qu'elle n'avait pas été incorporée au royaume par droit de conquête ni par puissance de fief ; qu'elle s'était librement donnée sous réserve de ses anciens droits et privilèges ; et que la France ne pouvait, sans trahir des engagements consacrés par un traité solennel, méconnaître les clauses de cette union.

Tous ces écrits qui respiraient un patriotisme ardent furent d'autant plus goûtés qu'ils ne visaient qu'à une réforme équitable et prudente des abus dont se préoccupait l'opinion. Ils assurèrent son élection aux Etats-Généraux par les électeurs de la sénéchaussée de Guérande qui l'avaient d'abord nommé un de leurs quatre délégués à l'assemblée générale des sénéchaussées réunies de Guérande et de Nantes, et commissaire à la rédaction du cahier des doléances. Pellerin, malgré la part active qu'il avait prise à la lutte, n'ambitionnait pas ce mandat : il le refusa d'abord et pria les électeurs de reporter leurs suffrages sur un autre candidat : mais vaincu par leurs instances, il consentit enfin à accepter la mission qui lui était confiée.

A Versailles il partagea d'abord l'enthousiasme et les illusions de la plupart de ses collègues de Bretagne : j'en ai pour garants plusieurs passages de sa correspondance publiée en 1883 par M. Gustave Bord. Il écrivait le 28 juin 1789 :

« Messieurs et chers commettants, après les épreuves que notre fermeté a soutenues contre les actes d'autorité absolue que la cabale puissante, qui voulait faire échouer les États-Généraux, a multipliés coup sur coup, et dans la célèbre journée du 23, l'ordre des Communes fut constitué. *L'Assemblée nationale*, déjà réunie à la majorité du Clergé et à la minorité de la Noblesse, a eu l'avantage de voir, hier au soir, la totalité de ces ordres rentrer dans la salle des États, et couronner enfin la réunion si désirée et si désirable pour

31

travailler avec succès au grand œuvre de la régénération de la France[1]... »

Sa lettre du 15 juillet, le lendemain de la prise de la Bastille, n'est pas moins caractéristique. Elle prouve à la fois qu'on était encore fort peu renseigné à Versailles sur ce qui s'était réellement passé à Paris, et que Pellerin acceptait la situation faite par les mouvements populaires :

« Messieurs et honorés commettants, ce jour termine une suite d'événements malheureux qui ont mis l'Etat à deux doigts de sa perte. Samedi au soir M. Necker fut congédié, et avec lui MM. de Montmorin, de Puységur et de la Luzerne. La nouvelle de la disgrâce d'un ministre de qui dépendait le salut public se répandit dimanche au matin. Paris, qui a sa fortune dans le trésor royal, s'agita. Les troupes que l'on assemblait depuis quelque temps autour de cette capitale, loin de contenir le peuple, excitèrent la fermentation par leur présence. On brûla plusieurs des barrières de Paris. Du peuple la fermentation passa aux bourgeois, menacés de la banqueroute de l'Etat et dont on voulait étouffer les murmures par la force ; pour en opposer une à celle des troupes des milices bourgeoises qui se sont formées à Paris, les militaires ont bientôt convaincu les habitants qu'ils étaient eux-mêmes citoyens, et qu'ils n'étaient pas armés contre leur propre patrie, Tous ceux qui se sont trouvés à Paris ou qui y entraient, ont pris parti dans la milice des bourgeois. Il fallait des armes pour tous ces soldats de la patrie : on a su qu'il y en avait un dépôt à l'hôtel des Invalides. On s'y est rendu et on s'est emparé de 25,000 fusils et de plusieurs pièces de canon. La ville de Paris était ainsi en état de défense contre les troupes qui auraient tenté de l'attaquer ; il n'y avait eu encore que peu de personnes qui avaient perdu la vie, dans cette agitation effrayante d'une ville immense, lorsqu'on apprit hier, mardi, que le gouverneur de la Bastille avait spécialement des ordres de diriger contre les citoyens, des batteries dont il était décidé à faire usage. Le comité permanent des électeurs de Paris a député vers ce gouverneur, qui a eu la lâcheté de recevoir la députation, de lever le pont du château et de faire feu ensuite sur ces malheureuses victimes de leur loyauté et de leur franchise.... »

[1] Correspondance inédite de J. M. Pellerin, etc. recueillie et annotée par Gustave Bord — Paris, Sauton, 1883, ni-8°.

Je renvoie pour le reste à la correspondance publiée par M. Bord et je me contenterai d'en extraire deux lettres fort curieuses au sujet des relations de Pellerin, comme député, avec ses commettants :

« Versailles, 12 juin 1789. — Je trouve en arrivant chez moi une lettre de MM. Le Bourdiec, Lallemand et Rouaud de la Villès-Martin, du 9 de ce mois. Ces Messieurs me reprochent de la négligence dans ma correspondance et me rappellent à un engagement que j'ai dû contracter à Nantes avec Messieurs les électeurs de Guérande, qui leur ont assuré que cet engagement était consigné dans le cahier de la sénéchaussée de Nantes.

Ces réflexions me surprennent, Messieurs ; la présente est la quatorzième que je vous ai envoyée.

D'abord, j'ai adressé mes lettres à M. Lallemand procureur fiscal des regaires de Guérande ; ensuite, suivant vos désirs exprimés dans votre lettre du 12 mai, je les ai adressées à Messieurs les commissaires du bureau de correspondance ; enfin depuis le 20 mai, je les ai adressées directement à M. Millon, qui m'a écrit à cette époque qu'il me priait de les lui envoyer. J'ai cru remplir en tout cela vos intentions et pour le mieux ; mais je n'ai jamais cru acquitter d'autre engagement que celui de l'honnêteté, je n'en ai pas pris d'autres, Messieurs, et je n'aurais pas consenti à me soumettre par écrit, et surtout par le procès-verbal de l'élection, à l'obligation étroite de vous envoyer deux bulletins au moins par semaine. Ayez la bonté de détromper messieurs vos correspondants particuliers de l'erreur où ils sont à cet égard, et néanmoins, Messieurs, promettez-leur, comme j'ai eu l'honneur de le promettre à messieurs vos électeurs, comme j'ai encore l'honneur de vous le promettre à vous-même, que je ferai tout ce qui dépendra de moi pour continuer de vous instruire exactement des séances de nos États.

Mais veuillez bien vous charger aussi de dire à M. Millon et autres de vos messieurs qui désireraient des bulletins particuliers, qu'il m'est impossible de leur en envoyer. Je ne puis ni les écrire, ni les faire écrire, parce que je fais ma correspondance à toute heure, suivant les circonstances, et le plus souvent dans le temps voisin du départ du courrier.

Nous sommes régulièrement cinq ou six heures aux États, nous rentrons pour le dîner, et le soir est occupé d'affaires, des assemblées de bureau ou de notre province. C'est à occuper les intervalles de ces séances et le matin qu'il me faut rédiger un journal détaillé, un autre raisonné de mes opinions, votre correspondance et celle de Nantes, dont je me suis pareillement chargé. Souvent c'est à la salle même que je fais mes lettres. M. Millon et autres jugeront donc de l'impossibilité où je suis réellement de leur procurer des bulletins particuliers. Mais ces Messieurs peuvent s'en procurer d'imprimés en souscrivant chez un libraire de Nantes pour le journal de Paris ou de Versailles, qui sont fort exacts.

Notre députation va être attaquée. La sénéchaussée de Nantes se plaint de n'avoir point de députés (spéciaux), et comme je suis dans le nombre des cinq qu'elle prétendait avoir, ma nomination va éprouver des contradictions. Messieurs vos électeurs ont daigné m'honorer de leur choix et me réclamer comme leur député, mais rien ne le constate. Si vous croyez devoir à cet égard prendre quelques précautions pour vous conserver le droit d'avoir un député, la sénéchaussée de Nantes réclamant celui d'en avoir de particuliers, c'est à votre prudence, Messieurs, à vous dicter le parti que vous croirez devoir prendre... »

« Paris, 13 janvier 1790. Messieurs et très honorés commettants ; Un de mes collègues, M. Giraud du Plessis, m'a communiqué ce jour une lettre que vous avez adressée, le 28 décembre dernier, à MM. les députés de Nantes. Vous y témoignez votre surprise de ce que je sois le seul député nantais qui n'ait pas signé l'adresse au peuple breton. *Cela*, dites-vous, Messieurs, *vous donne des inquiétudes* sur mon compte *et sur le sort de plusieurs paquets que vous m'avez adressés dernièrement.*

Votre lettre annonçant des inquiétudes sur la nature de mes opinions dans l'Assemblée nationale et sur mon exactitude à lui présenter les adresses que vous m'envoyez, j'aurai l'honneur de vous répondre d'abord sur ce dernier objet qui intéresse mes obligations envers vous et conséquemment mes devoirs ; je vous rendrai compte ensuite de mes opinions et de ma conduite dans la mission que vous avez concouru à me confier.

J'ai reçu de vous, Messieurs, depuis l'ouverture de l'Assemblée nationale, le nombre de onze lettres et de sept délibérations ou adresses. Vous me les avez envoyées sous les dates du 20 mai, 5 juin, 5, 19 et 30 juillet, 14 août, 13 et 26 septembre, 11 et 22 décembre dernier, et 1er janvier présent mois.

J'ai répondu à toutes vos lettres, et j'ai mis sous les yeux de l'Assemblée nationale toutes les adresses et délibérations que j'ai reçues de vous, à la seule exception de celles qui concernaient le refus de tout *veto* au Roi et la confiscation provisoire des offices des conseil-

lers de la chambre des vacations du parlement de Rennes, en vous
prévenant dans le temps que je ne pouvais pas me charger de présenter ces adresses, par les raisons que je vous ai développées dans
mes lettres.....

Relativement à mes opinions dans l'assemblée sur les délibérations qui s'y prennent, je vous dois compte de ma soumisssion à
mon mandat, et à cet égard je vous rendrai, à mon retour,
Messieurs, celui que vous désirez de moi. Quant à mes opinions sur
les discussions étrangères à mon mandat, je n'en dois compte qu'à
Dieu, qui me prescrit de suivre la loi de ma conscience dont je ne
crois pas m'être encore écarté et dont j'espère ne m'écarter jamais.
Cependant, Messieurs, pour peu que vous désiriez que je vous
rende compte de ces opinions particulières, je le ferai avec plaisir.
*Je tiens depuis l'ouverture de l'Assemblée nationale le registre exact
de toutes mes opinions.* Un député qui se rend à lui-même un
compte si rigoureux, ne craint pas qu'on descende dans son âme.

Si je n'ai pas signé l'adresse du peuple breton, c'est parce que je
l'ai trouvée écrite dans un style que je n'ai pas approuvé. Comme
j'ai toujours pensé que l'on pouvait concilier la fermeté des principes et le vrai courage avec la modération, je n'ai jamais cru être
obligé d'adopter ce qui ne me paraissait pas réunir ces deux qualités, lorsque l'ouvrage à signer n'était pas indispensablement nécessaire. Mais lorsque la nécessité commande, je cède à la majorité,
et je l'ai prouvé en signant l'adresse concernant la perception des
devoirs en Bretagne qui va paraître incessamment.

Voilà ma justification, Messieurs, que je crois complète et que je
vous serai obligé de communiquer à Messieurs de Guérande, de qui
j'envie l'estime ainsi que la vôtre. »

Maintenant on connaît l'homme; et l'on voit qu'il était de
ceux qui ne transigèrent jamais avec leur conscience. Aussi
ses votes indépendants avaient-ils plus d'une fois déplu.
Lorsque fut adoptée la déclaration des droits de l'homme et
du citoyen, il avait proposé, mais sans succès, de formuler
comme contrepoids une déclaration des devoirs. Il ne croyait pas que la plénitude du pouvoir législatif pût appartenir exclusivement à l'Assemblée nationale; et s'appuyant
sur le capitulaire de Charles le Chauve; *Lex sit consensu
populi et constitutione regis*, il vota pour la plupart des pré-

rogatives de la royauté et en particulier pour qu'au roi
seul appartînt le droit de faire la paix et la guerre. Mais
ce fut en matière religieuse surtout qu'il se rapprocha de
la droite. Au mois d'octobre 1789, quand on voulut dépouiller l'Église, il parla avec beaucoup de force et d'habileté en
faveur de la propriété ecclésiastique. Il soutenait, avec Ma-
louët, que si l'Etat faisait vendre une partie considérable
des biens du clergé par l'Eglise elle-même, la paix publique
ne serait pas troublée par les querelles religieuses qu'une
vente faite par l'Etat seul devait nécessairement amener.
On ne l'écouta point et pourtant l'avenir lui donna singulièrement raison. Il ne voulut prendre aucune part aux délibérations sur la constitution civile du clergé, persuadé
que l'Assemblée était incompétente en pareille matière et
prévoyant les funestes conséquences que cette usurpation
sur les droits du Saint-Siège allait entraîner. Autant le
vol, même collectif et déguisé sous le masque du bien public, des biens de l'Eglise avait répugné à sa conscience
d'honnête homme, autant le schisme répugnait à sa conscience de catholique.

Vers le milieu de l'année 1790, malade, accablé d'ennuis
et de dégoûts en voyant la marche inquiétante des événements et l'impossibilité de s'opposer au torrent révolutionnaire, il écrivit à ses électeurs pour leur demander d'accepter sa démission. Bien que ses votes eussent souvent
paru fort tièdes, on le pria de conserver son mandat; il
se résigna donc, mais sa santé s'altérant de plus en plus,
il se démit le 7 septembre 1790 et revint à Nantes au moment où il atteignait à peine l'âge de quarante ans.

Là, pendant les plus mauvais jours, sa probité courageuse
ne se démentit pas. Au mois de juin 1791, il prit la défense des religieuses carmélites des Couëts violemment
arrachées de leur couvent et traitées avec la dernière igno-
minie. La garde nationale, dont un détachement qui s'était
dit envoyé au secours des religieuses avait laissé violer

leur domicile en sa présence, l'accusa de l'avoir outragée dans ce mémoire ; et bien qu'on ne fut encore qu'en 1791, il fut incarcéré au château de Nantes. Un arrêté de non lieu le fit bientôt mettre en liberté ; mais la populace réunie devant le château, poussa de tels cris de mort à cette nouvelle, qu'il fut obligé de rentrer dans sa prison et n'en put sortir sans danger qu'après plus d'un mois. C'est ainsi qu'on comprenait alors la liberté de la défense.

En 1793, il fut l'un des premiers atteint par la loi des suspects. Le 13 mars, il était de nouveau envoyé au château, puis transféré aux *Saintes-Claires*, puis à bord du navire *la Loire* mouillé au bas de la Fosse où il eut à supporter toutes sortes de mauvais traitememts. Enfin, arraché pour la troisième fois de son domicile, sous le proconsulat de Carrier, au mois de septembre, il fut incarcéré à L'Eperonnière et fit partie de cet horrible voyage des 136 nantais envoyés de Nantes à Paris pour y être jugés par le tribunal révolutionnaire, traînés de prison en prison, pendant 40 jours, du 26 novembre 1793 au 5 janvier 1794, et accablés de tant de fatigues, de privations et d'outrages que douze d'entre eux succombèrent pendant la route. Lorsqu'après plus de huit mois de captivité à Paris, ils furent traduits le 17 septembre 1794 devant le tribunal, ils n'étaient plus que 91 ; depuis deux mois, le 9 thermidor, on avait adouci les sentences : ils furent tous acquittés. L'acte d'accusation l'eut fait condamner dix fois trois mois auparavant ; on y lisait qu'il avait lâchement et par fanatisme abandonné son poste lors de la loi sur le clergé, qu'il avait eu des liaisons avec les émigrés et les brigands de la Vendée ; et qu'il était tellement suspect qu'à chaque mouvement populaire il avait toujours été incarcéré.... ! Mais son acquittement ne lui donnait pas un brevet de longue vie. Epuisé par les souffrances morales et physiques qu'il avait endurées, il mourut à Nantes le 29 novembre 1794 à l'âge de 43 ans: « J'ai suivi ma conscience dans toutes les délibérations auxquelles j'ai concouru, a-t-il écrit dans son journal, j'ai toujours tâché de me rendre compte des motifs de mon opinion : j'ai pu errer quelquefois, je m'en suis aperçu plus tard ; j'avais du moins été de bonne foi[1]. »

Ses deux fils suivirent ces nobles exemples. L'un magistrat, l'autre médecin professeur à l'école de médecine de Nantes, n'hésitèrent pas à briser leur carrière en 1830 pour rester fidèles à leurs convictions politiques. Un de ses descendants, M. Pellerin de la Vergne, siège aujourd'hui au conseil général de la Loire-Inférieure.

---

* — **Penanrun** (de) — Voy. **Le Dissez**.

---

* — **Pennanech** (de) — Voy. **Mazurié**.

---

82. — Rodolphe-Claude **Perret de Trégadoret**,
ancien maire de Ploërmel,
député de la sénéchaussée de Ploërmel,

Ploërmel, 10 novembre **1741**. — Vannes $\left\{ \begin{array}{l} \text{27 frimaire an VII} \\ \text{17 décembre } \mathbf{1798} \end{array} \right\}$

Les Perret forment une véritable dynastie pendant trois siècles dans la région qui s'étend de Ploërmel à Malestroit. *Pierre Perret, sieur des Crolais,* sénéchal de Ploërmel, portant *d'argent à trois cœurs de gueules,* ayant défendu héroïquement sa ville contre l'armée du duc de Mercœur, le 21 avril, Vendredi-Saint de l'année 1594, fut anobli par Henri IV le 24 mars 1606 : mais les lettres patentes n'ayant pas encore été délivrées à l'époque de l'assassinat du roi, *Jean Perret, sieur*

---

[1] Ce passage est extrait d'une excellente notice anonyme sur Pellerin publiée dans la *Revue des provinces de l'Ouest,* livr. de novembre 1855.

du Pas aux Biches, lieutenant particulier civil et criminel au siège de Ploërmel en réclama; et le roi Louis XIII lui octroya des patentes définitives d'anoblissement au mois de mars 1611. Ses descendants, les *Perret des Crolais* et de *Lezonnet* qui, procureurs du roi et sénéchaux au siège de Ploërmel, furent en conséquence maintenus de noblesse à la réformation de 1666, et les *Perret de la Lande* qui leur succédèrent à la fin du dix-huitième siècle et comptent un président du tribunal criminel du Morbihan député aux Cinq-Cents en 1795, eurent donc le droit de reprendre, sous l'Empire, la noblesse que quelques-uns d'entre eux avaient abandonnée pendant la Révolution[1].

Mais les autres branches de la famille, celles de *Valain* et de *Trégadoret*, remontaient plus haut qu'en 1611 et ne pouvaient, bien qu'elles conservassent des liens de parenté très étroits avec les précédentes, (j'en ai des preuves dans les correspondances entre les la Lande et les Trégadoret qui se traitent de cousins de 1791 à 1796) prétendre aux mêmes privilèges. C'est ce qui explique comment les *du Valain* et les *Trégadoret* exerçaient à Ploërmel à la fin du dix-huitième siècle, les charges municipales dévolues à la haute bourgeoisie et votaient avec le Tiers-Etat.

Fils de *Charles Perret du Valain* qui fut maire de Ploërmel et député du Tiers aux Etats de 1748, et d'Elisabeth

---

[1] Ceci soit dit pour réparer une erreur de M. Locpéran de Kerriver, éditeur de la correspondance du capitaine *Perret de la Lande*, qui a contesté cette noblesse. Elle était au contraire parfaitement authentique. La branche des Perret de la Lande est aujourd'hui tombée en quenouille : *Charles Perret de la Lande* qui avait épousé Françoise-Louise *Le Rillan*, eut deux fils : 1° *Pierre-Joachim*, père de ; *Charles-Balthazar* (1760-1810) qui émigra en 1792 et dont le fils unique *Pierre-Philippe* mort capitaine en 1852, laissant une fille *Anne-Marie* qui a épousé M. *de Bourmeister-Ladozkowski* ; et *d'Aimée-Bonne* emprisonnée sous la Terreur, qui épousa Pierre *Duportal* dont le fils habite encore près de Vannes, âgé de 87 ans ; — 2° *Jean-François*, père de *François-Marie Perret de la Lande*, le député aux Cinq-Cents, mort célibataire et de *Jean-Louis Perret de la Garenne* (1758-1815) le capitaine dont M. Locpéran de Kerriver a publié la correspondance, qui épousa sa cousine *Dusers*, fille du constituant (voir ci-dessus) et ne laissa qu'une fille mariée à M. *Despasse*, avocat à Rennes.

Quenault, le jeune *Rodolphe-Claude* fut tenu sur les fonts du baptême, le 10 novembre 1741, par noble homme Rodolphe-Toussaint Gaillard de Kerbertin, et demoiselle Marguerite Claudine Quenault dame de Lézillac[1]. Tous ces noms sont ceux des meilleures familles de la bourgeoisie locale. Aussi le jeune Perret ne tarda-t-il pas à occuper, comme ses parents, de hautes fonctions à la communauté de ville. D'abord miseur, il devint en 1778, c'est-à-dire à trente-sept ans, *maire* de Ploërmel, et fut bientôt mûr pour les grandes députations.

Elu quatrième député aux Etats-Généraux, par la sénéchaussée de Ploërmel, le 7 avril 1789, Trégadoret garda un silence prudent pendant toute la législature : mais il votait avec la gauche et cela suffisait pour les patriotes. C'est pourquoi, lors des élections générales de septembre 1791, il fut élu second haut juré par 180 voix sur 343, quoiqu'absent, « choix justifié, dit le procès-verbal, par la manière utile et distinguée dont depuis trois ans, député à l'Assemblée nationale, il a servi la patrie. »

Trois semaines après, il rentrait de Paris ; et son premier acte à Ploërmel fut de donner, le 6 octobre, les prénoms de *Prosper-Civique* à l'un de ses neveux, dont son frère Rodolphe, commandant la garde nationale de la ville, l'avait prié d'être le parrain.

Peu après, il était élu *juge au tribunal du district* qu'il présidait à l'époque des élections municipales en décembre 1792. Il resta juge pendant la Terreur, et ne parait pas avoir été inquiété par Prieur de la Marne, comme son cousin Perret de la Lande, président du tribunal criminel du Morbihan à Vannes. Du reste, pour accuser davantage son patriotisme, il vendait ses biens jadis nobles et se montrait disposé à les remplacer par des biens nationaux « Je crois, écrivait Perret de la Garenne à son frère de la Lande,

[1] Acte communiqué par M. Albert Macé.

le 27 germinal an III, que Trégadoret n'a pas mal fait de
se défaire de ses métairies de Saint-Sérant et de la Lande,
car c'est un vilain pays. Il les remplacera plus avantageuse-
ment en achetant du bien d'émigré ou national. » Et six
mois après, le 27 ventôse an IV, il écrivait encore : « Notre
municipalité, par arrêté du département, vient d'être destituée à l'exception de Woirdye. Trégadoret a été nommé
président. »

Il était donc redevenu *maire*, comme en 1778, et il le
resta jusqu'à sa mort. Son ambition allait pourtant plus
loin : il ne lui suffisait pas d'être en même temps président
du club ; et je trouve de lui, en frimaire an V, une lettre
pour demander une place de commissaire du directoire
exécutif, avec entrée de son fils aîné dans une recette de l'enregistrement. Perret fils fut en effet nommé *enregistrateur,*
mais l'ancien constituant dut rester président de l'administration municipale de Ploërmel. Il mourut à Vannes, avec
ce titre, en 1798, à cinquante-sept ans[1].

---

* — **Plessis** (du). — Voy. **Giraud**.

---

* — **Pommeraye** (de la). — Voy. **Fournier**.

---

83. — JEAN-FRANÇOIS-PIERRE **Poulain de Corbion,**
maire de Saint-Brieuc,
député de la sénéchaussée de Saint-Brieuc
(Quintin, 10 juin **1743**. — Saint-Brieuc, 28 octobre **1799**).

Le nom de famille *Poullain* ou *Poulain* a été porté en
Bretagne, au dix-huitième siècle, par le célèbre avocat
Poullain du Parc, et par l'auteur des Essais sur Paris, histo-

[1] Je ne connais pas d'autre notice sur Trégadoret que celle que j'ai donnée
en 1888 dans la *Revue illustrée de Bretagne et d'Anjou.*

riographe de l'ordre du Saint-Esprit, *Poullain de Saint-Foix*.
Je ne sais si les *Poulain de Corbion* se rattachaient directement à ceux-ci, et je constate seulement que notre député
était le fils de *Pierre Poullain*, établi à Quintin, alloué du
duché de Lorge et sénéchal d'Avaugour, et de Jeanne-Suzanne
Dargaray. Son parrain fut Jean-Baptiste Poullain, sieur de
Corbion, dont l'acte de baptême ne donne pas autrement les
qualités.[1]

Ici je dois ouvrir une parenthèse. Le portrait de Poullain
de Corbion, dessiné par Devouges et gravé par Crauz, à la
manière noire, pour la collection Levachez, le qualifie député
de Nantes et né le 10 mai 1737. Il y a là deux erreurs qui
proviennent de ce que le graveur avait d'abord mis au bas
du portrait le nom de *Poussin*. Or nous rencontrerons en
effet plus bas un *Pussin*, député suppléant de la sénéchaussée
de Nantes. La date de naissance du 10 mai 1737 doit donc
s'appliquer à lui et non à Poullain dont l'acte authentique de
baptême porte bien la date du 10 mai 1743, jour même de la
naissance. J'ai même longtemps hésité à croire que ce portrait, qui ne ressemble guère à celui de la collection Dejabin,
fût celui du député de Saint-Brieuc et je l'attribuais à Pussin :
mais M. de Surgères m'a démontré qu'il n'y avait pas erreur
sur la figure et que l'inscription seule est fausse. Il n'en
résulte pas moins, pour cette inscription, un problème icono-
graphique intéressant que je livre aux méditations des curieux.

Quoiqu'il en soit, voilà Poullain plus jeune de six ans qu'on
ne le croyait jusqu'ici. Reçu avocat au Parlement, il vint
s'établir à Saint-Brieuc, et le 31 décembre 1779, il fut élu
maire et commandant de la milice bourgeoise pour 1780 et
1782. Réélu en 1782, il conserva la mairie jusqu'à la Révolution et assista en cette qualité aux États de Bretagne à
Rennes en 1779 et en 1782, et à Saint-Brieuc en 1787[2]. Il y

[1] Acte communiqué par M. A. du Bois de la Villerabel.
[2] Voyez *Archives d'Ille-et-Vilaine*, B, 2571, 2575.

fut nommé membre de la commission intermédiaire pour l'évêché de Saint-Brieuc.

Jusqu'au milieu du dix-huitième siècle, les procureurs-syndics et les maires n'étaient restés que deux ans en charge; et le premier de ces offices conduisait habituellement au second : mais, à partir de la mairie de Pierre Souvestre, les fonctions municipales devinrent l'apanage d'un petit nombre de bourgeois qui suivirent mieux les affaires tout en formant de plus en plus des familles privilégiées. Ils admettaient bien, remarque M. Lamare[1], le principe de l'élection, faite par des notables de toutes les classes, mais dans la pratique, ils voulaient réserver à ces notables le plus grand nombre possible de bénéfices. Et le scrupuleux historien cite à l'appui de son assertion, une délibération de 1785, provoquée par Poullain de Corbion, à propos des bourses à fonder pour les enfants du Tiers dans les collèges de la province. Il fut déclaré « que ces bourses devaient être données de préférence aux enfants des officiers municipaux qui n'auraient pas assez de fortune ; que nul ne devait y prétendre avant eux... et que les enfants des artisans et laboureurs ne pourraient pas concourir aux places... »

Ce furent ces étranges libéraux qui se ruèrent à l'assaut des privilèges en 1788 et 1789. Poullain de Corbion fut l'un des premiers sur la brèche. Après avoir énergiquement protesté contre l'arrestation des Douze au mois de juillet 1788, rédigé une adresse au Parlement en octobre, et fait arrêter par la commission intermédiaire de l'évêché de Saint-Brieuc un témoignage d'adhésion aux démarches et aux efforts des députés en cour[2], il publia une brochure populaire intitulée *La poule au pot*, à l'adresse des habitants des campagnes et qui semble avoir eu la prétention d'affecter la forme d'une publication périodique, car je constate le nº 1 en tête de la pièce suivante que je crois devoir reproduire in extenso :

[1] *Hist. de Saint-Brieuc*, p. 173.
[2] Lamare, p. 10?, et Le Maout, *Annales armoricaines*, p. 270 à 273.

La Poule au Pot ou première cause du bonheur public suivie des contradictions qu'il éprouve. — S. l. (St-Brieuc) 1789. 8°, 14 pp.

N° 1. Lettre circulaire adressée aux habitants des campagnes par M. *Poulain de Corbion*, maire de St-Brieuc, sur l'original imprimé et signé de M. Poulain.

« Messieurs, je me félicite d'être chargé de vous témoigner le vif intérêt que vous inspirez à mes concitoyens, et de vous assurer de la vénération qu'ils ont toujours eue pour la classe respectable qui est la nourrice des autres classes de citoyens. La nation vous appelle à ses assemblées et demande vos avis, bien sûre qu'ils porteront toujours le caractère de votre franchise et de votre loyauté. La pureté de vos mœurs et vos vertus seront des exemples pour les citoyens des villes qui les imiteront sans doute. Ils se persuadent que vous concourrez avec eux à soutenir avec fermeté les intérêts de l'ordre du Tiers, dont nous nous faisons tous honneur d'être. MM. les recteurs (les curés) qui sont de notre ordre, seront aussi appelés aux assemblées nationales, sans cesse témoins de vos besoins, les partageant, et soulageant souvent vos misères. Qui peut mieux en peindre le tableau à la nation ! Vous avez jusqu'à présent porté le fardeau le plus pesant. Le roi, notre bon père, ne peut le voir sans en gémir et sans en être attendri. Nouveau Henri IV, il veut que vous mettiez la *poule au pot*, et si le premier fut le vainqueur et le père de ses sujets, le nouveau Henri n'aspire qu'au titre plus doux d'être le père de ses peuples.

Le temps est venu de rendre justice à la classe la plus nombreuse, la plus précieuse de la nation. N'en doutons point, la corvée sera abolie, et toutes les classes des citoyens contribueront à l'ouverture et à l'entretien des grandes routes en proportion de leurs facultés ; il en sera de même de toutes les impositions. Vous n'avez pas joui du respect qu'on vous devait. Consolez-vous, le temps n'est plus éloigné peut-être où en France, comme chez les Romains, on ira prendre les généraux d'armée à la charrue. Mais le temps presse : hâtez-vous d'unir vos efforts aux nôtres. Demandez au roi, notre bon et tendre père, le redressement de tous nos griefs. Il nous rendra justice. Je m'empresse de vous faire part des arrêtés de ma communauté ; ils vous prouveront que vos intérêts ne sont point séparés des nôtres, et que nous nous faisons gloire de vous être associés. Il est bien doux pour moi, Messieurs, d'être dans ce moment l'inter-

prête de mes concitoyens, et de vous assurer de ma profonde
vénération et de mon entier dévouement.

Je suis Messieurs, votre très humble et très obéissant serviteur

POULAIN DE CORBION, *maire.*

A Saint-Brieuc, le 1o décembre 1788[1]. »

A la suite de cette touchante homélie, Poulain fut de
nouveau nommé, le 16 février 1789, membre de la commission intermédiaire par le Tiers-état de Bretagne réuni
en session extraordinaire à Rennes, et le 14 avril il fut élu
député de la sénéchaussée de Saint-Brieuc aux Etats-Généraux.

A l'Assemblée nationale, son rôle fut fort effacé, et la seule
mention que je trouve de lui est d'avoir fait partie du
comité des recherches en juillet 1790 : ce qui n'empêcha
pas ses compatriotes de lui décerner de grands honneurs,
de le nommer colonel des volontaires nationaux le 19 août
1789 et de le recevoir avec la plus grande pompe à son
retour de Paris, le 13 octobre 1791. Il fut, en cette circonstances, harangué par M. Besné, l'orateur attitré de la municipalité, qui salua dans l'ex-constituant « le citoyen généreux, l'ami sûr, l'homme vrai... enfin l'un des fondateurs
du dogme impérissable de la liberté publique et de la
liberté individuelle de la nation française[2]. »

Le mois suivant, le 9 novembre 1791, Poulain était élu
de nouveau *maire de Saint-Brieuc* par 110 voix sur 122 ; mais
effrayé sans doute par la responsabilité que lui faisaient en-
trevoir les événements qui se préparaient, il refusa cet
honneur, et se contenta du titre d'administrateur du département.

[1] La signature écrit *Poulain* avec un seul *l*, mais l'acte de baptême porte *Poullain*, avec deux *l*.

[2] Lamare, p. 204 et voy. Le Maout, p. 307 à 309. Ce dernier nous apprend que Poulain avait adressé le 20 juillet 1791 une cravate au drapeau de la garde nationale, en même temps que son serment civique.

Aux élections des députés à la Convention, en septembre 1792 à Dinan, il fut élu commissaire à la vérification des pouvoirs par le district de Saint-Brieuc, scrutateur adjoint, et membre de la commission pour l'examen des procès-verbaux attaqués des assemblées primaires.

Il disparaît de la scène politique pendant la terreur : mais après le 9 thermidor, Guezno et Guermeur, réformant les autorités constituées, le nommèrent, par arrêté du 30 mars 1795, *procureur de la commune de Port-Brieuc*, titre qu'il changea, le 30 octobre 1797, pour celui de commissaire du directoire exécutif près la municipalité de Port-Brieuc, qui correspondait aux mêmes fonctions.

Il les remplissait encore lorsqu'il fut tué lors de l'attaque et de la prise de Saint-Brieuc par les Chouans, dans la nuit du 6 brumaire an VIII (28 octobre 1799). Plusieurs historiens ont raconté cette mort d'une façon très dramatique. On aurait reconnu le commissaire national sortant de sa maison, on aurait voulu le forcer à crier *Vive le Roi*, et il serait tombé en criant *Vive la République*. M. de Kerigant rapporte cette mort plus simplement dans son ouvrage sur la Chouannerie des Côtes-du-Nord :

On a beaucoup parlé dit-il, de la mort de M. *Poulain Corbion* commissaire du directoire exécutif. J'ai toujours entendu raconter que cette mort avait été purement accidentelle, comme celle de quelques autres personnes : il fut tué à *4 heures du matin*, en sortant de sa maison. Une voix prudente lui cria de rentrer : mais au lieu de suivre cet avis, s'élançant dans un sens opposé, il fut atteint de plusieurs balles et tomba, sans être connu de ses assaillants et sans avoir été signalé à leurs coups. La sommation et le colloque dont on a parlé au sujet de cette rencontre sont complètement imaginaires. Les chefs des pelotons étaient des hommes honorables, ne tirant pas à plaisir, et sachant à l'occasion honorer le courage même chez leurs adversaires.

Les chouans ne crurent pas seuls que la mort de M. Poulain Corbion avait été absolument accidentelle : c'était aussi l'opinion de beaucoup d'anciens habitants de St-Brieuc. Il y a six ou sept ans, j'en acquis une nouvelle preuve, sans la chercher certes. Dans un diner à la campagne, je me trouvai placé à côté d'un officier général, aussi remarquable par l'élévation de ses sentiments que par la distinction de son esprit. Le hasard de la conversation l'amena à me raconter cette prise de Saint-Brieuc. Supposant que j'en ignorais les détails, il me dit en avoir entendu parler par des parents dont il m'indiqua les noms, gens très à même, en effet, de bien connaître cette affaire: Il confirma absolument la version donnée plus haut, contredisant celles écrites sur ce coup de main. On doit remarquer encore qu'il ne fait pas jour à 4 heures du matin à la fin d'octobre.

M. Poulain Corbion, sorti de chez lui, averti, sans doute, de ce qui se passait, et voulant peut-être y porter remède, mais ne put aller se présenter aux assaillants : il chercha vraisemblablement au contraire, à les éviter, et succomba fortuitement, sans être reconnu, comme quelques autres personnes dont je vais donner les noms tels qu'ils sont inscrits sur les registres de l'état civil de St-Brieuc :

« Poulain Corbion, commissaire du Directoire, né à Quintin âgé de 56 ans, décédé hier, 28 octobre 1799; à 4 heures du matin, etc.[1] »

Quoiqu'il en soit, ce qui est bien sûr c'est que Poulain de Corbion fut tué tout près de sa maison, c'est-à-dire à la porte de l'évêché actuel, et non pas contre la tour nord de la cathédrale qui renfermait la poudrière dont il n'avait pas la garde. C'est cependant là que la municipalité de Saint-Brieuc a fait apposer une plaque de marbre, il y a une dizaine d'années, en mémoire de ce tragique événement.

J'ai parlé du portrait de Poulain par Devouges, publié dans la collection Le Vachez : on en possède un autre, dessiné par Godefroy et gravé par Massard, pour la collection Dejabin : physionomie spirituelle, mais la plus bizarre qui se puisse imaginer, avec son tout petit œil et son nez extraordinairement allongé[2]. Poulain avait épousé Mathurine *Chouesmel de Lassalle*. Sa postérité existe encore. Son petit-fils, avocat distingué à Saint-Brieuc, a publié en 1858 une curieuse relation du voyage de l'Empereur en Bretagne.

[1] Kerigant, *Les Chouans*, etc., p. 117 à 119. — Et voy. Lamare, *Hist. de Saint-Brieuc*, p. 233 à 235; Le Maout, *Annales armoricaines*, p. 405 à 426; Geslin de Bourgogne, *Anc. Ev. de Bret*, II, 432; Habasque, *Notions historiques sur les C.-du-N.*, etc.
[2] On a des notices sur lui dans la *Biog. nouv. des Contemp.* d'Arnault; dans l'*Hist. de Saint-Brieuc*, de M. Lamare, p. 243, etc., mais la *Biog. bret.* l'a oublié.

33

84. — L'abbé MAURICE-JUSTIN **Pronzat de Langlade.**

recteur de Rouans,

député du clergé de Nantes aux élections complémentaires,

(démissionnaire).

(Nantes, 13 décembre **1745** — Paimbœuf, 11 septembre **1824**)

—

Issu d'une famille de négociants de Saint-Domingue qui étaient revenus s'établir à Nantes vers le milieu du XVIIIe siècle, et fils de Maurice Pronzat et de Jeanne-Jacquette *le Forestier,* le jeune Pronzat fit de brillantes études au petit séminaire de Nantes, puis suivit les cours de l'école de médecine. Mais sa vocation ecclésiastique s'étant brusquement décidée, il entra au grand séminaire et reçut la prêtrise par dispense avant l'âge ordinaire. D'abord vicaire de la paroisse de Chantenay près Nantes en 1768, il devint chanoine de la collégiale de N.-D.-de-Nantes le 9 avril 1772, et résigna peu après ce canonicat pour obéir à son évêque Mgr de la Musanchère, qui voulut lui confier, malgré sa jeunesse, l'importante cure de Rouans. Il s'y rendit aussitôt très populaire, car la bonté, qui faisait le fond de son caractère, se traduisait chez lui, dit un de ses biographes, par une aménité inaltérable. La mort de son père, survenue en 1774, ayant mis à sa disposition une fortune considérable, il l'employa toute en bonnes œuvres, releva à ses frais le presbytère de Rouans qui tombait en ruines et profita de ses anciennes études médicales pour organiser dans sa cure une pharmacie gratuitement ouverte à tous ses paroissiens.

On rapporte que rien ne pouvait arrêter son zèle quand il s'agissait de secourir les malades ou les indigents. Un hiver en particulier, il s'engagea pour assister un malade sur les glaçons recouvrant les marais de l'Achenau, quand le dégel déjà commencé menaçait d'ouvrir à chaque instant un abîme sous ses pas. Aucune prière ni sollicitation des habitants groupés sur les rives et tremblant pour sa sécurité ne put arrêter son élan généreux.

Sa réputation s'était étendue sur toute la rive droite de la Loire; et lorsque l'assemblée diocésaine se réunit en septembre 1789 pour procéder aux élections complémentaires des députés à l'Assemblée nationale à la suite de la démission des abbés Moyon, Maisonneuve et Chevallier et du refus de siéger des suppléants Etienne et Le Breton de Gaubert, elle élut tout d'une voix l'abbé Pronzat comme premier député. Mais ce modeste pasteur, qui se trouvait en communauté d'idées avec les députés démissionnaires, déclina l'honneur qu'on lui faisait, et Méchin fut élu à sa place. En mai 1790, il lut en chaire et fit copier sur les registres du conseil municipal la protestation écrite par un grand nombre de membres de l'Assemblée nationale au sujet du rejet de la motion de dom Gerle qui demandait que la religion catholique fût déclarée la religion de l'Etat; et l'année suivante il refusa de prêter le serment schismatique à la constitution civile du clergé.

Le 15 mai 1791, un administrateur du district et douze dragons vinrent de Paimbœuf pour arrêter l'abbé Pronzat qui n'avait point quitté sa cure et pour procéder à l'installation du curé constitutionnel. Mais la municipalité de Rouans refusa de faire mention de l'installation et facilita au proscrit les moyens de gagner la forêt de Princé où il resta caché pendant plusieurs semaines.

Un de ses neveux, âgé de vingt ans, se disposait en ce moment à aller en Angleterre pour étudier à fond la langue anglaise et le commerce. Il réussit à obtenir un passe-port au nom de deux personnes; et accompagné d'un homme de confiance qui n'était autre que son oncle et qui parvint à soustraire son bréviaire aux perquisitions pendant le voyage, il put traverser Rennes et s'embarquer à Saint-Malo pour Guernesey, d'où les deux fugitifs gagnèrent Portsmou th

puis Londres et vinrent se fixer à quelques milles de la capitale, dans la petite ville de Croydon.

Là, pendant une année, l'abbé Pronzat prodigua son ministère à tous les malheureux et fit partie du comité de secours
qui s'organisa à Londres pour venir en aide aux prêtres
émigrés. Mais ayant appris que plusieurs personnes de sa
famille étaient poursuivies et traduites devant les tribunaux
révolutionnaires comme accusées de l'entretenir à l'étranger,
il résolut de quitter l'Angleterre et prit passage, vers la fin
de l'année 1794, sur un navire qui venait en France, confondu
avec l'équipage dont il passait pour être le cuisinier.

Il se cacha d'abord à Nantes, puis il rejoignit l'armée ven-
déenne commandée par Charette, et donna libre carrière à
son inépuisable charité en pansant les blessés sans exception
de parti et en prodiguant indistinctement ses soins et les secours de la religion. Plusieurs fois prisonnier, il dut son salut
à la présence d'esprit de son ancien jardinier qui l'accom-
pagnait toujours, et parfois aussi à sa réputation d'humanité
connue et appréciée dans les deux camps. Les paysans lui
avaient construit au milieu des bois, avec des débris et des
branchages, une hutte sous laquelle il vécut longtemps avec
son dévoué domestique; et lorsqu'il pouvait envoyer des nouvelles à sa famille il signait *Jean des Bois*, en faisant gaiment
allusion à son séjour habituel.

Enfin, la pacification arriva, et l'abbé Pronzat se hâta de
regagner son ancienne paroisse de Rouans, où il s'installa, à
défaut de son presbytère dévasté et sans toiture, dans une
chaumière qui joignait l'église. Mais la Révolution avait
creusé de trop grands vides dans le clergé diocésain pour que
le nouvel évêque de Nantes ne lui confiât pas une plus importante mission que celle de desservir son ancienne paroisse.
Le 26 janvier 1803 il fut nommé curé de Paimbœuf, au milieu
de circonstances d'autant plus difficiles que le curé constitutionnel y résidait encore, et que beaucoup d'habitants récla-
maient le retour de l'ancien curé, l'abbé Delaville, nommé à

Clisson. Il triompha bien vite de toutes les oppositions, et la ville de Paimbœuf conserve encore le souvenir de sa longue administration pastorale. En 1805, le gouvernement lui proposa un évêché, mais il refusa et Mᵍʳ Duvoisin lui envoya le brevet de vicaire général honoraire. Plus tard, Mᵍʳ d'Andigné le nomma, en 1819, chanoine honoraire de la cathédrale, « restituant à ses vieux jours une dignité qu'il avait abandonnée presque au début de sa carrière pour exercer activement le saint ministère[1]. »

Paimbœuf lui est redevable de plusieurs institutions pieuses et utiles, en particulier de l'érection du beau calvaire qui domine la rade et d'une école de charité pour les filles pauvres. « Il fut, jusqu'à sa mort, dit Pitre Chevalier, le pasteur, le père, le médecin de son troupeau Deux générations de pauvres, ont écrit son panégyrique avec leurs larmes[2]... » Il mourut entouré de la vénération universelle, le 11 septembre 1824, et sur sa tombe on grava simplement son nom avec ces paroles de l'Ecclésiaste : *Dilectus deo et hominibus*[3].

---

85. — FRANÇOIS-AUGUSTIN **Prudhomm de Keraugon**.
lieutenant des canonniers garde-côtes de Léon,
député de la sénéchaussée de Lesneven.
(St-Pol-de-Léon, 3 septembre **1748** — Morlaix, 5 novembre **1827**).

Je ne suis pas éloigné de croire qu'il y ait une origine commune entre les Prudhomme de Saint-Pol et les Prudhomme de Saint-Brieuc, mais je n'en ai pour preuves que de fugitives traditions de famille. Quoiqu'il en soit, le futur

[1] *Rev. de Bretagne et de Vendée*, 1869, II, 195.

[2] Pitre Chevalier, *Nantes et la Loire-Inférieure*.

[3] Cette notice est un résumé d'une étude publiée par M. de la Nicollière, dans la *Rev. de Bret. et de Vendée*, en 1869. J'y ai seulement ajouté les détails de l'élection à l'Assemblée nationale que M. de la Nicollière a ignorés.

député naquit à Saint-Pol en 1748, de *Joseph Prudhomme sieur de Rotel*, et d'Angélique-Pélagie *Faisant*. Nous retrouverons ces deux noms parmi les députés des Côtes-du-Nord, aux Anciens et aux Cinq-Cents.

Reçu avocat au Parlement, il resta dans sa ville natale, épousa en 1781 Marguerite-Pélagie *Geffroy de Roc'hglas*[1], devint lieutenant des canonniers garde-côtes de l'évêché de Léon et commissaire des Etats de Bretagne, le 17 février 1789. Elu député de la sénéchaussée de Lesneven aux Etats-Généraux, il vota silencieusement avec la majorité, et le portrait qu'on a de lui, dessiné par Perrin et gravé par Voyez jeune pour la collection Dejabin, ne semble pas indiquer qu'il eût une forte dose d'intelligence : ce ne sont les traits ni d'un Adonis, ni d'un homme d'esprit : il y règne une sorte d'hébêtement peu sympathique : il est vrai que les physionomies sont souvent trompeuses et j'aime à croire que le dessinateur n'a pas su la saisir. « Quelques personnes, disait satiriquement l'*Almanach des députés* de 1790, à propos des deux élus de Lesneven, ont paru partagées entre M. Prudhomme de Keraugon et M. Leguen de Kerangal. Pour nous, nous le disons bien sincèrement, nous faisons autant de cas de M. Leguen de Kerangal, que de M. Prudhomme de Keraugon[2]... » La plaisanterie était mince, mais ce furent en somme ces silencieux qui assurèrent le succès des votes de la gauche, et c'est sans doute pour cela que la satire enrageait de ne point trouver prise contre eux.

Au retour de la Constituante, Prudhomme-Keraugon (le *de* avait disparu de son nom), fut élu *maire* de Saint-Pol ;

---

[1] Je relève les signatures suivantes au bas de l'acte de mariage qu'a bien voulu me communiquer M. Pol de Courcy : « — Marguerite Geffroy de Keraugon, (la mariée); Prudhomme de Keraugon ; Geffroy de Roc'hglas ; Boucault ; de Kerouartz de Coatlès : Poulpiquet de Coatlès ; de Kersauson du Mescoat; Besnard ; Bonnemez du Quilly; chevalier de Kerisnel ; chevalier de Plaisance ; Kermon ; de Kersaint-Gilly ; La Villeneuve de Plaisance ; Bonnemez, recteur de Plounevez; Corre, recteur du Minihy. »

[2] *Almanach des députés* de 1790, p. 56.

mais la situation de maire n'était pas toujours exempte de danger à cet époque. Prudhomme faillit y laisser la vie le 19 mars 1793. On sait comment l'insurrection fut générale dans le nord du Finistère à l'occasion de l'établissement du tirage au sort pour la levée des 300.000 hommes. Le 14 mars une émeute eut lieu à Saint-Pol et empêcha l'opération. Le drapeau rouge fut suspendu aux fenêtres de la maison commune, et le lendemain du canon arriva de Morlaix accompagné des commissaires de la Convention nationale, au nombre desquels était Prieur de la Côte-d'Or, de deux administrateurs du département et de ceux du district ; quelques arrestations eurent lieu et le tirage s'effectua le 16 en l'absence des appelés qui pour la plupart ne se présentèrent pas. Mais on n'était pas tranquille. Le mardi 19, jour de marché, Saint-Pol fut envahi par des paysans en armes : on se battit dans les rues et sur la place de la cathédrale. Les canonniers et le bataillon du Calvados dont le chef fut tué eurent particulièrement à souffrir et la mitraille seule eut raison des insurgés. Or le tocsin avait sonné toute la journée. Le bruit se répandit dans les rangs des patriotes que le maire Prudhomme ne l'avait fait sonner que pour appeler les habitants des campagnes sur la ville et qu'il s'était en outre opposé à ce qu'on distribuât aux troupes, qui avaient manqué de munitions, celles qui étaient en dépôt à la maison commune. Il n'en fallut pas davantage pour qu'on décidât de lui faire un mauvais parti, et voici comment lui-même racontait son aventure dans une requête en réparation présentée deux ans plus tard aux représentants en mission à Brest.

« Comme on craignait que les paysans qui s'étaient retirés ne revinssent la nuit, il fut convenu que chacun la passerait à son poste. Le mien était à la maison commune avec les autres officiers municipaux. J'y étais occupé à faire distribuer des vivres pour les citoyens qui étaient sous les armes, lorsque, vers dix heures, un sous-officier avec trois fusiliers du 7e bataillon des volontaires du

Calvados, lequel était en armes sur la place, ainsi que celui des gardes nationales de cette ville, vinrent à la maison commune, et le sous-officier me dit ; « Citoyen maire, on vous demande sur la place. » Je crus que le commandant du bataillon et les trois commissaires avaient à concerter quelques dispositions de défense avec moi, comme cela était arrivé plusieurs fois dans la journée, et je sortis avec ces quatre hommes pour me rendre sur la place, sans aucune défiance et sans autre arme que mon écharpe. A l'entrée de la place, je trouvai dix à douze volontaires, officiers ou sous-officiers du même bataillon qui barraient le passage, et qui tombèrent sur moi à coups de sabre, tandis que les quatre qui étaient venus me chercher à la maison commune me perçaient par derrière à coups de baïonnette. Je reçus vingt-trois blessures et tombai sur la place où je fus laissé pour mort. Deux honnêtes citoyens de cette ville me relevèrent et me ramenèrent chez moi. Ma convalescence a été très longue... »

Nous ne savons quelle suite Faure et Tréhouart donnèrent à la réclamation de Prudhomme en 1795 : mais ce qu'il y a de sûr c'est que Prieur le suspendit de ses fonctions en 1793, que le citoyen Conversy fut nommé maire à sa place, et que le malheureux ancien maire fut en butte pendant toute une année aux dénonciations incessantes du procureur de la commune et du curé constitutionnel, Dumay, qui terrorisait Saint-Pol. En juillet 1794, on finit par le décréter d'arrestation et on l'attacha sur un canon pour le conduire au tribunal révolutionnaire de Brest, mais il fut croisé en route par un courrier apportant la nouvelle de l'exécution de Robespierre, ce qui lui rendit la liberté, à lui et à bien d'autres[1].

Il devint ensuite vérificateur des douanes à Morlaix où il est mort sans enfants le 5 novembre 1827.

[1] Ces détails me sont donnés par M. Pol de Courcy qui ajoute : « Je me rappelle avoir vu ce bonhomme dans mon enfance, avec sa tête poudrée, sa queue, son bicorne, ses culottes courtes et ses souliers à boucles... »

86. — N .. **Pussin**,
procureur du roi à la monnaie de Nantes,
député suppléant de la sénéchaussée de Nantes
(N... 10 mai **1737**. — N...)

———

Pussin, dont j'ignore les prénoms et le lieu de naissance, était au moment de la Révolution, procureur du roi à la monnaie de Nantes. Ayant été choisi le 6 avril 1789 par le Tiers-Etat nantais pour l'un de ses 50 délégués à l'Assemblée générale de la sénéchaussée, il fut élu quelques jours après, *député suppléant de Nantes* aux Etats-Généraux, et le 22 août membre du comité municipal. Il n'eut pas occasion de siéger à l'Assemblée nationale, mais il y prêta serment le 22 juin 1789, surlendemain du serment du jeu de paume, et je le retrouve en 1790 et 1791 parmi les notables du conseil communal. Puis il disparaît et je ne sais ce qu'il est devenu. Je remarquerai cependant qu'un *Pussin fils*, figure en novembre 1793 dans la liste des 132 Nantais envoyés par Carrier au tribunal révolutionnaire de Paris. S'agit-il de l'ex-procureur du roi ou de son fils ?

J'ai dit à propos du portrait problématique de Poulain de Corbion par Devouges, que ce portrait portait par erreur les indications *député de Nantes* et né le *10 mai 1737*, et que les premières épreuves avaient même le nom de *Poussin*. Je ne serais pas étonné que tout cela ne se rapporte au député suppléant de Nantes.

———

87. — N... **Quarguet**,
procureur du roi à Chateauneuf-du-Faou,
député suppléant de la sénéchaussée de Carhaix.
(N... **17**... — N.....   )

———

Quarguet, ou Carguel, ou peut-être Cargoët, était procureur du roi au siège de Châteauneuf lorsqu'il fut élu en 1789

député suppléant aux Etats-Généraux par les électeurs de la
sénéchaussée de Carhaix. Il devint en 1790, administrateur
du département du Finistère, mais il ne l'était plus en 1793.
C'est tout ce que j'ai pu trouver sur lui. Je ne sais, ni ce qu'il
devint ensuite, ni où ni quand il est né et il est mort.

88. — L'abbé PIERRE **Quéru de la Coste**

recteur de Saint-Jean de Rennes.
député du clergé de Rennes aux élections complémentaires,

$$\left(\text{Rennes, 11 janvier } 1742. \quad - \quad \text{Rennes} \begin{cases} 12 \text{ thermidor an XII} \\ 31 \text{ juillet } 1804. \end{cases} \right)$$

Fils de Pierre Quéru et de Jeanne Bénard, et petit-fils ou
neveu d'un autre Pierre Quéru, marchand à Rennes, le futur
député, nommé Pierre comme eux, entra dans les ordres et
l'on trouve dès le 30 mai 1772 sa signature *Quéru de la Coste*,
comme premier vicaire de la petite paroisse Saint-Jean de
Rennes, aujourd'hui supprimée, pour un baptême de cloche.
Devenu recteur de cette paroisse, il eut l'honneur de conduire
en cette qualité, le 4 juillet 1785, le célèbre procureur général
de La Chalotais à sa dernière demeure. Le 31 mai 1788,
comme son église était voisine de celle des Bénédictins
(Saint-Mélaine, aujourd'hui Notre-Dame) il la mit à la disposition de ces religieux, quand le comte de Thiars fit occuper
Saint-Melaine par la troupe qu'on avait appelée pour contenir
l'émotion populaire. A partir de ce moment, il se jeta avec
ardeur dans le mouvement qui entraînait les esprits aventu-
reux vers la Révolution, et le 10 août 1789 il fut choisi, à la
place de l'abbé Collet, comme commissaire et secrétaire de la
correspondance de Rennes avec les députés à l'Assemblée
nationale, pour la section du clergé. Sevestre, le futur
conventionnel, en était le secrétaire pour la section du Tiers.
Dès le surlendemain, Quéru signait, avec Sevestre, un

manifeste contre le *veto* : « Le parti du *veto* absolu, y lisait-on, paraît être celui de presque tout le clergé et de la noblesse. Ils espèrent qu'en le faisant passer, ils parviendront à annuler vos précédents décrets par le refus de la sanction royale. On remarque, depuis quelque temps, entre eux et une partie assez nombreuse des communes, une coalition propre à alarmer sur le sort de la liberté nationale...[1]»

C'était bien débuter. Un mois après, le 12 septembre 1789, l'assemblée diocésaine était réunie pour nommer des successeurs aux abbés Guillou et Hunault, qui avaient donné leur démission de députés. Quéru de la Coste fut élu avec Dubourg-Lancelot, recteur de Rhétiers, et tous les deux écrivaient le 27 septembre « qu'ils suivraient la ligne de conduite universellement applaudie des députés de la sénéchaussée de Rennes. »

Ils prirent séance à Versailles le 1er octobre, et le 7, ils écrivaient après les horribles événements de la veille : « La chose publique avait encore des ennemis. La journée du 6 de ce mois les a entièrement déconcertés et, selon les apparences, sans retour.[2] »

On peut préjuger après cela quels furent les votes du nouvel élu. Il accepta tout ce que dictait la majorité et publia une lettre pour expliquer l'absence de sa signature au bas de la protestation catholique du 19 avril 1790[3] : puis il prêta serment à la constitution civile du clergé, et signa, le 20 février 1791, la lettre de Lanjuinais qui déclarait faussement que le Pape ne s'opposait pas à cette constitution.[4]

Sous la Terreur, il alla plus loin encore. Il apostasia complètement, déposa ses lettres de prêtrise sur le bureau du directoire du district, puis épousa sa servante, Guillemette-Thomasse *Savary*.

---

[1] *Bulletin de la corresp. de Rennes,* II, p. 2.
[2] *Ibid.,* II, 218.
[3] Tresvaux, *Hist. de la pers. revol. en Bret.,* I, 68.
[4] *Ibid.,* I, 198.

Devenu conservateur du musée de Rennes, et associé
correspondant national de l'Académie celtique, il mourut à
Rennes, le 12 thermidor an XII, à deux pas de son ancienne
église Saint-Jean, aujourd'hui démolie.[3]

---

89. — L'abbé CHARLES Rathier
recteur de Broons,
Député du clergé du diocèse de Saint-Malo.
(Broons, 11 novembre **1747**. — Broons, 16 novembre **1791**).

Né à Broons, là même où il devait parcourir la première
partie de sa carrière ecclésiastique, l'abbé Rathier fit de
bonnes études au collège de Dinan, entra chez les Eudistes
et était devenu professeur dans un de leurs établissements
lorsqu'en 1779, il fut nommé recteur de Broons par M. de
Boishue qui avait la disposition de ce bénéfice comme
seigneur du lieu. Broons dépendait alors de l'évêché de Saint-
Malo. Elu député aux Etats-Généraux par le clergé de ce
diocèse, l'abbé Rathier abandonna des premiers son ordre pour
faire vérifier ses pouvoirs par le Tiers, et vota jusqu'en
1791 avec la majorité. Tous les mois il adressait à la comtesse
de Boishue à Yvignac, des lettres dont on conserve encore
le recueil dans la famille. Il y cherche surtout à rendre
compte de la physionomie de l'assemblée : il y parle des
débats qui s'élèvent, et se glorifie d'avoir obtenu le district
pour Broons de préférence à Merdrignac... Dans la dernière,
il insiste tout spécialement sur ses perplexités au sujet du
serment qui va être demandé pour la constitution civile du
clergé. « La réponse de Rome n'arrive pas, écrit-il ; le courrier est, dit-on, arrêté par les neiges. Et pourtant, d'un jour
à l'autre, le clergé peut être appelé à prêter le serment. Que

---

[3] Je ne connais d'autre notice sur Quéru que celle que j'ai donnée en 1888
dans la *Revue illustrée de Bretagne et d'Anjou*.

faire?... » La réponse à cette question exprime bien la pensée d'un certain nombre de prêtres gallicans de cette époque et présente, par cela même, un intérêt tout particulier. « Après tout, dit-il, il ne s'agit dans cette constitution, ni de dogme, ni de morale, mais uniquement d'une mesure de discipline. En face des conséquences qu'entraînerait un refus, Rome ne peut pas hésiter à donner son assentiment...[1] »

Malgré cette confiance prématurée dans l'approbation du Saint-Siège, le recteur de Broons ne prêta le serment à la constitution civile qu'avec restriction, après avoir adhéré à l'*Exposition des principes* publiée par les évêques députés : puis voyant que l'intolérance de l'Assemblée ne voulait admettre aucun tempérament au serment pur et simple, il écrivit au procureur-syndic du district de Broons de considérer le sien comme non avenu. Revenu dans sa paroisse, à la fin de la session de l'Assemblée, il allait en être chassé à cause de sa rétractation, quand il mourut brusquement dans son presbytère, à l'âge de quarante-quatre ans, avant qu'un intrus y fût venu prendre sa place.

On a son portrait dessiné par Moreau et gravé par Voyez, pour la collection Dejabin : physionomie lourde et sans grand caractère.

Les descendants des frères et sœurs de l'abbé Rathier existent encore dans le pays de Broons.

---

90. — Louis-François-Anne **Robin de Morhéry**,
Avocat et agriculteur au Quilio,
député de la sénéchaussée de Ploërmel

(N... 1742. — Cohiniac, 5 mai 1829)

Les *Robin* formaient au XVIIIe siècle une véritable tribu dans le pays de Josselin et fournirent à cette ville six maires ou syndics de la communauté, députés à un grand nombre

[1] Extraits communiqués par M. l'abbé Mignonneau, qui a étudié cette correspondance, laquelle, m'assure-t-il, est intéressante pour se rendre compte des émotions de l'assemblée, mais ne donne aucun détail biographique.

de sessions des Etats de Bretagne : *Robin des Meniers* en 1732 ; deux *Robin de Paimpoulle* en 1754 et 1782 ; un *Robin de Villemango* en 1772 ; deux *Robin de Morhéry* en 1737 et 1762 ; sans compter un *Robin de Keriaval*, docteur en médecine mort en 1785[1].

Le 8 juin 1734, noble maître Joseph-Henri Robin, Sr de Morhéry, avocat à la cour, épousa à N. D. du Roncier Louise *Amprou*, demoiselle de Kerrio, fille du procureur fiscal de Rohan. Je crois que c'est le père du futur député dont tous les parents sont à cette époque notaires ou procureurs fiscaux du comté de Porhouët.

On trouve peu de renseignements sur Robin de Morhéry dans les documents contemporains. Tout ce que je sais, c'est que, président de l'assemblée des électeurs de la sénéchaussée de Ploërmel en avril 1789, il fut élu député aux Etats-Généraux et donna peu après sa démission pour s'occuper de ses affaires commerciales, et fut remplacé par le député suppléant, Le Deist de Botidoux.

Je le perds de vue pendant la période aiguë de la Révolution et ne le retrouve qu'en l'an IX, à l'époque de la réorganisation des tribunaux, *président* du tribunal de première instance à Loudéac. En 1808, il figure en cette qualité, sur la liste électorale du département des Côtes-du-Nord, avec son fils, *Olivier-Marie*, négociant, qui avait été nommé maire de Loudéac, en même temps que lui président. Un autre de ses fils, *Louis*, receveur de l'enregistrement à Uzel, était porté, la même année, sur la liste électorale de l'arrondissement de Loudéac. En 1813, le président reste seul sur la liste départementale. Il avait alors soixante-et-onze ans.

Retraité sous la Restauration, il s'occupait encore, malgré son grand âge, d'améliorations agricoles. « Il fertilisa nos environs », disait de lui M. Gautier, dans l'*Annuaire dinannais*

---

[1] Voy. Rozensweig à l'*Annuaire du Morbihan* pour 1876, p. 13, 16, 25 etc. les *Arch. d'Ille-et-Vilaine* C, 726, et les *Arch. du Morbihan* à l'inventaire t. IV, 151, 153, 283 etc.

en 1834. Il mourut le 5 mai 1829, à quatre-vingt-sept ans, et fut enterré à Cohiniac, où les inscriptions de sa tombe, déjà effacées, sont devenues illisibles.

Son petit-fils, le docteur Robin-Morhéry, décoré de juillet, nommé commissaire de la République dans le Finistère, le 24 février 1848, fut peu après élu député des Côtes-du-Nord à l'Assemblée constituante.

91. — L'abbé PIERRE **Ruello**,
recteur de Loudéac,
Député du clergé du diocèse de Saint-Brieuc,
(Collinée, **1732**. — Loudéac, 2 juillet **1805**).

D'abord professeur au collège de Saint-Brieuc, l'abbé Ruello était *recteur de Loudéac*, lorsque l'assemblée diocésaine de 1789 le nomma député du clergé de Saint-Brieuc aux États-Généraux. Il abandonna de bonne heure son ordre pour faire vérifier ses pouvoirs par l'assemblée du Tiers, et prêta serment, le 31 décembre 1790, à la constitution civile du clergé, en même temps que l'abbé Rathier, recteur de Broons ; mais, comme son collègue, il fut converti par l'intolérance de l'Assemblée, et le 5 janvier 1791, il signa, avec plusieurs autres, une rétractation que le bureau ne voulut pas recueillir et qui fut insérée au *Journal ecclésiastique*.

Ici commence la série de ses tribulations. Effrayé des dangers que couraient les prêtres à Paris, l'abbé Ruello quitta la capitale avant la dissolution de l'Assemblée, et rentra dans sa paroisse au mois d'avril 1791. Il y fut reçu avec enthousiasme : la garde nationale alla en armes à sa rencontre et on illumina : mais cette allégresse fut de courte durée. Il y avait à Loudéac un procureur-général-syndic du district fort peu enclin à la tendresse pour les prêtres rebelles au schisme et qui lui rappela, au bout de quelques jours, l'obligation de prêter serment à la constitution civile du clergé. L'abbé Ruello refusa et fut obligé de quitter le gouvernement de sa paroisse, à laquelle des électeurs choisis nommèrent son collègue à l'Assemblée, l'ex-dom Le Breton, originaire de Rostrenen, qui ne vint en prendre possession que le 1ᵉʳ novembre.

Or, le premier octobre, il arriva qu'un catholique orthodoxe nommé Villeaurai, se plaçant au pied du maître-autel à la fin de la grand'messe, s'adressa au peuple assemblé et lui demanda à haute voix quel curé il préférait garder, M. Ruello ou l'ancien prieur de Redon que personne ne connaissait. Nous voulons M. Ruello, s'écrie aussitôt l'assistance composée surtout de gens de la campagne qui, sortant tumultueusement de l'Eglise, s'arment de leurs bâtons, se rangent sur la place, et semblent vouloir faire un mauvais parti aux patriotes. On bat la générale, la garde nationale se rassemble et l'on réussit à grand peine à apaiser l'émeute : mais l'administration du district et la municipalité s'empressèrent de faire part de cet événement au directoire du département qui, de son côté, en saisit l'Assemblée nationale en prévenant qu'il avait envoyé à Loudéac un détachement de quatre-vingts hommes pour éviter le retour d'une émeute[1].

Naturellement, on prétendait rendre responsable de ces mouvements populaires l'abbé Ruello, pourtant éloigné de sa paroisse et qui était d'un tempérament trop modéré pour conseiller des moyens violents ; mais les calculs de ses ennemis furent déjoués : l'affaire n'eut pas de suites car, peu de jours après, l'Assemblée nationale se séparait en proclamant une amnistie générale et en léguant à l'Assemblée législative toute sa haine contre les prêtres orthodoxes. Aussi le vœu des populations ne fut-il pas respecté. Dom Le Breton vint inaugurer son ministère en donnant un bal le

---

[1] Voir le *Moniteur* du 9 octobre; Tresvaux, *Hist. de la persécution révol. en Bretagne*, I, 315 et Lemsout, *Annales armoricaines*, p. 310.

jour de la Toussaint et l'abbé Ruello dût prendre le chemin de l'exil et se réfugier en Angleterre.

Là, il montra le plus grand dévouement au service des prisonniers français détenus à Norman-Cross. Il se fit le serviteur de ces malheureux, dit M. de Garaby ; et l'on voyait tous les jours ce vénérable pasteur porter un sac grossier sur l'épaule et aller faire les commissions des malades[1].

Rentré à Loudéac après le Concordat, il reprit ses fonctions pastorales avec le zèle le plus édifiant. Pendant une disette, il vendit un de ses champs pour nourrir les pauvres; et l'épidémie de 1805 l'atteignit portant aux malades les secours spirituels. Il mourut ainsi à l'âge de soixante-douze ans, victime de sa charité évangélique.

---

* — De **Saint-Mesme**. — Voy. **Guinebauld**.

—

92. — FRANÇOIS-NOEL **Souché de la Brémaudière**,
propriétaire,
député suppléant de la sénéchaussée de Quimper,
(démissionnaire).
(Plomelin, **1749**. — Quimper, 9 juin **1825**).

SOUCHÉ ou SOUCHET DE LA BRÉMAUDIÈRE, né en Plomelin, près Quimper, de *François* et de Françoise-Madeleine *Masson*, figure ici pour la première fois sur les listes de la députation bretonne et je ne connaissais même pas son élection lorsque j'ai publié la préface placée en tête de ces études, en sorte que le tableau général de la députation bretonne s'y trouve incomplet de deux noms et doit être porté de 99 à 101.

Il affichait des prétentions à la noblesse et voulut signer avec elle les protestations de 1789, mais ayant été repoussé avec perte, il se rallia au Tiers-État, et le procès-verbal des

[1] *Annuaire des Côtes-du-Nord* pour 1848.

35

élections de la sénéchaussée de Quimper pour les Etats-Généraux m'apprend qu'il fut ballotté avec Le Déan, puis élu premier *député suppléant*. Il déclina cet honneur. Peut-être faut-il attribuer ce refus à la crainte secrète de ne pas compromettre ses prétentions pour l'avenir. Mais les événements se chargèrent bientôt de dissiper ces craintes et La Brémaudière se jeta dans le mouvement avec ardeur. Dignitaire de la loge *La parfaite union* de Quimper, il signa, vers la fin de l'année 1789 l'adresse suivante qui figure à la date du 7 janvier 1790 sur le registre des dons patriotiques offerts à l'Assemblée :

« Monsieur le Président, tout François digne de ce nom admire et bénit les travaux de l'Assemblée nationale. Tout François doit être prêt à sacrifier sa fortune, sa vie même pour le maintien de la révolution naissante. Tels sont du moins les sentiments des FF. de la Loge *la parfaite union* de Quimper. Ce qui depuis des siècles n'étoit la devise que de la société Maçonnique, l'assemblée Nationale, M. le président, en va faire la juste devise de la France, peut-être de l'Europe entière. Liberté, égalité, ces mots sacrés que jusqu'ici nos bouches seules avoient le vrai droit de prononcer, vingt-six millions d'hommes vont les répéter dans l'ivresse de l'enthousiasme et du bonheur.

« Augustes représentants d'une Nation, la première du monde, immortels auteurs de la plus belle, de la plus humaine révolution qui ait encore eu lieu parmi les hommes, agréez l'hommage de notre reconnaissance, recevez le tribut de notre admiration.

« Chacun de nous s'est inscrit sur la liste civique pour le quart de son revenu, nous y ajoutons comme FF. de la loge de Quimper, ce billet de change de 300 liv. Que l'assemblée, M. le Président, daigne le déposer au trésor de la Patrie. Qu'il en coûte à nos cœurs que nos facultés ne soient pas plus étendues ! Qu'il nous seroit doux de pouvoir verser des millions dans la caisse nationale ! Si notre faible don pouvoit être apprécié d'après la sincérité et l'étendue de nos vœux pour la gloire de la Nation et pour le bonheur de ses dignes Représentans, nous osons le dire, M. le Président, notre don, tout modique qu'il est, seroit quelque chose aux yeux de l'Assemblée Nationale. — Ambroise Dubaffond, V^{ble} .·., Souché de la Brémaudière P.·. S.·. Le Goazre, S.·. S.·. »

Député à la fédération de Pontivy, en janvier 1790, Souché fut élu en juillet, membre du district de Quimper et commissaire pour l'adresse au Roi et à l'Assemblée nationale. Le 14 juillet 1791, il présida la fête de la fédération comme *président du district*[1] ; mais ayant été nommé en octobre *capitaine de gendarmerie*, il donna sa démission d'administrateur. Au mois de juin 1793, il commanda la force armée envoyée par le Finistère à Caen pour résister à la Montagne : et après la déroute de Vernon, il escorta les Girondins avec son bataillon jusqu'à Dinan, puis il leur donna quatre hommes et un caporal pour les accompagner jusqu'à Quimper pendant la traversée périlleuse qu'ils allaient faire à travers la Bretagne. On sait les dangers qu'ils coururent à Rostrenen. Le registre des délibérations du directoire de ce district constata, à la date du 28 décembre 1793, que les députés proscrits, arrêtés par la garde nationale du lieu, ne furent relâchés que grâce au vu de leurs passeports signés *Souché, chef des fédérés du Finistère*, qui les faisait passer pour des fédérés revenant du rassemblement de Caen.

A Quimper, Souché qui était arrivé avant eux reçut et cacha pendant un jour et une nuit, dans une propriété qu'il possédait sur le bord de la rivière, plusieurs des fugitifs : Cussy, député du Calvados ; Meillan, député des Basses-Pyrénées ; Salles, député de la Moselle ; Bourgoing, député de la Gironde ; Bois-Guyon, adjudant-général de l'armée fédéraliste ; Girey-Dupré, rédacteur du *Patriote Français*, journal de Brissot ; puis le lendemain, Riouffe et Marchena. Leurs compagnons, Barbaroux, Petion, Louvet, Buzot, etc..., trouvèrent asile dans d'autres habitations.

Ce dévouement aux proscrits ne pouvait être pardonné par la Montagne. Incarcéré comme fédéraliste en octobre 1793, Souché fut délivré par le 9 thermidor et mourut à

[1] Voir le curieux détail de cette fête dans Du Châtellier, *Hist. de la Révol. en Bret.* Il y en a un procès-verbal imprimé chez Derrien en 30 p.

Quimper le 9 juin 1825, veuf en premières noces d'Hélène *du Haffont* de Lestrediagat, et en secondes noces de Jacquette de Kernaflen *de Kergos*[1].

---

93. — L'abbé FRANÇOIS-ETIENNE **Symon**.
recteur de la Boussac,
député du clergé du diocèse de Dol.

(Vildé-la-Marine, 23 janvier **1742**. — Dol, 20 décembre **1806**)

Fils de François-Gilles *Symon* et d'Etiennette *Boissier*, le futur député de Dol fut tenu sur les fonts baptismaux, par François *de France* et Hélène *Le Mercier*. D'abord vicaire à Saint-Coulomb il fut nommé, en 1782, *recteur* de l'importante paroisse de *La Boussac*, près Dol ; et le 15 avril 1788, il présida, au milieu d'un grand concours de peuple, à la bénédiction de la première pierre du clocher qui fut achevé l'année suivante.

Elu député aux Etats-Généraux par l'assemblée diocésaine de Dol, il abandonna le clergé pour faire vérifier ses pouvoirs par le Tiers : mais il ne suivit pas tout d'abord le mouvement hostile à l'église catholique, car il signa la déclaration du 19 avril 1790, en faveur de la religion, et l'*Exposition des principes* publiée par les évêques députés. Il prêta cependant le serment schismatique dans la séance du 3 janvier 1791 avec Guégan, Gabriel, Méchin, Loëdon et Leissègues de Rosaven, mais l'incroyable intolérance déployée le lendemain par l'Assemblée contre ceux qui refusaient le serment, lui fit comprendre l'imprudence de sa conduite. Il reconnut qu'on l'avait trompé, et puisqu'on mettait cyniquement les prêtres orthodoxes en demeure

---

[1] Je ne connais aucune notice sur Souché de la Brémaudière, mais je remarquerai que plusieurs des mémoires des Girondins, citant son nom, l'appellent à tort *Fouché*.

de choisir entre leur pain et leur foi, il n'hésita pas à signer avec Ruello et Loëdon la rétractation courageuse de Méchin, et la fit insérer, en même temps qu'eux, dans le *Journal ecclésiastique*.

Le 6 février 1791 eut lieu à La Boussac une scène mémorable. C'était un dimanche. Sur les réquisitions du maire et d'après les prescriptions de la nouvelle loi, M. Sorre, premier curé, en l'absence du recteur retenu à l'Assemblée nationale, lut en chaire le décret sur le serment, et fit suivre cette lecture de celle d'une lettre pastorale de l'évêque de Dol, Mgr de Hercé, celui-là même qui quatre ans plus tard devait être fusillé à Vannes après l'affaire de Quiberon. Puis il déclara formellement qu'il ne prêterait pas le serment exigé des prêtres, dits fonctionnaires publics, tant que les deux puissances temporelle et spirituelle ne se seraient pas mises d'accord à son sujet. M. Marie, deuxième curé, et l'abbé Julien Guélé, ci-devant prieur de Landaul, donnèrent leur adhésion à cette déclaration[1].... En conséquence, le recteur n'ayant pas adressé copie de son serment, la municipalité pria le 24 juin suivant l'abbé Delépinne, originaire de la paroisse, alors recteur et maire à Lanvallay, d'accepter la cure de La Boussac à laquelle il avait été nommé par une assemblée des électeurs du district de Dol. Mais l'abbé Delépinne ne se hâta pas de répondre à cette invitation et ne fut installé qu'un an plus tard, le 7 avril 1792.

L'abbé Symon rentra de Paris à La Boussac en octobre 1791, après avoir signé la protestation du 17 septembre contre le décret de réunion du comtat Venaissin à la France : il ne put y rester que quelques mois. A peine le curé constitutionnel fut-il installé, que la municipalité intenta une action à l'ancien recteur pour réparation, à faire au presbytère, sous la contrainte d'une somme de vingt mille francs, quand l'immeuble entier n'en valait pas cinq : mais la cita-

[1] Registre de délibération de la municipalité.

tion n'eut pas de suite car l'abbé Symon dut subir à la même époque l'exil des insermentés.

Réfugié en Angleterre en 1792, il ne revint en France qu'en 1801 et souscrivit, le 4 juillet, à la mairie de la Boussac, de concert avec le père Poupart, ancien capucin, originaire de la paroisse, récemment rentré d'Espagne, une déclaration par laquelle ils désignèrent une vaste grange située au village de la Touche-Perrier et appartenant à la famille Poupart, - pour y célébrer le culte les jours de fête ; et la maison de Laurent Pinoul, officier de santé au bourg, pour les autres jours de la semaine. Les paroissiens répondirent à la voix de leur ancien pasteur, en suivant en foule les offices religieux célébrés dans la grange de la Touche-Perrier et dans la salle à manger de Laurent Pinoul[1].

Austitôt après la ratification du Concordat, les deux prêtres signèrent à la sous-préfecture de Saint-Malo, le 2 août 1801, une promesse de fidélité à la nouvelle constitution ; et l'abbé Symon fut rayé de la liste des émigrés le 16 décembre, mais le culte orthodoxe ne fut officiellement rétabli dans l'église de la Boussac que le 15 août 1803, par l'installation en qualité de recteur, de l'abbé Forget, vicaire de la paroisse en 1785 et recteur de Baguer-Pican au moment de la Révolution.

L'abbé Symon se retira alors à Dol où il ne tarda pas à être nommé principal du collège communal installé dans les bâtiments de l'ancien évêché. Par acte notarié du 12 novembre 1806, il donna à son ancienne paroisse un dernier témoignage de sa bienfaisance en léguant à l'hospice de l'Abbaye-près-Dol, une somme de deux mille francs pour la fondation d'un lit qui devait être occupé par un habitant de la Boussac à défaut d'un parent indigent du fondateur et de ses successeurs. Il mourut au collège de Dol, le 20 décembre 1807, à soixante-cinq ans, et son acte de décès lui donne la qualification de prêtre pensionné de l'Etat[2].

[1] Notes de M. Charil des Mazures.
[2] Il n'y a qu'une notice très incomplète sur l'abbé Symon dans le livre de l'abbé Tresvaux sur la persécution révolutionnaire en Bretagne.

On a son portrait gravé par Voyez d'après Perrin pour la collection Dejabin. La physionomie n'est pas belle ; mais elle respire l'intelligence et la bonté

Sa famille est encore représentée à Dol mais son nom a disparu et ses petits neveux sont des Denoual, Le Mardelay, Delacour et Tézé. L'église de Vildé-la-Marine, dans laquelle il avait été baptisé, fut vendue nationalement avec le cimetière, le 3 juin 1794, et démolie par l'acquéreur.

- DE **Trégadoret**. — VOY. **Perret**.

94. — AMAND-LOUIS **Tréhot de Clermont**,

sénéchal de Pont-Croix,
député suppléant de la sénéchaussée de Quimper
(a siégé).

(Pont-Croix, 1762. — Pont-Croix, 23 août 1823).

TRÉHOT DE CLERMONT était sénéchal de Pont-Croix et fermier général du marquis de Forcalquier pour ses biens de Bretagne et de Normandie, lorsqu'il fut député-agrégé de Quimper aux Etats de Bretagne pour la session de février 1789, puis élu second *député suppléant des sénéchaussées réunies de Quimper et de Concarneau* aux Etats-Généraux. L'un des titulaires, Leguillou de Kerincuff, ayant donné sa démission pour s'occuper plus activement de la mairie, et le premier suppléant, Souché de la Brémaudière, ayant décliné l'honneur de siéger, Tréhot de Clermont partit pour Paris et prit séance à l'Assemblée nationale le 6 novembre 1789. Il ne se fit remarquer par aucune motion particulière et vota fidèlement avec la majorité. Membre du district de Pont-Croix en l'an III, il devint en l'an VI, membre du directoire du département du Finistère et prit part en cette qualité aux violentes mesures de persécution ordonnées contre les prêtres fidèles, le 18 fructidor. M. Du Chatellier lui-même s'est demandé comment des hommes, la plupart très honorables et très honnêtes, avaient pu consentir à accepter une pareille mission. Ils la regardèrent sans doute, ajoute-t-il, comme un devoir rigoureux à remplir et s'efforcèrent d'en adoucir les effets.

J'en citerai quelques exemples, entre beaucoup d'autres relatés par M. Du Chatellier, pour qu'on ne m'accuse pas d'exagération. Remarquons bien que nous sommes en l'an VII, et que le traité de la Mabilais signé par Hoche pour obtenir la pacification de la chouannerie garantissait le libre exercice du culte dans les cinq départements bretons. Mais fructidor avait soufflé sur les traités : on va même plus loin que la loi ; et lorsqu'elle n'est pas explicite pour la déportation, on prie le gouvernement de la décider. Exemple :

« Vu le procès-verbal, dressé par l'administration municipale de Coray, constatant l'arrestation faite par une colonne mobile, du nommé Jean-René Chauveau-Kernaëret, ex-jésuite, ex-directeur des hospitalières de Carhaix ;

« Vu l'interrogatoire subi par cet individu ;

« Vu la lettre du ministre de la police générale sur l'exécution des lois relatives aux prêtres réfractaires ;

« Considérant que ledit Chauveau *n'était pas tenu,* comme prêtre non salarié, aux serments prescrits par les lois de 1790, 1791, 1792 et que sous ce rapport, il n'est pas sujet à la déportation ;

Considérant cependant qu'il n'a pas fait les déclarations prescrites par la loi du 7 vendémiaire an IV, relative à la police des cultes, ni le serment de haine à la Royauté et à l'anarchie, d'attachement et de fidélité à la République et à la constitution de l'an III, exigé par la loi du 19 fructidor, des ecclésiastiques autorisés à rester sur le territoire français, et que néanmoins il a exercé le ministère de son culte ;

« Considérant que l'aversion que ledit Chauveau a témoignée pour le nouvel ordre de choses, et la conduite qu'il a tenue pendant qu'il s'est soustrait à la surveillance des autorités constituées, doivent faire craindre sa présence sur le territoire de la République comme pouvant y troubler l'ordre et la tranquillité.

« Le commissaire du Directoire exécutif entendu,

« L'administration centrale arrête de *solliciter auprès du gouvernement la déportation* de Jean-René Chauveau Kernaëret, ex-jésuite, âgé de 59 ans et quelques mois.

« Cet individu sera détenu provisoirement, etc., etc...

« Signé : Berthomme, président, Tréhot–Clermont, Le Gal-Lalande, Chappuis, administrateurs. »

Voici maintenant les prêtres J.-B. Le Hars, ancien chanoine de l'abbaye de Landévennec, et Yves Landivinet, ex-capucin. Tous deux sont âgés de 71 ans. L'arrêté du département reconnaît que, d'après la loi et en raison de leur âge, ils pourraient être dispensés de la déportation, mais :

« Considérant que depuis la Révolution, ces deux individus n'ont cessé de donner des preuves de leur attachement à la Royauté et d'égarer, par tous les moyens qui étaient en leur pouvoir, la portion la plus intéressante de la société;

« Considérant que les grands malheurs qui ont affligé la République ne peuvent être attribués qu'à des individus de cette espèce ; que la prudence exige qu'ils soient au plus tôt expulsés du territoire français où leur présence pourrait encore soutenir ou rallumer l'espoir du fanatisme.

« Le commissaire du Directoire exécutif entendu :

« L'administration départementale arrête que les nommés Yves Landivinet, ex-capucin, et Gilles-Jean-Baptiste Le Hars, ex-chanoine, tous deux insoumis aux lois de la République, seront déportés et conduits à cet effet à l'Ile-de-Rhé, conformément à la lettre du ministre de la police générale du 30 germinal an VI. »

C'était très dur, remarque fort justement M. du Châtellier en relatant cette sentence. Aussi le ministre de la police générale, Duval, par une lettre expresse du 21 brumaire an VII, relève-t-il cet arrêté comme étant contraire à la loi du 26 août 1792; et concluant à ce qu'aucune considération politique ne pouvait porter l'administration départementale à faire déporter des prêtres sexagénaires, il lui intime l'ordre de rapporter son arrêté, sauf à s'informer plus amplement de la conduite tenue par les deux prêtres en question[1].

---

[1] Du Châtellier. *La perséc. relig. dans le Finist.* après le 18 fructidor, p. 62.

L'ordre n'eut pas été rapporté si l'âge des deux prêtres
n'eût dépassé la soixantaine. Il suffisait alors d'avoir célébré
la messe dans une grange pour être condamné à la déportation. Voilà où en était réduite, quatre ans après ce qu'on
est convenu d'appeler la Terreur, cette liberté de conscience
pour laquelle on avait soutenu tant de combats. Jamais
étranglement ne fut plus impitoyable et il faut remonter aux
temps d'Henri VIII en Angleterre pour en retrouver d'analogues. Décidément, le général Hoche avait eu, à lui seul,
plus de sens pratique que l'ancienne Assemblée constituante,
l'Assemblée législative et tous les pouvoirs qui s'étaient
succédés depuis. Il assurait la liberté religieuse et la chouannerie cessait comme par enchantement. Mais il n'était plus
là, et les persécutions recommençaient féroces et avec elles
la chouannerie. Il fallut attendre que Bonaparte signât
d'autorité le Concordat pour obtenir enfin la pacification
générale.

Alors Tréhot devint procureur impérial a Châteaulin sous
Napoléon Ier ; puis il revint mourir à Pont-Croix, le 23
août 1823[2].

On a de lui un bon portrait gravé par Le Tellier, d'après
Perrin, pour la collection Dejabin. Un de ses fils était percep-
teur à Pont-Croix, en 1837, et l'un de ses petit-fils, M. Le Bris
Durest, y est encore notaire.

95. — JEAN-BAPTISTE-REMACLE-DIDIER **Tual**,
recteur de Châteaugiron,
député suppléant du clergé de Rennes, aux élections
complémentaires de septembre.
(Vitré, 14 septembre **1760**. — Châteaugiron, 3 février **1834**).
(N'a pas siégé).

D'abord vicaire à Amanlis, puis nommé, en 1788, *recteur
de Châteaugiron*, paroisse dont il devait être le titulaire légi-

[2] Il n'existe pas de notice sur Tréhot dans les recueils biographiques.

time pendant quarante-six années, l'abbé Tual n'avait encore que vingt-huit ans au moment des élections d'avril 1789 pour les Etats-Généraux. Sa jeunesse ne lui permettait pas de prétendre à la députation. Mais en quelques semaines les choses changèrent singulièrement de face : on s'était habitué à voir les jeunes triompher et leur ambition ne connaissait plus de bornes.

Au mois de septembre 1789, les abbés Guillou et Hunault, ayant donné leur démission de députés aux Etats-Généraux et le diocèse de Rennes ayant omis de nommer des suppléants, il fallut procéder en octobre à des élections complémentaires : on élut deux titulaires et deux suppléants : l'abbé Tual fut un de ces deux derniers, mais il n'eut pas occasion de siéger. Seul des quatre nouveaux élus, il refusa le serment à la constitution civile du clergé, et il dut s'expatrier en 1792 jusqu'au Concordat, époque à laquelle il rentra dans sa paroisse qu'il ne quitta plus. La tradition locale veut que cette cure ait été érigée de première classe à la suite d'un panégyrique de Napoléon Ier qu'il prononça dans la cathédrale de Rennes. Nommé chanoine honoraire de Rennes, il fut frappé d'apoplexie dans son confessionnal, le 1er février 1834, et mourut à Châteaugiron le surlendemain.

Je ne connais sur l'abbé Tual que quelques lignes dans le *Pouillé de Rennes* de l'abbé Guillotin de Corson : elles ne mentionnent pas son élection.

---

96. — JOSEPH-GOLVEN **Tuault de la Bouvrie**,
sénéchal de Ploërmel,
député de la sénéchaussée de Ploërmel,
(Ploërmel, 15 mars **1744**. — Ploërmel, 22 août **1822**).

La famille *Tuault*, qui a pris le *de* initial depuis l'anoblissement du constituant par Louis XVIII, en 1814, et s'appelle aujourd'hui *de Tuault*, est originaire de Picardie. Elle porte

« *d'azur au lis d'or surmonté d'un croissant d'argent* » et vint
s'établir au XVII° siècle à Ploërmel, où elle acquit rapidement
une influence considérable, car la charge de sénéchal de la
juridiction royale devint bientôt son fief héréditaire.

Fils de François-Marie, sénéchal de Ploërmel et de
Françoise-Marie-Josèphe *Cesson*, le jeune Joseph-Golven fit
ses études au collège des Jésuites de Vannes, où il amassa les
éléments d'une solide érudition, puis il se fit recevoir avocat au
Parlement, et dès l'âge de vingt-deux ans, il avait déjà succédé,
par dispense spéciale, à son père dans la charge de sénéchal ;
il porte ce titre sur son acte de mariage célébré le
7 août 1769 dans la chapelle du château de Quéjean en
Campénéac, avec Françoise-Perrine *Abillan de Quéjean
et de Stanghingan*[1].

Pendant vingt-quatre ans, il exerça cette magistrature
avec une sagesse et un désintéressement qui lui assurèrent
une véritable popularité dans toute l'étendue de sa juridiction. Il avait été surtout frappé des inégalités de l'ancienne
législation, et en dehors d'elle, de la disproportion des sanc-
tions pour un même crime, suivant les temps et les lieux.
De là, un certain scepticisme s'était établi dans son esprit
au sujet de l'interprétation rigoureuse de la justice natu-
relle par l'organe des lois, et il formulait ainsi, devant les
conseillers de son prétoire, les règles de conduite qu'il
s'efforçait de suivre. « Dans l'interprétation des lois que
nous avons juré d'observer, suivons dans tous les cas le
sentiment intérieur de l'homme juste, lorsque les prescriptions ne sont pas formelles. Comme hommes, faisons le
plus de bien possible ; comme ministres de la justice, faisons
le moins de mal que nous pourrons. Forcés à toute heure
de faire un malheureux, n'agissons du moins que dans la
vue de faire le bonheur des autres, et que jamais un esprit
de haine ne dicte nos jugements, nos conseils, nos écrits... »

[1] *Arch. du Morb.* Invent. IV, 235; et voy. René Kerviler. *Bio-bibliographie
bretonne*, I. 32.

Cette philosophie qu'on retrouve à chaque instant dans les nombreux ouvrages manuscrits qu'il a laissés et dans la volumineuse correspondance qu'il entretenait avec les principaux avocats du temps, avec Du Parc Paullain, avec Chaillon, et avec les magistrats les plus érudits de la cour de Rennes, s'alliait avec une indépendance toute bretonne : « J'aime le roi de toute mon âme, écrivait-il à Chaillon, je mourrais pour lui ; mais je me ferais dix fois immoler pour la défense de la liberté de mon pays[1] ».

C'est ainsi que Tuault parvint à exercer sur ses nombreux justiciables un ascendant incontesté. Il se considérait, dans son immense sénéchaussée, comme la personnification du Tiers-Etat ; les deux autres ordres étaient obligés de compter sérieusement avec lui et il se montrait fier de cette espèce de souveraineté. Aussi lorsqu'après avoir été député aux Etats de Bretagne à plusieurs sessions, on lui offrit de demander pour lui des lettres de noblesse, reçut-il fort mal l'envoyé chargé de lui en faire la proposition. « Monsieur, répondit-il, je n'ai rien à envier à personne : je ne relève par ma place que du roi, et de Dieu seul par ma conscience de magistrat. J'ai 176 paroisses sous ma main. Allez, et dites à ceux qui vous ont chargé de faire près de moi cette démarche, que le sénéchal de Ploërmel aime mieux être le premier de son ordre que le dernier de celui de la noblesse. »

Plus tard, cependant, en 1814, il accepta cette distinction : mais « tous les rangs sont confondus, écrivait-il à son gendre, elle sera seulement la preuve que j'ai voulu faire quelque bien à mon pays. »

Le 7 avril 1789, l'assemblée des électeurs du Tiers-Etat de la sénéchaussée était réunie dans l'église du couvent de Bethléem, aux Carmélites de Ploërmel, pour arrêter le cahier des charges et doléances et procéder aux élections

---

[1] Extraits communiqués par M. l'abbé Modile de Villeneuve, un de ses arrière-petits-fils.

aux Etats-Généraux. Tuault ouvrit la séance par un discours magistral, et l'on procéda à la discussion des articles dont il avait préparé la rédaction, et qu'on peut appeler son œuvre, de même que le cahier des charges de la sénéchaussée de Rennes fut l'œuvre de Lanjuinais. J'en ai lu la teneur en quatre-vingt-quatorze articles imprimés dans une élégante plaquette qui fut tirée à un grand nombre d'exemplaires. Le Tiers-Etat de Ploërmel demandait ce qu'on réclamait alors de tous les côtés de la province. En particulier, il suppliait S. M. « de maintenir pour toujours les membres de cet ordre dans les droits de citoyen dont elle a bien voulu leur accorder en cette occasion l'exercice, et de les faire participer individuellement et par eux-mêmes à toutes les élections qui auront lieu dans la suite tant pour les Etats-Généraux que pour les Etats particuliers de la province et autres assemblées nationales. » On observait que le nombre de quatre députés était insuffisant pour l'étendue de la sénéchaussée : on réclamait le vote par tête, l'établissement des impôts d'après les lois constitutives de l'Etat et du consentement libre de la nation dans l'assemblée des Etats-Généraux légalement convoqués, à des époques périodiques, au moins tous les cinq ans ; — l'accession de tous à toutes les places ; — la suppression des banalités; — la responsabilité ministérielle ; — la suppression de la mendicité ; — l'abolition de la corvée; — la division des trop grandes paroisses ; — la suppression des abbayes en commende au fur et à mesure des vacances, avec régie de leurs biens par les Etats de la province, sous réserve d'un tiers pour les pauvres, etc...

Le cahier des charges étant arrêté, on procéda, le 16 avril, à l'élection des députés, et Tuault fut élu premier député à la presque unanimité des suffrages.

La conduite politique de Tuault à l'Assemblée nationale se résume en ces deux mots d'après ses propres déclarations : franchise et loyauté. Son vœu le plus cher était le retour à l'ancienne constitution exprimée dans les instituts de nos vieilles lois : *ex consensu regis, magnatum et populi*. Il partagea d'abord toutes les illusions du Tiers ; cependant une tradition de famille assure qu'il ne voulut point prendre part au serment du Jeu de Paume. Ce qui est sûr, c'est qu'il n'approuva pas le renvoi de Necker ; « si le roi, écrivait-il un peu plus tard ne se fut pas laissé gagner par le comte d'Artois, par ses tantes, par les grands de la cour, au point de sacrifier M. Necker pendant trois jours, je suis persuadé que jamais le peuple n'eût eu seulement la pensée de se détacher de lui ; mais cette fausse mesure indigna les parisiens ; ils prirent la Bastille, connurent leur force, exigèrent des sacrifices injustes, donnèrent la loi, culbutèrent successivement la noblesse, l'église, le trône et finirent par martyriser le meilleur des rois et des hommes. »

Après la dissolution de l'Assemblée, il ne voulut pas accepter de fonctions publiques. Le but qu'il avait poursuivi se trouvait tellement dépassé, qu'il lui répugnait de prendre part à une foule d'actes qu'un fonctionnaire était obligé de subir. Il se trouvait à Paris le 10 août. « J'aurais voulu, écrivait-il, être de ces Suisses qui moururent pour le roi. »

En revenant à Ploërmel, il trouva toute la populace ameutée à la porte d'un fonctionnaire qu'elle venait de soumettre à une humiliante parade sur un âne dans les rues de la ville. On poussait des cris de mort lorsque la voiture de l'ancien sénéchal parvint dans la rue du Four. Le cocher poussa les chevaux en disant à son maître : — Nous passerons au galop, ils n'auront pas le temps de vous arrêter. — Au pas entendez-vous, lui cria Tuault, je parlerai à ces gens..... Et lui-même retint les chevaux. Arrivés au milieu de l'émeute, il s'adressa aux mutins. — « Rentrez chez vous, mes enfants, leur dit-il, je vous le demande, et si j'avais encore des ordres à vous donner, je vous le commanderais. » A cette voix connue les émeutiers se retirèrent.

Mais la grande Terreur approchait ; et Tuault dut bientôt

songer à sa sûreté personnelle. Arrêté une première fois
comme suspect vers le milieu de 1793 et incarcéré au couvent
des Ursulines (établissement actuel des Frères de l'Instruction
chrétienne, ou de Lamenais), il put être prévenu par sa
fille aînée qu'un dénoument fatal allait survenir ; et trompant
le soir la surveillance de ses gardiens, il calma les chiens de
garde en leur jetant les restes de son dîner, franchit le mur
de clôture, et se préparait à descendre dans la petite ruelle
qui conduit au cimetière, à l'aide d'une échelle apposée par
le citoyen Friquet, quand il sentit sur sa poitrine le froid
d'une baïonnette : « Courage, sénéchal, lui dit-on, ce sont des
amis. » C'était en effet vingt hommes dévoués qui venaient
former avec Friquet l'escorte destinée à le défendre contre
une nouvelle agression. Pendant plusieurs mois, Tuault
erra dans la campagne, de ferme en ferme, chacun s'em-
pressant de lui offrir un asile, car dans toute son ancienne
juridiction, pas un paysan n'eût voulu le trahir. Enfin, lassé
de cette vie errante, et instruit du projet formé par le comité
révolutionnaire de confisquer ses biens sous prétexte d'émigration, il vint se remettre entre ses mains. Cette fois encore,
il courut les plus grands dangers. Un forcené voulut donner
l'ordre, un jour, de le massacrer sur la culasse d'un canon.
On s'interposa et comme il était étranger à la commune, on
lui représenta quel déplorable effet produirait une pareille
exécution sur la population de Ploërmel, car l'ancien sénéchal
avait encore l'habitude de sortir dans la rue sans chapeau
pour n'être pas obligé de se découvrir à tout instant en
répondant aux salutations. On fit venir Tuault devant le
comité. — Quel sort attends-tu donc de nous, lui dit-on. — La
liberté ! répondit-il fièrement — Tu as donc une caution ? —
— Ouvrez la fenêtre, répliqua le prisonnier, et demandez au
premier passant s'il veut être la caution du citoyen Tuault. ...
Un laboureur de la Noë Verte, nommé Sébillot, passait
justement sur la place. On l'interpella et il accepta sans
hésiter cette responsabilité dangereuse. Tuault était libre et

ses concitoyens le nommèrent aussitôt juge au tribunal du district et commandant de leur corps de garde.

Il accepta, mais il n'en devint que plus redoutable pour les sans-culotte. Ceci se passait à la fin de 1793 et Prieur de la Marne venait de faire incarcérer à Vannes comme suspects de modérantisme tous les membres des tribunaux du chef-lieu et du directoire de l'administration centrale. Ordre arriva d'enlever Tuault et de le conduire à Vannes. C'était sa troisième arrestation en un an. En vain son ami Lucas de Peslouan se proposa-t-il à sa place : un homme si facile à gagner les esprits était un homme dange-reux : et n'avait-il pas donné au peuple des exemples hypo-crites de religion ? N'avait-il pas décrié les assignats ? L'ordre était formel, il fallut partir ; et sa fille aînée qui l'avait déjà sauvé une fois n'obtînt même pas de prendre place à côté de lui sur la charette qui le transportait ; elle partit à cheval pour suivre le convoi et implorer les nouveaux adminis-trateurs du département, mais ses courageux efforts furent inutiles. Tuault resta cinq mois incarcéré au Petit-Couvent de Vannes, puis fut transféré à Hennebont, d'où il fut, tellement les motifs d'accusation étaient futiles, remis en liberté.

Arrêté une quatrième fois avant le 9 thermidor, il fut de nouveau enfermé à Vannes, puis envoyé dans la citadelle de Port-Louis où il eût été massacré sans l'énergique opposition de l'un de ses anciens confrères. On allait enfin l'expédier au tribunal révolutionnaire de Paris, quand la chute de Robespierre le délivra[1].

Mais ses tribulations n'étaient pas encore terminées. Sa sœur qui avait épousé le vicomte de Lantivy-Trédion, avait deux fils émigrés. Ces deux jeunes gens furent faits prisonniers à

Tous ces détails sont puisés à des lettres ou mémoires inédits de Tuault. — Je me demande si cet ancien confrère ne serait pas Coroller du Moustoir : cela le relèverait dans mon estime.

37

Quiberon et compris en juillet 1795 dans les fusillades ordonnées par le département. Nouveau grief contre Tuault. Aussi fut-il surveillé de près, et dès le mois de ventôse an IV, c'est-à-dire en mars 1796, était-il une cinquième fois arrêté.

« Tuault est arrivé à Vannes, il y a environ huit jours, écrivait le capitaine Perret de la Garenne, le 24 ventôse, à son frère Perret de la Lande, député au conseil des Cinq-Cents. Il a couché à la prison, d'où il fut transféré le lendemain au Petit-Couvent. Il y est, dit-on, pour une lettre interceptée qu'il écrivait aux aristocrates Boisbaudry qui l'ont suivi à Vannes quatre jours après. Ainsi voilà le *Roi des Jean-foutres de notre pays* en cage, qui n'est pas prêt d'en sortir, si on demande mon avis. Notre municipalité (celle de Ploërmel), par ordre du département vient d'être destituée à l'exception de Woirdy : Trégadoret en a été nommé président...[1] »

Perret de la Garenne était alors officier d'ordonnance du lorientais Brue, ancien conventionnel dont on avait maintenu la mission dans le Morbihan : mais il paraît que Brue, qui avait des parents à Ploërmel et qui y avait même été pendant quelques mois officier municipal en 1790, ne demanda pas avis à son aide-de-camp, car une autre lettre de Perret adressée à son frère, en date du 4 germinal, m'apprend que Tuault fut remis en liberté après un mois de détention, à la condition de rester en surveillance à Vannes. « Tuault est habitant de Vannes, écrivait-il encore le 26, il me salue à distance d'une portée de canon : il me parle quand il me trouve; mais je n'ai été ni n'irai chez lui[2]. » Notez qu'ils étaient cousins : mais Perret avait de l'ambition : il criait très fort, bien qu'ancien noble, contre les ci-devant; achetait des biens nationaux, et aurait cru sa situation compromise s'il était allé en visite chez le *roi des J.-F. de son pays*, son cousin, il est vrai, mais d'attouchement dangereux. C'est la loi de toutes les révolutions.

[1] Locpéran de Kerriver. *Un officier Morbihannais* sous la 1re République, d'après la correspondance de Perret de la Garenne (*Lorient*, 1884, in-8°), p. 105, 106.

[2] *Ibid*, p. 107 et 111.

Cette arrestation fut la dernière. « J'ai fait 22 mois de
prison pour cause de mon attachement au Roi » a écrit
Tuault. La paix vint enfin et avec elle de nouveaux témoignages de la confiance de ses concitoyens. A peine, en effet,
le Consulat eût-il établi le nouveau régime, les électeurs départementaux le portèrent sur la liste des candidats au
Corps législatif. On sait que la nomination n'avait lieu définitivement que par le Sénat qui choisissait sur cette liste.
Tuault a laissé une intéressante autobiographie manuscrite en
vers, qui date de cette époque et que je citerai comme un
curieux monument de son esprit vif et enjoué : ce sera comme
une oasis sur cette route aride que nous parcourons, semée
seulement de menus faits et de détails souvent tristes ou
pénibles.

« Mon épitaphe d'avance, étant candidat au Corps législatif, sans
être assuré d'être nommé député par le Sénat, craignant même de
ne l'être pas.

> Je ne fus ni grand, ni petit,
> Gros ni fluet. En compagnie,
> Quoiqu'on citât mon appétit,
> Je ne m'enyvrai de la vie.
> Je n'étais pas né sans esprit,
> Mais j'étais bien loin du génie.
> Je n'ai jamais porté l'habit
> D'un savant en philosophie ;
> J'aurais même eu quelque dépit,
> Si l'on eût eu la fantaisie
> De me taxer d'être érudit.

> Enfant, j'avais de la mémoire
> Que remplaça le jugement.
> Bientôt, en apprenant l'histoire
> J'oubliai l'ancien Testament :
> Je ne cherchai point d'autre gloire
> Que celle du plus tendre amant :
> Je ne veux pas en faire accroire,
> Je ne dis pas du plus constant,
> Car de mes drames la victoire
> Formait toujours le dénouement.

Je ne fus ni pauvre, ni riche,
Ni connaisseur, ni sans talents ;
Je ne fus ni prodigue ni chiche,
Ni vieux ni jeune à soixante ans.
J'eus des parents auprès du thrône
Sous le dais, sur les fleurs de lys ;
Mais j'en eus qui vendaient à l'aune
En portant le simple surplis.

Je fus assez fin sans finesse
Et malin sans malignité :
Supportable dans ma tristesse
Sensible au sein de la gaieté ;
Sans orgueil, comme sans bassesse,
J'aimais la médiocrité.

Je fus de la troupe imposante
Qui se nomma Constituante,
Et m'y montrai souvent rétif ;
Fidelle à la maison régnante,
J'y fus franc au superlatif ; —
Puis du corps dit législatif.

On m'y trouva le ton modeste,
L'usage du monde et l'air doux.
Mais le Sénat me trouva beste
Et m'envoya planter des choux.
Je ne me permis qu'un sourire ;
Dans ma famille j'accourus,
J'y repris l'usage du rire
Et je ris tant que j'en mourus. »

Le Sénat, en effet, ne choisit pas Tuault pour la première
législature, mais il le désigna en 1803, et de nouveau en
1808, après la période quinquennale. Et comme il n'y eut
pas de session en 1812, Tuault siégea encore en 1813 et jusqu'à la fin de l'Empire.

Le Corps législatif votait et ne discutait point. On ne peut
donc que constater ces dix ans de travaux continus dont la
première période fut récompensée par la croix de la Légion
d'honneur, le 6 novembre 1810.

Entre temps Tuault occcupait ses loisirs en traduisant des
ouvrages anglais, en annotant ceux qu'il ne traduisait pas et
en composant des contes en vers, *ou plutôt en rimes*, comme
il le dit modestement lui-même, et dont il publia quelques-uns
à la suite de la traduction des voyages du médecin russe
Karamsin. Cet opuscule devenu assez rare est daté et signé
d'une façon fort originale : « Traduit à Ploërmel, au commencement du mois d'octobre 1813 et fini ce jour 21 octobre. On
danse dans cette petite ville à l'occasion du mariage du fils
du sous-préfet : on n'oserait peut-être pas danser à Paris. —
Tuault de la Bouvrie, membre des Sociétés littéraire, philotechnique et de l'Athénée des arts de Paris et de celle de
Rennes[1]. »

Et les contes, me demande-t-on ? Je n'ai pas le loisir de les
analyser ici : je dirai seulement qu'ils sont fort lestement
troussés et que le troisième pourrait mériter un prix
Montyon. « Ces trois petits contes, dit Tuault, à la fin de la
plaquette, ont été lus aux Sociétés philotechnique et de
l'Athénée des arts. Les deux premiers, ainsi que l'idylle,
furent bien accueillis, et le *mariage expiatoire* (c'est le troisième dont je parlais tout à l'heure), le fut aussi à l'Athénée,
mais froidement reçu à la Société philotechnique. On eût
préféré, sans doute, poétiquement, la perversion de la vertu
par le vice; mais j'ai préféré, d'après mon cœur, la conversion
d'un libertin par la piété. Les femmes me pardonneront cette
erreur, si c'en est une. — J'ai lu *beaucoup d'autres pièces* à
ces deux Sociétés, dont j'ai l'honneur d'être membre : si j'en
ai le temps, je me les rappellerai et je les copierai. »

La promesse n'a pas été tenue, au moins pour le public.
C'est sans doute que Tuault n'en a pas eu le temps. Aussi
bien les événements se précipitent. Le Corps législatif vote la
déchéance de l'Empereur et l'ancien constituant entre à la
Chambre des députés de la première Restauration. Ici la

---

[1] La brochure a été publiée à Vannes, chez Galles, en 1815, in-8°, 76 p.

parole n'était plus interdite, et nous possédons deux discours de Tuault, publiés en brochure, l'un intitulé : *Opinion sur le projet de loi relatif aux biens des émigrés non vendus*[1] ; l'autre *Opinion sur le projet de loi relatif à la naturalisation des habitants des départements qui furent réunis à la France*[2]. Je remarque dans le premier un beau mouvement d'éloquence :

« Si les émigrés demeurent propriétaires de leurs biens non vendus, comment pourrions-nous proposer d'ordonner que les hospices, auxquels *on les a donnés provisoirement*, en remplacement d'autres biens vendus par contravention à l'humanité..... continueront d'en jouir jusqu'à ce qu'ils aient recouvré l'équivalent de leurs anciens revenus ?...

... Ainsi le château du fondateur d'un hospice est devenu un hospice lui-même et le propriétaire n'aurait pas le droit d'y reposer sa tête !

Il me parait plus juste, Messieurs, d'accorder à l'hospice de Guingamp ou autre, dès ce moment, un dédommagement sur le Grand-Livre, que de forcer des pauvres à dormir sur un grabat, dans une chambre reconnue par la loi appartenir à un autre. Cette pensée pourrait ajouter aux angoisses de l'agonie d'un honnête homme.

Si j'étais, Messieurs, un de ces malheureux pauvres, condamnés à mourir dans un château appartenant à un autre qu'à celui qui m'y offrirait une hospitalité *injuste*, j'en sortirais, je me traînerais dans le cimetière de ma paroisse, où il est une place légitime qui m'attend, ou j'irais expirer à la porte de l'hôtel-de-ville de ma municipalité... en paix... et sans remords... »

Il concluait ainsi :

« J'adopte l'amendement de M. Dumolard... et je désirerais que le Roi fut supplié, au cas où, comme je l'espère, cette résolution serait adoptée dans la chambre des Pairs, de daigner venir dans cette salle, ce jour vraiment national, énoncer son acceptation en présence des Pairs, et compléter la loi qui, faisant oublier tous les torts, réunira des sujets, des enfants, une famille trop longtemps divisée, autour de leur Roi, de leur chef suprême, de leur père, pour, tous ensemble, bénir le jour de cette réunion : je voudrais qu'une fête publique, dirigée avec économie, mais faisant passer

[1] Paris, Hacquart, s. d., in-8°, 7 p. (séance du 28 octobre 1814).
[2] *Ibid.*, in-8°, 7 p.

quelque argent de la bourse du riche dans la poche du pauvre annonçat à l'Europe..., au monde..., le bonheur de la nation française dans tous les rangs et la confusion de tous leurs sentiments en un seul, par le cri si cher aux Français : *Vive le Roi* ! »

Ceci se passait le 28 octobre 1814. La Chambre ordonna l'impression du discours de Tuault, et le 5 novembre, Louis XVIII lui adressait des lettres patentes d'anoblissement, puis le nommait, le 26 janvier 1815, officier de la Légion d'honneur.

En 1816, Tuault devint conseiller général du Morbihan et *président du Tribunal* de première instance de Ploërmel bien qu'il eût déjà soixante-douze ans ; il mourut dans ces fonctions, le 26 août 1822, entouré de la vénération universelle. Il avait composé pour lui-même cette épitaphe : *Passant ne le foule pas, il n'a pas foulé personne.* Elle résume admirablement sa longue carrière.

Le portrait de Tuault a été gravé pour la collection Dejabin. C'est une physionomie aristocratique et fine qui correspond bien au portrait moral de l'autobiographie que nous avons citée[1].

Il avait perdu sa femme en 1784, à la naissance de son fils Benjamin, qui devint chef de bataillon d'état-major, et mourut, décoré de la Légion d'honneur en 1835. Le fils de ce dernier, sous-préfet de Ploërmel en 1872, habite aujourd'hui le château de Quéjan, en Campénéac.

Des sœurs de Benjamin descendent les Dahirel qui ont donné deux députés royalistes au Morbihan et les Modile de Villeneuve.

[1] La *Biographie bretonne* l'a oublié malgré ses nombreux législateurs ; mais on a sur lui une notice, fort incomplète, il est vrai, dans la *Revue biographique* de Pascallet.

97. — L'abbé Suzanne-Gilles **Vanneau**,
recteur d'Orgères
député du clergé du diocèse de Rennes.
(Rennes, 1er mars **1747**. — Rennes, 23 mai **1803**)

—

D'abord secrétaire de l'évêque de Rennes, Mgr Barreau de
Girac, l'abbé Vanneau fut nommé en 1778 *recteur d'Orgères*
et élu, en cette qualité, en 1789, *député du clergé de Rennes*
aux États-Généraux. Après l'abandon de son ordre pour se
réunir au Tiers, il fut l'un de ceux qui cédèrent le moins
aux entraînements de circonstance et se conformèrent
strictement au cahier de leurs électeurs. Membre du comité
ecclésiastique établi le 29 août 1789, il cessa de prendre part
à ses travaux en février 1790, dès qu'il eut reconnu le projet
bien arrêté de bouleverser toutes les juridictions épiscopales
sans prendre l'avis de la cour de Rome, et donna sa démission en même temps que les évêques de Clermont et de
Luçon, l'abbé de Montesquiou et cinq autres membres de la
droite. On refusa leur démission pour ne pas les remplacer
et la minorité disparut absolument. Le comité put alors
élaborer sans contradiction ses projets schismatiques. Aussi,
après avoir signé la protestation catholique du 19 avril 1790
contre ces projets, l'abbé Vanneau refusa-t-il le serment à la
constitution civile du clergé, et signa le formulaire restrictif
de l'évêque de Clermont, ainsi que les protestations de la
droite des 31 août et 10 septembre 1791.

Quatre députés de Bretagne avaient seuls signé la protestation du 31 août « au sujet des invasions commises depuis
deux ans contre la religion, l'autorité royale, les principes
constitutionnels de la monarchie et les propriétés » : Hardy
de la Largère et les abbés Allain, Vanneau et Hingant.

Vanneau fit même précéder sa signature de ces deux
lignes : « J'adhère à la présente déclaration : je réclame
contre les atteintes portées à la religion, à la monarchie et à
l'abolition des privilèges de ma province. » Et non content

de cette adhésion à la déclaration générale, il en publia une
particulière en huit pages, au moment où il venait d'être,
pour refus de serment, remplacé dans sa paroisse par un
bénédictin moins scrupuleux. « Il y proteste à la fois contre
cette usurpation et contre l'abandon fait par la plupart des
députés de Bretagne, des droits de leur province, malgré les
dispositions expresses et impérieuses de leurs mandats, qui
leur enjoignaient de les maintenir. Il assure qu'il ne se laisse
point éblouir par les adhésions partielles, mendiées, surprises, extorquées ou données par des clubs et des gens qui
n'avaient rien à perdre, en sacrifiant les droits de leur province où ils ne possèdent aucune propriété[1]... » C'est un peu
la thèse soutenue par l'abbé Chevallier, comme nous l'avons
vu plus haut, pour ce qu'il appelle la comédie de la nuit du 4
août. On m'a reproché de n'avoir pas sévèrement relevé cette
appréciation. J'avais cependant déclaré ne vouloir donner,
en reproduisant des extraits du manuscrit de l'abbé Chevallier, que la représentation d'un état d'esprit spécial, une sorte
de document humain dont tout historien scrupuleux doit
tenir compte. Cette déclaration de l'abbé Vanneau prouve
que cet état d'esprit ne fut pas un cas isolé parmi les membres
du clergé breton.

A la suite de cet éclat, le journal l'*Ami du roi* déclarait le
recteur d'Orgères « célèbre par son invariable constance
dans les principes de la religion, de la monarchie et de la
probité. » Mais les célébrités de cette sorte se payaient alors
par l'exil. Obligé de s'expatrier en 1792, l'abbé Vanneau ne
rentra en France qu'à la publication du Concordat, devint
curé de la paroisse Saint-Aubin de Rennes et mourut peu
après, le 23 mai 1803[2].

[1] Tresvaux, *Hist. de la persèc. relig. en Bret.*, I. 309.

[2] On a sur l'abbé Vanneau des notices par les abbés Tresvaux et Guillotin
de Corson et un portrait gravé par Le Tellier d'après Perrin pour la collection Dejabin. M. de Corson le fait mourir à tort en 1804 et M. de Surgères
en 1809, (dans l'*Iconographie bretonne*). Il appartient à la même famille que
l'élève de l'Ecole polytechnique, Vanneau, tué en 1830, en l'honneur de qui
une colonne a été élevée au Thabor de Rennes.

98. — PIERRE-VINCENT **Varin de la Brunellière,**

avocat au Parlement,
député suppléant de la sénéchaussée de Rennes,
(a siégé)

$$\left(\text{Rennes, 13 octobre 1752.} - \text{Paris,} \left\{ \begin{array}{l} \text{2 nivôse an II.} \\ \text{22 décembre 1793} \end{array} \right.\right)$$

Fils de Paul-Antoine Varin de la Brunellière avocat à la cour, et de Perrine *Gault*, fille du substitut du procureur général au Parlement, Pierre-Vincent appartenait à une famille qui a donné beaucoup de magistrats à la ville de Rennes, en particulier Varin du Colombier, lieutenant au présidial, subdélégué de l'intendance, etc., anobli en 1775 sur la demande des Etats de Bretagne, dont il avait été commissaire en 1774. Elle portait, d'après l'armorial de 1696, « *de gueules au croissant d'or accompagné en chef de deux molettes, et en pointe d'un fer de pique, la pointe en haut, le tout d'argent.*» Mais la branche du Colombier seule était parvenue à la noblesse : celle de la Brunellière n'y prétendait point.

Avocat au Parlement, Varin fut élu en 1789 *député suppléant de la sénéchaussée de Rennes* aux Etats-Généraux, et il alla siéger à l'Assemblée nationale au mois d'octobre, après la mort de Huard. Membre du comité des rapports, il fit poursuivre les auteurs des troubles d'Ingrandes et décréter l'accusation du cardinal de la Rochefoucault, comme auteur d'écrits fanatiques. On a de lui, au nom de ce comité qui fit souvent œuvre véritable de tribunal d'inquisition, un long rapport imprimé dans l'affaire de M. de Toulouse Lautrec[1]. Il prouve que notre avocat, dont le portrait gravé par Courbe d'après Turlure, pour la collection Dejabin, a conservé la physionomie énergique, avait adopté avec ardeur l'idée révo

---

[1] *Paris* imp. nat. s. d, (11 août, 1790) in-8° 16 p. — Un exemplaire à Bibliot. de Nantes, n° 43 242.

lutionnaire et qu'il ne reculait alors devant aucune conséquence des votes de la majorité. Ce ne fut que plus tard qu'il
fut converti par les excès de ses anciens amis.

Après la dissolution de l'Assemblée, dont il avait été *secrétaire* au mois de décembre 1790, Varin fut élu membre
du directoire du département d'Ille-et-Vilaine, et fit partie du
parti des modérés, contre Sevestre et les Jacobins. Une lettre
datée de Rennes, le 3 juillet 1792, qui fut publiée dans la
Gazette générale de l'Europe, nous apprend sur lui des parti-
cularités fort intéressantes :

« MM. *Bertin* et *Varin* administrateurs du département de l'Isle-
et-Vilaine, séant à Rennes, doivent se présenter à la barre de
l'Assemblée nationale pour demander une nouvelle loi contre les
prêtres.

« Voici le motif de cette étrange démarche.

« Le club de Rennes n'est plus composé que d'éhontés personnages, enrôlés sous les drapeaux du sieur *Sevestre*[1]. Tous les citoyens
qui avoient quelque pudeur s'en sont retirés depuis plusieurs mois.
Ce club a voulu forcer le département à exécuter le décret de déportation, nonobstant le *veto* du Roi. Le département s'y est refusé, et
les clubistes ont menacé de pendre les administrateurs, entre
autres, M. Varin, membre de l'Assemblée constituante. Le département, pour calmer le club, a envoyé deux administrateurs faire de
nouvelles déclarations contre les prêtres, dont le seul tort, en cette
circonstance, est d'avoir été le prétexte d'un attentat d'un club
audacieux, contre une administration capable de sévérité contre les
gens sans défense, mais tremblante devant les factieux[2]. »

L'année suivante, ce n'était plus contre les prêtres qu'il
fallait sévir, mais contre les énergumènes de la Montagne.
Après les événements du 31 mai, l'administration d'Ille-et-
Vilaine, comme les autres administrations bretonnes, s'in-
surgea contre les proscripteurs de la Gironde, et l'imprudent
Varin fit partie, en juillet 1793, du bureau de l'Assemblée
centrale de résistance à l'agression montagnarde des départements de l'Ouest réunis à Caen[3]. Il lui en coûta la vie. Arrêté

[1] Sevestre de la Mettrie, plus tard député de la Convention.
[2] Extrait du *Postillon* ou *Gazette générale de l'Europe*, n° 77, et *Annales
de la Religion*, 2e année, nos 28 et 29.
[3] Du Châtellier, *Hist. de la Révol. en Bret.*, V, 272.

comme fédéraliste, il fut traduit devant le tribunal révolutionnaire et guillotiné à Paris, le 2 nivôse an II[1].

Tous les recueils biographiques qui ont parlé de lui, ont
ignoré sa mort[2], et l'ont confondu avec son frère *Julien-Paul*,
qui fut conservateur des hypothèques à Rennes, député
d'Ille-et-Vilaine aux *Cinq-Cents*, et mourut à Rennes le 10
décembre 1826, après avoir été directeur des domaines. Des
deux Varin on n'a fait qu'un seul personnage : il est essentiel
de ne pas les confondre.

De Marie-Angélique-Jeanne *Bruté de Remur*, qu'il avait
épousée à Rennes, le 12 mars 1777, Varin laissait plusieurs
enfants, parmi lesquels je citerai[3] : *Brice-Marie*, né à Rennes,
le 10 février 1782, qui devint procureur général à la cour de
Rennes sous la Restauration, et mourut en 1849 (dont un fils
Charles, encore vivant, ancien chef de bureau au ministère
de l'intérieur, et Mme de *Bouttemont*, mère de Mme *Fournier
de Bellevue*); et *Marie-Thérèse-Julienne*, née en 1783, religieuse hospitalière à Rennes, dont la vie a été publiée, peu
après sa mort, en 1832.

---

99. — FRANÇOIS-RENÉ-MARIE Varsavaux de Henlée.

notaire à Nantes,
député suppléant de la sénéchaussée de Nantes
(n'a pas siégé).

(Blain, 20 mai **1749**. — Nantes, 15 septembre **1826**).

Le père de notre député était ce laborieux archiviste des
Rohan au château de Blain, César-François Varsavaux de
Kerjestin, originaire de Brest, et auteur du *Traité des droits*

---

[1] M. de Surgères, *Iconog. bret.*, I, 270, dit à tort le 2 messidor, an II.

[2] Ceci était écrit par moi dans la *Revue illustrée de Bretagne et d'Anjou*
en 1888. Depuis, M. de Surgères l'a signalée, mais avec une date inexacte.

[3] D'après les notes de M. Fr. Saulnier.

des communes[1], dont M. Bizeul a si minutieusement décrit la longue carrière dans la *Biographie Bretonne*. Il avait épousé à Blain le 15 janvier 1748, Renée *Blanchard*, fille de Mathurin Blanchard de la Bergerais et sœur de Louis Blanchard de la Brosse. François-René-Marie fut leur premier fils.

Avocat au Parlement, François-René, emprunta le nom de *Henlée* à une seigneurie du territoire de Blain et vint s'établir à Nantes comme notaire. Il prit grande part aux agitations réformistes à partir de la fin de 1788. Signataire de la pétition des bourgeois de Nantes pour obtenir aux Etats de Bretagne une représentation du Tiers égale à celles du clergé et de la noblesse qui ne siégeraient plus que par leurs députés, il fit partie de la célèbre députation des *douze* en cour, pour soutenir la pétition devant le roi au mois de novembre 1788 ; de nouveau député du Tiers en cour en janvier 1789, avec Baco et Blin, entre les deux sessions des Etats de Bretagne, il fut une troisième fois élu député en cour jusqu'à la convocation des Etats-Généraux par le Tiers Etat réuni à Rennes, le 19 février 1789.

Aussi fit-il partie, en avril 1789, des cinquante électeurs désignés par le Tiers Etat de Nantes pour représenter la sénéchaussée aux élections des Etats-Généraux, et devint-il peu après *deuxième député suppléant*.

On rencontre à cette époque un curieux témoignage de la reconnaissance des Nantais à l'égard de Varsavaux. C'est l'acte de baptême d'une de ses filles à la paroisse de Saint-Nicolas le 20 avril 1789 : le parrain est désigné par la ville et l'enfant reçoit le nom de *Nantes*, comme la fille

---

[1] Traité des droits des communes et des bourgeoisies, contenant l'origine des titres et des qualités de noble, de bourgeois, de serf ou mortaillable ; la conférence des coutumes du Royaume touchant les droits des communes et des bourgeoisies ; les édits, déclarations du Roi et arrêts intervenus sur la matière du droit des communes avant et depuis l'ordonnance des eaux, bois et forêts de 1669 par M** (*Varsavaux*), avocat au Parlement. — Nantes, veuve Marie, 1759. petit in-8.

Delaville-Leroulx, recevait, vers le même temps, le nom de *Lorient*.

Voici l'acte lui-même :

« Le vingt avril 1789, a été baptisée en cette Eglise par nous prêtre, docteur en théologie, ancien recteur de l'Université, curé de cette paroisse, accompagné de notre clergé, Guillelmine–Marie–Donatienne–Nantes, née hier rue du Bois-Tortu, fille de noble maître François–René–Marie Varsavaux de Henlée avocat au Parlement, conseiller du Roi, notaire à Nantes, et de dame Rose-Jeanne Chevy son épouse, demeurants au dit lieu ; ont été parrain, écuyer Guillaume Bouteiller père, négociant, pour et au nom de M. M. ses collègues représentant le tiers–état de la ville de Nantes, présents à la cérémonie et au nom de MM. les députés aux états généraux, donner au père de l'enfant un gage authentique et inaltérable de la reconnaissance due à son zèle, au sacrifice de ses propres intérêts au bien public et à son infatigable persévérance aux pieds du trône, qui ont obtenu au peuple Breton la représentation qu'il désirait aux Etats du royaume ; — et marraine, dame Marie-Françoise Chevy, veuve de M. N. Louis–Charles–Vincent Roysard, négociant, tante maternelle de l'enfant, lesquels ont signé ainsi que le père, présent[1]. »

[1] Signé : Chevy, veuve Raysard, Bouteiller, Raysard aînée, Adèle Raysard, Bridon, Pellerin, député aux Etats-Généraux, Cottin, député aux Etats Généraux, Chaillou, député aux Etats-Généraux, Blin, D. M. député de l'ordre du Tiers aux Etats-Généraux, Guinebaud, député aux Etats-Généraux, Minyer, Pussin, général provincial des Monnaies, suppléant de Messieurs les députés aux Etats-Généraux, Coustard, Jⁿ Chanceaulme, J. Videment, député des cinquante et des électeurs, J. Badaud, Daniel de Kervégan, Baco, pᵣ du Roi, G. Gallon, père, Jacques Lecadre, Clavier, pᵣ, l'un des cinquante députés et électeurs, Berthaut l'aîné, Dubreil-Tessier, ancien commissaire de la correspondance, Louvrier, ancien député de la correspondance, A.-J. Malassis, Gautier, fils, L. Crucy, S. Cochet, Quillet, député et électeur, Mellinet, Bureau, Bellier jeune, G. J. Foiny, R. V. Delahaye, Duchesne, Jean-Baptiste Berthelemy, Guillemé jeune, Mathieu Fouré, Brussetié, Prout, fils aîné, M Eoche-Duval, Foullois, Caillaud, P. Litou, J. Lafont, Julien Le Rouse, Chauveau, Louis Brelet, Coiquaud, P. Le Roux, Briand, doyen des notaires, Bellot de la Grandville, Froust, Lᵉ de Cigongne, P. Bonamy, Giraudeau, Desclos le Peley aîné, Aregnaudeau, député de Saint-Père-en-Retz, J. Casimir Potel, Laënnec, D. M. M., Bertrand, François Mellinet fils, Charles Darbefeuille capitaine, Colléno fils, Defrondat, Toché, Michel Dubois, Lefebvre de la Chauvière D. M. M. Taschereau, Paul Bernard, Douillard, Gourraud, notaire du Roi, Rivière, Maurel, Fleury, Cadou, Yves Berthault, Pierre Mon-

Quelques jours après, Varsavaux fut élu échevin. Il n'eut pas occasion de siéger à l'Assemblée nationale et continua de propager à Nantes le mouvement constitutionnel. Après avoir protesté contre la prétention de l'ancien conseil communal d'établir lui-même la liste des nouveaux électeurs municipaux, il fut élu officier municipal au premier tour de scrutin, le 18 janvier 1790, et signa, le 2 avril 1791, l'adresse à l'Assemblée nationale envoyée par la réunion du conseil de la commune, de la société des amis de la constitution et du club des Cordeliers, à l'occasion du décret du 4 mars sur l'autorité des corps administratifs. « Vos décrets, y lisait-on, nous présentent la subversion totale des principes constitutionnels .. La nation ne peut vouloir renoncer à sa souveraineté. La loi seule doit primer. La liberté peut avoir ses écarts, mais chez un peuple généreux, content de son sort, attaché à sa constitution, l'amour de l'ordre et son intérêt propre seront toujours un sûr régulateur... »

Ce langage était indépendant, et deux ans plus tard, Varsavaux montra la même indépendance en protestant contre les journées du 31 mai, et en faisant partie de la résis-

tier, Georges Quétier, Peltier l'aîné, Froust de Guérande, G. David, Joseph Poisson jeune, J. Chevy, Varsavaux, Genevois, Benoist de la Jaillandière, ancien conseiller du roi, notaire à Nantes, Bisson. député du Tiers en cour, Varsavaux de Henlée, député de la commune de Nantes et de la province en cour et député suppléant aux Etats-Généraux, Varsavaux fils, Porquet prêtre, Leplanquais prêtre, Duchemin, prêtre de Saint-Nicolas, Moriceaux, vicaire de Saint-Nicolas, Durand, prêtre, Clody, vic. de Saint-Nicolas, Aubrit, prêtre, Macé, prêtre, Pimot, vicaire de Saint-Nicolas, Jary, Guenichou, vicaire de Saint-Nicolas, chapelain de St-Julien, électeur du clergé de Nantes, Giraud Duplessis, avocat du roi au présidial, procureur du roi syndic de la ville de Nantes et député aux Etats-Généraux, Lefeuvre, docteur en théologie, recteur de Saint-Nicolas.

Délivré conforme à la minute, à Nantes, ce 29 décembre 1789. — Signé : Moriceau, vicaire de Saint-Nicolas.

Guillelmine-Marie-Donatienne-Nantes Varsavaux de Henlée épousa M. Julien-Jean-Marie Pellu du Champ-Renou dont elle eut deux fils : Jules, qui épousa Mlle Luzéide du Couëdic de Kergoualer et mourut sous-préfet de Ruffec; Emile, qui épousa Mlle Aurélie Bridon, fut receveur municipal de la ville de Nantes et y mourut en 1881.

tance armée contre la Montagne. Aussi fut-il proscrit comme fédéraliste et compris au nom des 132 nantais envoyés au tribunal révolutionnaire de Paris par Carrier qui voulait se débarrasser de toute gêne dans ses funèbres desseins. On sait comment, après un épouvantable voyage, les 132 furent acquittés.

C'était après le 9 thermidor. Les proscripteurs prirent la place des proscrits et Varsavaux devint, en l'an III, notable de la nouvelle municipalité nantaise. Il figure encore en 1809 sur la liste des 550 plus forts contribuables de la Loire-Inférieure et ne mourut, à Nantes, que le 15 septembre 1826, à soixante-dix-sept ans.

Son fils François-Marie-César, né au château de Blain en 1779, et notaire à Nantes comme lui, fut élu député de l'arrondissement de Savenay en 1831[1].

---

100. — Dom CLAUDE-FRANÇOIS Verguet,
prieur de l'abbaye de Relec
député du diocèse de Léon aux élections de septembre.

$$\left(\begin{array}{l}\text{Champlitte,}\\ \text{(Franche-Comté)}\end{array}\right\} 1744 - \left.\begin{array}{l}\text{Montarlot,}\\ \text{(Haute-Saône)}\end{array}\right\} 9 \text{ mars } 1814.\right)$$

—

Fils d'un médecin franc-comtois, Claude Verguet se fit religieux sans grande vocation, il l'avoua plus tard, et fut nommé d'abord prieur de la Frenade, en Saintonge, où je le trouve encore en 1773 ; puis il devint prieur de l'ancienne

---

[1] Il y a une longue notice sur lui dans la *Revue biographique* de Pascallet, mais je n'en connais aucune sur le député suppléant aux Etats-Généraux : celle-ci a été composée principalement à l'aide des renseignements puisés dans le *Livre Doré* de l'hôtel-de-ville de Nantes, les *Archives curieuses* de Verger, le recueil de Mellinet sur la *Commune et milice* de Nantes, et les registres paroissiaux de cette ville.

abbaye de Bernardins de Relec[1], située au pied des montagnes d'Arée dans le voisinage de Pleyber-Christ, et sur le territoire de Plounéour-Menez. Fondée au douzième siècle pour onze religieux, elle était bien déchue de son ancienne splendeur et n'en comptait plus que quatre : aussi le dernier abbé commendataire, M. du Vivier de Lanzac, chanoine et comte de Lyon, étant mort en 1784, on ne lui avait pas donné de successeur : l'abbaye avait été réunie aux économats et elle était gouvernée par le prieur.

L'administration de dom Verguet était généreuse et hospitalière. On rapporte qu'un régiment de cavalerie ayant séjourné dans ses environs pendant un passage, il en nourrit à ses frais les soldats sans vouloir accepter aucune indemnité. Louis XVI, informé de cette générosité, le recommanda tout spécialement aux supérieurs de son ordre qui le nommèrent peu après vicaire général.

Au mois d'avril 1789, le clergé du diocèse de Léon, cédant aux conseils de Mgr de la Marche, ne nomma aucun député aux Etats-Généraux ; ce fut le seul des diocèses bretons qui ne fut pas représenté à l'ouverture : mais au mois de septembre, on profita de ce que dans plusieurs diocèses il fallait procéder à des élections supplémentaires afin de remplir les vides causés par les démissions, pour demander de nouveau au clergé léonais d'élire ses députés. La situation s'était singulièrement modifiée : les Etats-Généraux s'étaient transformés en Assemblée constituante : le diocèse de Léon élut pour ses mandataires l'abbé Expilly et dom Verguet[2].

Le prieur du Relec se montra d'abord digne de la confiance de ses électeurs en prenant, à l'Assemblée, la défense des ordres religieux lorsqu'on résolut, en février 1790, de décréter leur abolition, et en protestant avec force contre la

[1] En latin : *Beatæ Mariæ de Reliquiis*.
[2] C'est donc à tort que M. le chanoine Téphany qui a publié une bonne notice sur dom Verguet, dans son *Hist. de la perséc. relig. dans le Finistère*

suppression des vœux monastiques. Il publia même à cette occasion une brochure intitulée : *Observations de dom Verguet, député de Bretagne, sur le rapport du comité ecclésiastique concernant les ordres religieux*[1], observations qu'il terminait ainsi :

« Je conclus donc, Messieurs, à ce que,

1° Les ordres religieux soient conservés et destinés à l'éducation, au soulagement des malades et aux progrès des connaissances humaines;

2° A ce que ceux qui ne voudroient pas continuer la régularité qu'ils ont choisie, sans connoître la force et la durée de leur engagement, soient autorisés à réclamer.

3° Que l'émission des vœux soit portée à l'âge où la maturité aura laissé à la réflexion le temps de préparer cette importante résolution, et que les élèves qui se destineroient à ce genre de vie, ne soient tenus qu'à la subordination qui n'enchaineroit pas leur liberté.

4° Que le code d'éducation dont l'Assemblée doit s'occuper, soit le seul qu'il soit permis de suivre dans les maisons qui seroient spécialement employés à l'éducation publique.

5° Que si l'Assemblée prononce la suppression des ordres religieux, la pension accordée aux Célestins et aux Antonins, serve de règle et de traitement à faire à tous les Religieux sans distinction, autant que la masse des biens pourra le permettre, sauf à augmenter, jusqu'à ce taux, ceux qui n'en jouiront pas, à mesure que l'extinction successive des Religieux en laissera la possibilité.

6° Enfin que les religieux supprimés soient rétablis dans tous les droits des citoyens; et comme tels, admis aux fonctions administratives, lorsque l'estime et la confiance les auroient honorées de ce choix... »

Malheureusement l'ambition lui fit perdre la tête : la mitre de son collègue Expilly troubla ses rêves, et prêtant serment, en janvier 1791, à la constitution civile du clergé, il accepta de devenir le vicaire épiscopal de l'évêque constitutionnel de Langres.

On ne le revit plus en Bretagne.

[1] Paris, Imp. nat. in-8°, 16 p.

Nommé curé constitutionnel de la paroisse de Montarlot, en Haute-Saône, petite ville voisine de son pays natal, il abjura la prêtrise pendant la Terreur et devint président de son district. Bonaparte le nomma en 1800 *sous-préfet* de Lure, mais son caractère indépendant ne lui permit pas de s'entendre avec le préfet de Vesoul, et il donna peu après sa démission pour se fixer à Montarlot, où il passa le reste de ses jours dans une large aisance et faisant de sa fortune un généreux usage, car il donnait beaucoup aux pauvres. On prétend qu'il avait eu part à la distribution du trésor de Cluny, lors de la dispersion, mais cela n'a pas été prouvé.

L'entrée des alliés en France, en 1814, lui causa une telle émotion, qu'on le trouva mort dans son lit le 9 mars. Il vivait seul et passait, dit-on, de longues heures dans sa chambre en prières. Puissent-elles lui avoir obtenu miséricorde[1].

---

101. — Julien **Videment,**

négociant à Nantes,
député suppléant de la sénéchaussée de Nantes,
(n'a pas siégé)

(Paimbœuf, **1744**. — Nantes, 6 décembre **1807**).

Fils d'un autre Julien, capitaine de navires marchands au port de Paimbœuf et de Françoise *Moreau*, Julien VIDEMENT, était un négociant nantais à qui le roi céda, en 1782, l'île Cochard pour y établir des chantiers de constructions et qui joua un rôle actif dans les mouvements qui précédèrent la Révolution. Le 4 novembre 1788, il signe la pétition

---

[1] On a de lui deux portraits gravés : par Alix, d'après Sandoz ; et par Beljambe, d'après Perrin, pour la collection Dejabin. M. de Surgères *Iconog-bret.* (II, 273), dit à tort que les dessins en sont inédits. Je possède ce dernier portrait : la physionomie est songeuse, épaisse et triste.

des bourgeois de Nantes pour obtenir que le Tiers-Etat soit désormais représenté aux Etats de Bretagne en nombre égal aux députés du clergé et de la noblesse, et pour que celle-ci n'y assiste plus que par ses députés. A partir de ce moment, nous voyons presque constamment son nom accolé à celui de Varsavaux dans toutes les manifestations réformistes. Tous deux sont députés en cour le 6 novembre pour appuyer la demande des bourgeois : tous deux font partie, le 1er avril 1789, des douze députés de la ville de Nantes à l'Assemblée générale du Tiers-Etat de la sénéchaussée, et figurent le 4 avril dans la liste des 50 électeurs. Tous deux sont élus *députés suppléants de la sénéchaussée de Nantes* aux Etats-Généraux, mais n'eurent pas occasion d'y siéger. Tous deux enfin signent le 1er mai la protestation contre le conseil communal de Nantes d'établir lui-même la liste des nouveaux électeurs municipaux et font partie du *Conseil permanent* de la ville de Nantes à la fin de juillet[1]. Au mois de mars 1790, Videment fut nommé commissaire royal pour organiser avec Kervégan et La Bourdonnaye-Bois-Hulin l'administration départementale, et, peu après, il fut élu administrateur. Le 1er décembre 1790, il figure au nombre des notables municipaux ; en 1791 il devient président du tribunal consulaire ; au mois d'août 1792, il se distingue en qualité de commissaire pour les levées des volontaires[2] ; et son nom se retrouve au mois de décembre 1792 parmi les voix perdues pour l'élection du maire Baco, puis je perds sa trace et ne sais ce qu'il est devenu pendant la période aiguë de la Révolution. Je constate seulement sa mort, à Nantes, le 6 décembre 1807, avec les qualifications de négociant et célibataire[3].

[1] Journal de la *Correspondance de Nantes*, I, 194.
[2] Du Chatellier, *Hist. de la révol. en Bret.* II, 151, 227.
[3] Je ne connais aucune notice sur Videment avant celle que j'ai donnée en 1888 dans la *Revue illustrée de Bretagne et d'Anjou.*

CONCLUSION

De nouveaux renseignements obtenus pendant l'impression
de ces études m'ont permis de compléter le tableau de la
députation bretonne que j'avais donné en tête du premier
volume, et d'y ajouter deux noms : *Pathelin* et *Souché de la
Brémaudière* : en sorte que le nombre des élus s'élève à 101
au lieu de 99. Je ne crois pas qu'on puisse l'augmenter désormais, parce que j'ai acquis la conviction que plusieurs sénéchaussées, en particulier celles de Brest et de Vannes,
négligèrent d'élire des suppléants.

Il y a peu de chose à changer aux statistiques de diverse
nature que j'ai données à cette occasion : les seules rectifi-
cations à faire concernent les morts violentes : il faut en
retrancher (p. 17, dernière ligne) *Fournier de la Pommeraye*,
qui mourut dans son lit ; mais y ajouter *Le Floch*, qui fut
assassiné dans sa maison par un parti de chouans en 1796 :
en sorte que le nombre total reste le même, 10 sur 101, juste
un dixième.

On a remarqué sans doute qu'un fort petit nombre de
députés du Tiers, parmi les 48 qui ont siégé, résistèrent,
pendant le cours de la session, à l'entraînement unanime du
début : à peine en peut-on compter trois ou quatre : Pellerin,
Hardy de la Largère, Tuault et peut-être Fournier. Tous les
autres votèrent constamment avec la gauche. La conversion
de Le Chapelier, de Varin et de beaucoup de leurs collègues
au modérantisme est d'une date postérieure.

Sur les 26 députés du clergé qui siégèrent, la moitié vota
à droite, la moitié à gauche : les nombreuses conversions de

cette dernière moitié ne datent que de 1791, après le refus de l'Assemblée d'accepter les rétractations du serment schismatique.

On peut donc dire qu'un cinquième seulement de la députation bretonne donna ses votes à la droite. La Bretagne avait puissamment aidé à mettre en branle le mouvement révolutionnaire : on voit que, bien loin de l'enrayer, elle contribua, plus que tout autre province, à en activer la marche. Ce ne fut qu'en 1793 qu'elle s'aperçut de sa faute : les anciens constituants dirigèrent alors l'insurrection contre la Montagne : mais il était trop tard et plusieurs d'entre eux payèrent de leur tête cette généreuse tentative. Plus de calme et de réflexion au début, eut sans doute évité bien des ruines. C'est la leçon de l'histoire.

ERRATA ET ADDENDA

Tome I. P. 14, aux suppléants d'Hennebont, *ajoutez* Pathelin.

P. 15, aux suppléants de Quimper, *ajoutez* Souché de la Brémaudière ;
aux suppléants de Morlaix, *au lieu de :* Kerimon, *lisez :* Daniel de Kerinou.

P. 343, *au lieu de :* l'exercice de la notice de Gérard, *lisez :* l'examen de la motion de Gérard.

Tome II. P. 10, notice Lallement ; *au lieu de :* Pipriac, *lisez :* Piriac.

P. 13, avant Lanjuinais, *ajoutez :* LANCELOT. Voy. DUBOURG.

P. 57, avant dernière ligne, *au lieu de :* verdeure, *lisez :* verdeur.

P. 58, avant Latyl, *ajoutez :* DE LA LARGÈRE, voy. HARDY.

P. 165, dernière ligne, *au lieu de :* Bournonville, *lisez :* de Beurnonville.

FIN.

TABLE DES MATIÈRES DU TOME II

44. François-Joseph JARY............................... 1
45. Pierre-Marie DANIEL DE KERINOU....................... 8
46. Jean LALLEMENT DU GUÉHO............................. 10
47. Jean-Denis LANJUINAIS............................... 13
48. Le Père Jean-Paul-Marie-Anne LATYL.................. 58
49. Dom Pierre-Jean LE BRETON........................... 61
50. L'abbé René LE BRETON DE GAUBERT.................... 68
51. Isaac-René-Guy LE CHAPELIER......................... 71
52. François-Jérôme LE DÉAN............................. 101
53. Jean-François LE DEIST DE BOTIDOUX.................. 108
54. Pierre-Trémeur LE DISSEZ DE PENANRUN............... 122
55. Corentin LE FLOCH.................................. 127
56. Laurens-François LEGENDRE.......................... 129
57. Sébastien-Jean LE GOAËSBE DE BELLÉE................ 150
58. Augustin-Bernard LE GOAZRE DE KERVELÉGAN........... 157
59. Jean-Marie LE GOLIAS DE ROSGRAND................... 172
60. Guy-Gabriel-François-Marie LE GUEN DE KERANGAL..... 174
61. Joseph-Jean-Marie LE GUILLOU DE KERINCUFF.......... 179
62. L'abbé Jean-Marie DE LEISSÈGUES DE ROSAVEN......... 186
63. Guillaume LE LAY DE GRANTUGEN...................... 198
64. Denis-Jean-Marie LE MOINE DE LA GIRAUDAIS.......... 190
65. Joseph LESTROHAN................................... 191
66. L'abbé Gabriel-Mathurin-Joseph LOAISEL............. 194
67. L'abbé Nicolas LOËDON DE KEROMEN................... 197
68. L'abbé Jean ou Julien LUCAS........................ 201
69. Jean-Joseph LUCAS DE BOURGEREL..................... 203
70. L'abbé François MAISONNEUVE........................ 209
71. Louis-César MAUPASSANT............................. 211
72. Pierre-Louis MAZURIÉ DE PENNANECH.................. 214
73. L'abbé Antoine-Alexandre MÉCHIN.................... 214

74. Maurice-Emmanuel MILLON DE VILLEROY.................. 218
75. Christophe-Louis-Pierre MORINEAU...................... 229
76. L'abbé Joseph MOYON................................... 222
77. Ildut MOYOT.. 225
78. Gabriel-Henri-René DE NEUVILLE........................ 227
79. Julien-Jacques PALASNE DE CHAMPEAUX.................. 238
80. Jacques-Gabriel PATHELIN............................. 237
81. Joseph-Marie PELLERIN................................ 249
82. Adolphe-Claude PERRET DE TRÉGADORET................. 258
83. Jean-François-Pierre POULAIN DE CORBION............... 251
84. L'abbé Maurice-Justin PRONZAT DE LANGLADE.......... 268
85. François-Augustin PRUDHOMME DE KERAUGON............ 261
86. N... PUSSIN.. 265
87. N... QUARGUET.. 265
88. L'abbé Pierre QUÉRU DE LA COSTE..................... 266
89. L'abbé Charles RATHIER.............................. 268
90. Louis-François-Anne ROBIN DE MORHÉRY............... 279
91. L'abbé Pierre RUELLO................................. 271
92. François-Noël SOUCHÉ DE LA BRÉMAUDIÈRE............. 273
93. L'abbé François-Etienne SYMON...................... 275
94. Armand-Louis TRÉHOT DE CLERMONT................... 289
95. Jean-Baptiste-Remacle-Didier TUAL.................. 282
96. Joseph-Golven TUAULT DE LA BOUVRIE................ 283
97. L'abbé Suzanne-Gilles VANNEAU...................... 295
98. Pierre-Vincent FARIN DE LA BRUNELLIÈRE............ 298
99. François-René-Marie VARSAVAUX DE HENLÉE........... 300
100. Dom Claude-François VERGUET....................... 304
101. Julien VIDEMENT..................................... 307
CONCLUSION.. 309
ERRATA ET ADDENDA...................................... 311

Vannes. Imprimerie Eugène LAFOLYE.

ACHEVÉ D'IMPRIMER

A VANNES

PAR EUGÈNE LAFOLYE

LE 27 DÉCEMBRE 1888

www.ingramcontent.com/pod-product-compliance
Lightning Source LLC
Chambersburg PA
CBHW050505270326
41927CB00009B/1913